SULWYN

CYFRES Y CEWRI

Sulwyn

Sulwyn Thomas

Gwasg Gwynedd

Argraffiad cyntaf — Tachwedd 2008

© Sulwyn Thomas 2008

ISBN 0 86074 252 0

Mae'r cyhoeddwyr yn cydnabod cefnogaeth ariannol
Cyngor Llyfrau Cymru.

*Cyhoeddwyd ac argraffwyd
gan Wasg Gwynedd, Caernarfon*

1

Ar y Sulgwyn yn 1770, hwyliodd yr enwog Captain Cook rhwng grŵp o ynysoedd hyfryd ar arfordir dwyreiniol Awstralia. Yn naturiol ddigon, penderfynodd eu henwi'n Ynysoedd y Sulgwyn (Whitsunday Islands). Ar y dydd hwnnw hefyd, gant saith deg a thri o flynyddoedd yn ddiweddarach, y ces i fy ngeni – a dim ond mater o lwc yw hi na roddwyd 'Sulgwyn' yn enw arna inne!

Fel hyn y buodd hi. Pan roddodd Mary Hannah Thomas enedigaeth i'w mab hyna ar y trydydd ar ddeg o Fehefin, 1943, yn Ysbyty Heol Prior, Caerfyrddin, mae 'na stori i chwaer fy mam, Anti Jane, ruthro lawr i Gaerfyrddin o Lanllwni ar fws Blossom, yn llawn cyffro a balchder. Mae'n od na fydde Anti Jane wedi bod yn bresennol yn yr enedigaeth gan fod y ddwy chwaer mor agos. Beth bynnag, roedd y digwyddiad yn dipyn o destun siarad ar y bws, a chynigiodd un o'r teithwyr 'Sulwyn' fel enw ar nai bach newydd Anti Jane.

Ond roedd 'na un broblem! Roedd fy rhieni, na fynnent bechu unrhyw un (yn enwedig aelode o'r teulu), wedi penderfynu y bydde'r wyrth newydd yn cael o leia ddau enw – David, ar ôl fy nhad-cu ar ochr fy nhad, a Jones, sef cyfenw tad fy mam. Roedd 'da fi, felly, lond ceg o enw ymhell cyn i Anti Jane landio yn ysbyty Heol y Prior. Ond hi a'r wraig ar y bws a orfu, a David Sulwyn Jones Thomas sy ar fy nhystysgrif bedydd.

DSJ oedd fy enw yn yr ysgol ramadeg, ta beth. Dwi hefyd wedi cael fy ngalw'n Selwyn, Siliwyn (roedd gas 'da fi *hwnnw*!), Sulwan (yn America), Sul, Sel a dwn i ddim beth arall. Ond, diolch i'r drefn, mae Sulwyn wedi goroesi pob dirmyg a sen. Fedrwyd mo'i hepgor pan ddaeth hi'n bryd enwi rhaglen radio arbennig 'nôl yn saithdege'r ganrif ddwetha – na chwaith, yn ôl pob golwg, pan ddaeth hi'n fater o ddewis teitl i'r tipyn hunangofiant 'ma!

Roedd yr episod fach 'na 'da'r enw yn nodweddiadol o fy rhieni, na ddwedent na bw na ba yn erbyn neb, er yn sefyll yn dawel wrth eu hegwyddorion Cristnogol. Efalle nad oedd y ddau yn bobol gyhoeddus ac amlwg ond roedd eu cyfraniad mewn capel a chymdeithas yn sylweddol. Ces fy magu ar aelwyd lle roedd y drws led y pen ar agor i ymwelwyr ac aelode o'r teulu, a'r croeso'n un hollol ddiffuant. (Hyd yn oed heddi, mae aelode o griwie ffilmio TWW a HTV yn dal i sôn am baneidie te a 'Welsh cakes' Mam pan ddeuen nhw i Gaerfyrddin i gwrdd â fi cyn ffilmio rhyw stori neu eitem.)

Roedd Mam a Dat yn hannu o Lanllwni – pentre gyda'r hira yn y byd, am wn i – yn yr ardal wledig, amaethyddol rhwng Caerfyrddin a Llanbedr Pont Steffan. Roedd Mam – 'Merienna' i bawb (o Mary Hannah, wrth gwrs) – yn un o dair merch Mr a Mrs Thomas Jones, y Neinant. Fe gollwyd un o'r merched yn ifanc, ac er i Anti Jane a Mam fyw i weld eu hwythdege, doedden nhwythe chwaith ddim yn gwbwl gadarn eu hiechyd. Mam, efalle, oedd y wanna, ac wedi colli tymhore lawer o ysgol. Serch hynny, roedd hi'n ddarllenwraig frwd – yn enwedig y Beibl.

Roedd hi'n amlwg bod y merched wedi'u codi ar aelwyd a weddai i siopwr mawr y pentre. Yn ogystal, roedd fy nhad-cu (na weles i erioed) yn gynghorydd sirol, ac felly'n ŵr o dipyn o ddylanwad yn y fro, ond mae'n ymddangos ei fod e'n or-hoff o'r ddiod gadarn wrth gymdeithasu'n braf a swnllyd yng nghoridore grym Sir Gâr. Casgen o ddyn oedd e, yn ôl ei ymddangosiad mewn llun o flaen tai y Neinant, ac yn yfed ambell i gasgen yn sych hefyd – wel, dyna'r argraff a gaen ni gan Mam. Doedd hi fyth yn rhwydd cael gwybod y gwir am y teulu, ond mae'n debyg y gadawyd teulu'r Neinant dipyn yn brin o'r hyn a alle'r waddol fod, a doedd dim amheuaeth ym meddwl fy mam mai'r ddiod gythreulig oedd yn gyfrifol am hynny. Roedd hi'n 'hilim' yn erbyn alcohol ar hyd ei dyddie – er bod ambell i ddropyn o frandi i'w ganiatáu yn ei dyddie bregus ola!

Roedd Dat, Thomas Arnold Thomas, yn un o deulu mawr Blaencwm-iâr. Mae 'na enwe hyfryd ar ffermydd Llanllwni sy wedi fy swyno erioed. Roedd e'n un o dri o blant David Thomas, y gof, a oedd yn un o deulu lluosog Parc Cwm, Trefechan, Caerfyrddin. Roedd y teulu hwnnw'n enwog drwy'r ardal am eu talente fel gofaint. Collodd 'Dat bach Llanelli', fel y galwem ni e, ei wraig gynta – merch Blaencwm-iâr – gan adael Elisabeth (Essi), Hannah a Dat i hiraethu ar ei hôl. Fe ailbriododd e wedyn, a chyrhaeddodd pedwar brawd newydd (ail dorred, fel 'tai!) – Beaumont, Neville, Noel a John Heywood. Roedd 'Gran', Ann Morris cyn iddi briodi, wedi'i geni yn Llan-y-cefn, Sir Benfro, ac wedi'i gadael yn amddifad yn ddeuddeg oed a'i chodi gan berthnase. Bu'n gwasanaethu fel morwyn mewn nifer o fanne cyn i fam Margaret Jeremy (y clywch chi fwy amdani eto) ei chyflwyno i Dat bach Llanelli. Ar y pryd, roedd e'n gweithio yn y Stepney Spare Wheel (cwmni oedd yn enwog bryd hynny am wneud olwynion) yn Llanelli. Roedd Gran yn fenyw sylweddol – y fam nodweddiadol Gymreig, yn frenhines ar ei haelwyd.

Disgleiriodd eu pedwar mab mewn gwahanol feysydd – Wncwl Beaumont yn un o'r tri uchaf yng nghanolfan awyrenne Farnborough, Wncwl Neville yn ddarlithydd mewn Mathemateg, Wncwl Noel yn saer, ac Wncwl John yn ddiwinydd pwysig a chyn ymddeol yn Ddirprwy Is-ganghellor Coleg Nottingham.

Roedd y teulu'n byw yn Dôl Aur, Cefencaeau, Llanelli – tŷ sownd, gyda gardd yn y bac yn arwain at lwybr cyfleus i rywun chware'n blentyn. Yn Llanelli y dechreuodd fy nhad ei yrfa, yn y gweithfeydd tun, ac roedd clindarddach gormesol y gweithfeydd wedi effeithio ar ei glyw. Dyna pam na chafodd ei dderbyn i'r Lluoedd Arfog yn ystod y rhyfel. Roedd e'n ddyn ymarferol iawn – yn medru troi ei law at dipyn o bopeth. O ran cymeriad, un gofalus ac ofnus i fentro oedd e; braidd yn ddihyder, hefyd, oni bai ei fod yn chwilio am ateb ymarferol i ryw broblem. Ni fentrodd brynu tŷ a gwneud cais am forgais, rhag ofn na fedrai gadw ati i dalu bob mis – roedd yn well 'da fe rentu. Roedd wedi bod trwy amser caled yn Llanelli wrth fod heb waith am gyfnode, ac felly pan gafodd swydd sicr mewn ffatri laeth yn Nhre Ioan, roedd hynny'n rhywbeth pwysig iddo. Roedd angen i'r tad ifanc fod yn ofalus, darbodus a charcus – yn enwedig ar ôl i'm brawd bach, Eifion, gyrraedd ar y deuddegfed o Awst, 1945.

Dwy flynedd o wahanieth sy rhwng Eifion a minne ond ryden ni'n gwbwl wahanol o ran ein personoliaethe. Mae Eifion yn un tawel, dirodres – tebyg i Dat – a finne, wel, yn swnllyd ac allblyg (erbyn hyn, ta beth). Fydden ni'n dueddol o gwmpo mas am y pethe lleia. Dyna pam, mae'n debyg, i Gran Llanelli ddangos ei chlyfrwch naturiol un Nadolig drwy brynu dwy injan dân union yr un fath, fel na fydde 'na achos i'r ddau ohonon ni ffraeo pwy fydde â'r fwya neu'r ore. Mae'r ddwy injan dân wedi hen fynd, ond mae 'da fi un tegan o'r cyfnod yn y garej o hyd, sef y 'cart bach' a wnaeth Dat bach Llanelli yn arbennig i mi (cyn geni Eifion, mae'n debyg!). Bu farw Dat bach, gyda llaw, yn 1948, ond bu Gran fyw hyd 1976.

Roeddwn yn meddwl y byd o'm tad. Gynhyrfes i gymaint o'i weld e'n cyrraedd adre un noson fel i mi ruthro lawr stâr a chwmpo'n bendramwnwgl a tharo 'mhen yn erbyn gwaelod y ganllaw. Cefais gwt mawr i 'mhen a'r gwaed yn llifo, a finne'n gorfod cael wyth pwyth wedi'u gwinio yn Ysbyty Heol y Prior. Mae'n dra phosib i mi golli peth o'm brêns hefyd yn y broses!

Roedd fy nhad wedi dechre gweithio yn ffatri Cow & Gate yn 1939, ac yn byw yn 71 Heol y Prior – un o'r strydoedd prysuraf yn nhre Caerfyrddin. Stryd hir, hir yw Heol y Prior, yn ymestyn o'r hen amffitheatr Rufeinig yn Abbey Mead, yn rhan ogleddol y dre, a lawr at y canol ac Eglwys San Pedr. Rhwng ein tŷ ni a'r fan gysegredig a hanesyddol honno, roedd capeli'r Priordy (Annibynwyr), Penuel (Bedyddwyr), Bethania (Methodistiaid) ac Eglwys Gymraeg Sant Ioan. Uwch ein penne ni roedd stad tai cyngor Park Hall, ac islaw inni roedd Parc Hinds. Gellid gweld hefyd olion y gweithfeydd tun a'r tanerdy, a'r hen briordy lle ysgrifennwyd y llyfr cyntaf yn yr iaith Gymraeg – y *Llyfr Du* enwog.

Yr Home Service oedd 'mlaen ar y radio yn ystod y pumdege yn tŷ ni ond roedd 'na ambell i berl yn y Gymraeg hefyd, fel *SOS Galw Gari Tryfan* a'r *Noson Lawen* – a ninne'n rhyfeddu at yr hyn a ddeuai mas o'r 'diwifr'. A fuodd 'na ryw ddyhead ynddon ni'n ifanc i wneud rhywbeth tebyg? Do, wrth gwrs, ond roedd 'na rywun wedi dweud wrthon ni mor gynnar â hynny na fydde siawns caneri 'da neb i fynd i weithio ar y radio oni bai eu bod yn blant i weinidogion, prifathrawon neu ddarlithwyr. Doedd dim gobeth 'da *fi*, felly!

Ond ro'n i'n dysgu llawer am fywyd cyhoeddus y dre yn gwbwl ddiarwybod i mi ar y pryd. Roedd 'na gymeriad mawr yn nhre Caerfyrddin o'r enw Idwal bach – y cynghorydd Idwal Jones, y barbwr. Roedd ei siop – os gellir ei galw'n siop – wrth ochr Eglwys San Pedr. Mam fydde'n mynd â fi am 'basin cut' go iawn, cyn mentro fy ngadael yno ar fy mhen fy hun. Byddwn yno am orie, gan orfod ildio fy lle yn ufudd bob hyn a hyn i rywun pwysig o'r Cyngor, cyn eistedd yn ôl yn anghyfforddus yn y sedd. Siaradai Idwal bach yn ddi-stop: dadle am faterion y Cyngor a gwleidyddiaeth leol, fel arfer. Roedd yn Llafurwr mawr ac fe wydden ni yn ddiweddarach shwd oedd ei gorddi, sef trwy fentro dweud bod gan Blaid Cymru siawns go dda o ennill sedd fan hyn neu fan 'co.

Do, fe ddysges i fwy am Gaerfyrddin a'i phobol drwy fynd at y barbwr nag a wnes i ar unrhyw gwrs! Roeddwn wedi cael fy nghodi'n gwbwl ddiniwed i bethe'r byd. Yn fynych, fe fydde Mr Jones y barbwr yn gofyn i mi fynd ar neges drosto at y fferyllydd lleol, King Morgan, rhyw ddau gam o'r siop barbwr. 'Ewch at Mr Morgan, Sulwyn bach, a dwedwch bod Mr Jones am gael yr un peth ag arfer.' Dyna oedd y gorchymyn bob tro. Bant â fi, a dychwelyd â bag mawr brown – mor frown â bysedd hirion Mr Jones a smociai fel simne. Aeth blynyddoedd fy mhlentyndod heibio cyn i mi ddod i ddeall beth oedd cynnwys y bagie brown. On'd oedd cwsmeriaid Idwal y barbwr yn dibynnu arno am stoc 'ar gyfer y penwythnos'? Ie – condoms! Y pethe hynny fydde'n rhwystro ymddangosiad rhywun diangen i wneud trychineb o benwythnose'r dyfodol!

Digwyddes ddod ar draws hen ddyddiaduron fy nhad y dydd o'r blaen. Dyddiaduron bychain Letts, ac ysgrifen ddestlus Dat mor fach fel na fedrwn ddarllen pob gair. Ffeithie a chofnodion o'i ddyletswydde syml yn y gwaith sy ynddyn nhw, a manylion am y tywydd, wrth gwrs. Does dim mynegi barn. Dim sôn, er enghraifft, beth oedd ein teimlade ni fel teulu pan fu'n rhaid i ni symud mas o 71 Heol y Prior am fod y perchennog am symud i fyw yno ei hun. Dim sôn, chwaith, am y siom enfawr a gafodd Mam a Dat yn Mai 1952 o fethu â chael y bleidlais uchaf pan oedd angen ceidwad capel ar y Priordy, a'r tŷ capel yn bosibilrwydd fel cartre delfrydol i ni fel teulu symud iddo. Canlyniad hynny oedd i ni orfod codi'n bagie a symud i fyw i Lanllwni.

Ond, mewn gwirionedd, doedd symud i Lanllwni ddim yn wrthun i ni fel plant. Roedden ni o'r crud, rywsut, wedi treulio pob gwylie yn Llanllwni 'da Wncwl Jack ac Anti Jane, oedd yn denantiaid Tŷ Gwyn. Fferm dri deg pump erw oedd Tŷ Gwyn, a llawer o'r caee ar fryn bach yn codi o'r hewl fawr. Syml iawn oedd y clos – stabl a beudy ynghlwm ar y chwith wrth i chi ddod lawr yr hewl fach; sièd ar y dde, ysgubor o'ch blaen a'r tŷ ei hun yn sownd iddo. Yn y tŷ roedd 'na ddwy, os nad tair, ystafell wely lan lofft; parlwr ar lawr, a rŵm ffrynt. Ond y lle pwysica i bawb oedd sièd sinc oedd wedi'i gludo, fel 'tai, i'r wal dan y berllan. Cegin amrwd oedd y sièd – ystafell a oedd, i bob

11

pwrpas yn iaith swanc ein dyddie ni, yn lolfa, gyda thân yn y pen pella, sgiw ar y dde a bwrdd cinio gyferbyn â hi o flaen y ffenest. Roedd popeth yn digwydd yn y sièd. Roedd Wncwl Jack ac Anti Jane yn byw yn syml a braf, a'u dryse hwythe hefyd yn agored i bawb.

Bydde Eifion a minne'n dal y bws cynta posib wedi gadael yr ysgol ar bnawn Gwener, a dychwelyd ar y bws ola posib ar y nos Sul ar gyfer yr ysgol drannoeth. Roedd Llanllwni a Thŷ Gwyn yn ail gartre i ni. Yno fe gaen ni fyw yn rhydd, yn crwydro'r caee ac yn chware'n go wahanol i'r hyn oedd yn bosib ar stryd brysur Heol y Prior.

Nid nad oedd 'na elfen o'r wlad yn fan'no chwaith. Gyferbyn â'n tŷ ni roedd Garej Lowndes, garej breifat lle roedden nhw'n gwerthu tractore Nuffield a cheir Morris. Roedden ni wrth ein bodde yn croesi draw i edmygu'r peirianne anferth, a dyheu am fynd am dro mewn Morris Minor. Breuddwyd yn unig fu honno drwy ddyddie'n plentyndod, gan na fu Dat 'rioed yn berchen ar gar. Roedd tegane cyferbyniol 'da ni, serch hynny, a bydden ni'n chware ar silff y ffenest a chymharu'n cerbyde.

Doedd Wncwl Jack yntau ddim yn awyddus o gwbwl i ddilyn ffasiyne'r oes fodern – dim Ffyrgi iddo fe, ond pâr o geffyle, gambo, dilyn arad a llyfnu ar droed. Yr hen ffordd Gymreig o ffermio, hyd y diwedd.

Chafodd Anti Jane ac Wncwl Jack ddim plant, felly pan oedd yr Ail Ryfel Byd ar fin torri mas roedden nhw'n ddigon parod i fabwysiadu un o'r dwsenni o ifaciwîs a ddaeth i'r ardal. Cocni go iawn oedd Edward Downer, ac roedd y ddau wladwr syml wedi cymryd ato fe'n syth a rhoi popeth iddo. Fe ddysgodd Edward Gymraeg – roedd yn rhaid iddo fe, mewn gwirionedd, gan taw ychydig o Saesneg a fedrai Anti

Jane a Chymro uniaith oedd Wncwl Jack i bob pwrpas. Daeth diwedd y rhyfel, a mynd yn ei ôl i Lundain oedd ffawd Edward.

Ond wir, o fewn dyddie, roedd e wedi ffoi o Lundain, a'r peth nesa welwyd oedd Edward yn cyrraedd Tŷ Gwyn – yn benderfynol o aros yn Llanllwni am byth! Yno mae e o hyd, wedi priodi Myra a magu dau o fechgyn, ac erbyn hyn yn ddat-cu ac yn hen ddat-cu, a'i Gymraeg cystal ag unrhyw un yn yr ardal. Bydde fe weithie'n dychwelyd i Lundain ar 'holides', ond bob amser yn dod 'nôl. Fe'i codwyd e'n annwyl iawn gan Jane a Jack – y mab nad oedd yn bosib iddyn nhw ei genhedlu.

Galwyd Wncwl Jack unwaith yn 'rough diamond' ac roedd hynny'n go agos i'w le. Doedd e ddim yn sgolor – dim o bell ffordd. Alle fe ddim darllen nag ysgrifennu – dim ond ei enw – ac Anti Jane oedd yn gyfrifol am gadw trefn ar y llyfre a'r busnes. Ond roedd Wncwl Jack yn fachan craff pan ddôi hi'n fater o brynu a gwerthu yn y farchnad. Roedd e'n nabod anifail, ac yn gwbod pryd i werthu. Heblaw'r ddau geffyl, roedd 'da fe ryw wyth o wartheg godro, mochyn yn y twlc, ieir a Moss y ci. Magai bob ebol yn ofalus iawn, a'u dofi fel bod bois o Lundain bob amser yn cystadlu'n frwd ym mart Llanybydder i brynu epilion ceffyle Wncwl Jack ar gyfer 'y wâc la'th'.

I ni, felly, roedd y cyfan yn ddelfrydol. Rydw i wedi cael fy nghyhuddo droeon o ramantu cefen gwlad, ond dyna fel roedd pethe'n ymddangos i ni, blant bach sensitif, sidêt a pharchus o'r dre.

Ie, sensitif. Doedden ni ddim yn cael gweld *popeth* yn Tŷ Gwyn, o na! Am ryw reswm, fe fydde Mam am fynd i siopa i Lanybydder neu Lambed bob tro bydde hi'n ddiwrnod lladd mochyn. Doedden ni ddim i fod i glywed sgrechfeydd eger olaf yr hen fochyn. Roedd peryg i hynny'n hypsetio ni, blant y dre. Yr unig arwydd a gaen ni fod y weithred wedi digwydd oedd pan fydde Anti Jane yn gwneud y cawl gore gefes i 'rioed – oedd fel *consommé* tene. Wedyn fydde 'na fara menyn a chaws, ac yna plated mawr o gig moch a thato a llysie i ddilyn. Doedd 'na ddim byd gwell i'w gael.

Roedd 'na hefyd amddiffyn y bechgyn bach pan ddôi pawb i Tŷ Gwyn gyda'r nos am glonc, darllen pytie o'r *Farmers and Stockbreeder*, cymharu prisie, a bod yn dyst i'r tynnu coes diddiwedd rhwng Wncwl Jack ac Evan Evans, Cwm Ceiliog, a chyda Dic (Davies), Abercwm, yn arbennig. Digon o sbort ac adloniant i ni, oedd yn llyncu'r cyfan. Ond pan fydde materion dadleuol iawn, a'r tymheredd yn codi gydag ambell stori, roedd yn rhaid hel Eifion a minne i'r cae nos yn go handi. Yr un fydde'n digwydd o gwmpas y stand laeth ambell i nos Sul o haf ar ben ffordd Manorafon – y dynion yn smoco cetyn, dweud straeon a dadle am bob math o bethe, yn enwedig amaethyddiaeth, wrth ddisgwyl eu ffrindie 'nôl o Gei Newydd. Pwy fydde wedi dychmygu y bydde un o'r ddau blentyn yna o Gaerfyrddin, ymhen blynyddoedd, yn casglu pobol o gwmpas ei *Stondin*?!

Roedd rhai cymeriade'n sefyll mas – Eirwyn, y cawr tawel o Abercwm fu farw'n greulon o ifanc; Ronnie Harries, Cefn Coed Isaf, a 'Powffin' (Emrys Williams) – a fydde, medden nhw wrthon ni, yn reidio motor-beic dros gan milltir yr awr ar hyd hewl droellog a hir Llanllwni. Yna Danny Davies, trysorydd Capel Nonni, dyn y British Legion a thipyn o ddylanwad ganddo mewn bywyd cyhoeddus ac yn gonglfaen Mudiad y Ffermwyr Ifanc yn y fro; teulu Cross

Roads, yn ogystal â theuluoedd y ffermydd – yr ieir a'r ceiliogod!

Er ein bod ar ein gwylie, fe fydde'n rhaid i ni gerdded milltir a mwy i Gapel Nonni bob Sul. Byddem yn cael ymuno ym mhob peth fel pe baen ni yng Nghapel y Priordy, Caerfyrddin. Dwi'n cofio cael ein swyno gan bartïon drama (fel un Edna Bonnell), nosweithie llawen a chyngherdde gwledig, a chanu emyne fel 'Plant ydym eto dan ein hoed / Yn disgwyl am y stad' – emyne oedd mor anghyfarwydd i ni gartre.

Digon anghyfarwydd hefyd oedd rhai o'r arferion tymhorol. Byddem wrth ein bodde pan ddôi'n amser lladd gwair a thorri llafur, y 'potato week', y ffeire yn Llanybydder, a chasglu calennig ar ddydd Calan. Roedd bywyd yng nghefen gwlad yn wych, a diolch byth ein bod wedi cael y fath brofiade.

Roedd Anti Jane ac Wncwl Jack yn berchen ar le bach ger Capel Nonni – Brodawel. 'Small holding' oedd hwn yng ngwir ystyr y gair – pedwar cae (un ar ddeg erw i gyd) ger tŷ unllawr. Yn ôl dyddiadur Letts fy nhad, fe symudon ni yno i fyw ar y chweched o Awst 1952.

Roedd hi wedi bod yn bwrw'n go eger cyn i fan Pickfords alw a symud popeth i Brodawel. Doedd Eifion a fi fawr feddwl y diwrnod hwnnw bod ein hamgylchiade ni ar fin newid cymaint. Fydde ganddon ni bellach ddim lectric na llawer o foethe erill y dre. Rywsut, doedd hi ddim yn mynd i fod cweit yr un peth â mynd ar wylie dros dro i'r wlad.

Rhaid oedd mynychu'r ysgol leol. Dyna chi wahanieth 'te – ac er gwell! Cymraeg oedd iaith yr ysgol newydd dan ofal Mr Gerallt Daniels a Miss Davies, Cnwc y Lili, a'r gwersi'n llawer mwy diddorol a gwahanol i Ysgol Heol y Prior, Caerfyrddin. Ysgol Saesneg, Seisnig, eglwysig oedd Ysgol Heol y Prior. Fues i erioed yn hapus yno, mewn gwirionedd, a'r cof sy 'da fi yw fy mod yn cwmpo byth a hefyd ar iard yr ysgol ac yn mynd adre'n waed i gyd ar fy nhrwyn neu 'mhenlinie. Na, do'n i ddim yn mwynhau'r ysgol honno, ac fel dwi wedi dweud droeon yn gyhoeddus, dwi'n teimlo mai bachgen â dwy *ail* iaith ydw i yn y bôn – y Gymraeg yn unig gartre a Saesneg yn unig yn yr ysgol. Rhyw gymysgfa fawr, wrthun, oedd peth felly i rywun fel fi. Ar y Sul yng Nghapel y Priordy a'r ysgol Sul, Cymraeg pur, ac yna'r iaith ddierth bob diwrnod arall. Cofiwch, ro'n i'n ddigon parod i fwynhau llawer o'r gwersi Saesneg – ond dim llawer o ddim byd arall. Dwi'n cofio mewn un cyngerdd Gŵyl Dewi ganu 'De Ken John Peel'; doedd dim sôn am ganeuon Cymraeg, hyd y cofia i.

Roedd Ysgol Llanllwni mor wahanol. Roedd Gerallt Daniels yn un oedd wedi'i glwyfo yn y fyddin, yn uwchgapten neu rywbeth tebyg, ac yn rheoli'r ysgol â dwrn haearn. Dwi'n cofio Miss Davies, Cnwc y Lili, a Mrs Rees, Neinant Fach – y gogyddes oedd gan mil gwell na Jamie Oliver! Doedd Mr Daniels ddim yn bobologaidd 'da phawb. Roedd y rhan fwya o'r bechgyn â'u bryd ar ffermio. Doedden nhw ddim wir isie mynd 'mlaen i'r ysgol uwchradd yn Llambed, heb sôn am fynd i goleg. Ond roedd 'na ddau eithriad yn ein dosbarth ni – Howard Thomas ac Alun Williams; nhw oedd yn sefyll mas i mi, ta beth.

Ond yr hyn sy'n sefyll yn benna yn y cof yw cael gwrando ar wersi ar y radio am y tro cynta – yn wersi cerddoriaeth, hanes Cymru a llawer mwy. Wedyn cael mynd ar deithie natur i fyny i Fynydd Llanllwni neu lawr ar lan y Teifi – a chaneuon Cymraeg fel 'Yr Eneth Gadd ei Gwrthod' yn cael eu canu ar lan yr afon.

Er bod fy rhieni efalle am ein cadw ni'n dau dan badell, roedd 'na blant hyfryd yn Llanllwni a fynne ddysgu rhyw bethe newydd i ni, blant y dre. Roedd yno ferched oedd yn awyddus i ddangos y gwahanieth i ni rhwng y rhywiogaethe dynol. Roedd yno hefyd un dyn druan na wydde'n iawn beth oedd e'n ei wneud, ond oedd yn cael pleser anghyffredin yn 'dangos ei hun' bob hyn a hyn i blant, ac i'r merched yn enwedig. Heddi fe fydde fe wedi cael ei hebrwng i ryw ysbyty neu garchar. Bryd hynny roedd hyd yn oed plant o'n hoedran ni (tua saith a naw oed) yn sylweddoli bod 'na bobol tra gwahanol i'w cael ym mhob pentre a thre – rhai i'w cystwyo, erill yn haeddu cydymdeimlad a thrueni. Dwi ddim yn meddwl bod yr hyn a ddigwyddodd yn Llanllwni wedi effeithio'n andwyol ar fy mhersonoliaeth. O leia, roeddwn wedi dysgu rhywbeth am ferched!

Roedd fy nhad yn berson cryf a ffit yn gorfforol. Roedd wedi arfer â seiclo – doedd seiclo o Lanelli i Lanllwni yn ddim iddo, yn enwedig pan oedd yn cwrso Mam. Bu'n seiclwr bron tan ddiwedd ei ddyddie ac fe fanteisiodd rywfaint ar ei fedrusrwydd pan oedden ni'n byw yn Llanllwni. Roedd e'n dal i weithio yn y Cow & Gate yn Nhre Ioan, Caerfyrddin, ac felly roedd yn rhaid iddo seiclo bob bore, ym mhob tywydd, o Frodawel i Lanfihangel-ar-arth i ddal bws cynta Blossom i Gaerfyrddin. Roedd e'n ffodus fod perthynas iddo, Wncwl Non, yn gyrru bysys Blossom ac fe gâi gyd-deithio gydag e, ac ambell i yrrwr arall, bob hyn a hyn.

Doedd hi ddim yn syndod darllen yn ei gofnodion am y chwilio parhaus am gartre newydd yng Nghaerfyrddin yn

17

ystod cyfnod Brodawel, a dim yn tycio. Roedd y straen o godi cyn cŵn Caer yn cael effaith, ac roedd e'n falch o gael gorffwys ambell i ddydd Sul. Doedd dim gair am newid gwaith a cheisio cael swydd yn nes i Lanllwni. Roedd Dat wedi gweithio i Cow & Gate er 1939, ac yno roedd e am fod tan ymddeol, os galle fe.

Fe ddaeth gwaredigaeth pan ddoed o hyd i dŷ ar rent unwaith eto, y tro hwn y pen arall i'r dre yng Nghaerfyrddin – 41 Heol y Gwyddau. Felly dyma symud 'to ar y pymthegfed o Fedi 1953. Y tro hwn roedden ni'n byw un drws lan o Ysgol y Model, a doedd dim dewis 'da ni ond mynd i'r ysgol honno – ysgol tra thebyg i Ysgol Heol y Prior.

Mae un noson yn ystod y flwyddyn cyn inni symud yn sefyll yn y cof. Ar y trydydd o Fai 1953 roedd hi'n Ddydd y Coroni, wrth gwrs – ond mai 'Coronation Day' oedd yr unig enw glywcs i arno ar y pryd! Cafodd Dat ddiwrnod rhydd o'i waith. Roedd chwaraeon – 'Sports'! – yn Llanllwni ac aethon ni i gyd yno, a finne a 'mrawd yn cael mẁg i gofio'r achlysur. Rai wythnose'n ddiweddarach roedd ffilm o'r digwyddiade yn Llundain yn cael ei dangos yn y sinema yn Llambed. Cawsom fynd yno 'da Edward Downer, ond torrodd y ffilm a bu oedi mawr cyn dangos y fersiwn gorffenedig. O ganlyniad, doedd Eifion a finne ddim adre tan hanner nos, a Mam a Dat wedi mynd yn benwan yn gofidio bod rhywbeth mawr wedi digwydd inni, a ddim cweit yn deall yr esboniad technegol yn y diwedd!

Wrth ein bod yn dychwelyd i'r dre roedd blwyddyn ysgol bwysig o 'mlaen i – blwyddyn y 'Scholarship', neu'r 11+. Roedd disgwyl i fi fod wedi pasio ond (er nad yw 'nhad yn cofnodi hyn) methu wnes i'r tro cynta. Yr esboniad caredig oedd fy mod wedi treulio amser mewn tair ysgol mor wahanol eu pwyslais, ac efalle bod y crwt ddim wedi cael cyfle i setlo lawr yn iawn cyn yr 11+. Roedd yna beth gwirionedd yn hynny, wrth gwrs.

T. H. Jenkins oedd prifathro Ysgol y Model, a'r ddau athro arall dwi'n eu cofio ore oedd Mr Wyn Evans a Miss Griffiths. Roedd coeden anferth – derwen fawr – wrth ochr iard yr ysgol, a'r mwynhad penna oedd chware concyrs bob hydref. Roedd cae ynghlwm wrth yr iard lle cynhelid y 'Sports' bob haf. Ni ddisgleiries i o gwbl ar y cae hwnnw chwaith.

Ysgol ddigon hapus oedd y Model, ac ymhlith y disgyblion disglair a fu yno roedd Byron Rogers, sy erbyn hyn yn enwog am ei gofiant i'r bardd R. S. Thomas. Cofiwch, doedd gan Byron ddim rhyw lawer i'w ddweud wrth y Gymraeg pan oedd e'n blentyn ysgol gynradd ac uwchradd, ond wedi newyddiadura ar lefel uchel mae wedi darganfod ei wreiddie Cymreig ac ailddysgu'r iaith, a bellach wedi'i anrhydeddu yng Ngorsedd y Beirdd yn 2007.

Wrth orfod symud o un ysgol i'r llall yn y cyfnod hwnnw, prin oedd y ffrindie ysgol mynwesol a pharhaol. Mike Jones (tad Stephen Jones, y chwaraewr rygbi), Mike Evans a Dai 'Sam' Evans oedd yr eithriade nodedig. Ond roedd y cyfan i wella rhywfaint yn 1955 pan gyrhaeddes i, ar yr ail gynnig, y 'Gram' yng Nghaerfyrddin – The Queen Elizabeth Grammar School for Boys, neu'r Maridunum. Dyna ichi ysgol ac iddi hanes o ddysg a dawn – er na chredech chi hynny wedi fy chwe blynedd i yno!

2

Hunllef gyntaf pob bachgen a gâi fynediad i'r Gram oedd yr arferiad plentynnedd o wlychu penne'r newydd-ddyfodiaid – y 'ducking'. Doeddech chi fyth yn siŵr pwy fydde'n gyfrifol am y weithred, ond dan y tap dŵr y caech fynd yn ddiseremoni'r bore cynta cyn bod yr un o'r athrawon yn gwbod. Wel, mae'n rhaid eu *bod* nhw'n ymwybodol o ddraddodiad hir yr ysgol – roedd rhai ohonyn nhw wedi cael eu haddysg yno! Dewis anwybyddu beth oedd yn digwydd oedden nhw, mewn gwirionedd.

Roedd tair ffrwd i'r newydd ddyfodiaid – 2A, 2E a 2W. Roedd y gynta ar gyfer y rhai oedd wedi cael marcie uchel yn yr 11+, yr ail ar gyfer y Cymry di-Gymraeg, a'r drydedd i'r bechgyn hynny oedd wedi cyrraedd 'o'r wlad'. Nhw oedd y 'boskins' – y bechgyn anystywallt, annisgybledig, cwrs, oedd yn brin o'r soffistigeiddrwydd a berthynai i ni, fechgyn ymhonnus y dre. Er fy mod i yn 2A, ro'n i'n uniaethu mwy gyda'r bechgyn hynny nag â'r Saeson yn ein plith, a nhw dyfodd yn ffrindie i mi yn hytrach na gwybodusion honedig y dre.

Pwy o'n i i deimlo'n soffistigedig? Ar wahân i ambell drip ysgol Sul, doedd fy mrawd na minne ddim wedi teithio rhyw lawer. Ambell drip i Gaerdydd i weld Wncwl Sammy (oedd yn gweithio yn yr Amgueddfa Genedlaethol) ac Anti Mabel Bowen – ar y cynta o'r tripie hynny y gweles i Gaerdydd gynta – yna rhyfeddu fwy fyth wrth gael mynd am bythefnos o wylie at Wncwl Beaumont ac Anti Margaret yn Farnborough a chyfarfod fy nwy gyfnither, Gillian a Judith, a'u brawd David a fu farw'n ifanc iawn. Dwi'n cofio ar y gwylie hwnnw fod 'Donkey Serenade' i'w glywed ar y radio bron bob dydd, ac yn sicr yn cofio'r uchafbwynt – cael teithio i Lundain i gael gweld y 'sights' i gyd. Soffistigeiddrwydd, ddwedoch chi?!

Ond prin oedd y cwmpo mas mawr yn 'yr ysgol fowr', chware teg, a dwi ddim yn meddwl ein bod ni wedi gweld dim yn debyg i ryfel cartre ar feysydd y Gram – ddim pan oeddwn i yno, ta beth.

A sôn am feysydd – rygbi, a rygbi yn unig, oedd gêm y gaeaf – a chriced yn yr haf. Roedd yna gwrt tennis ond roedd 'na fwy o bwyslais ar y criced. Yr hyn *na* welech chi ar faes chware Maridunum oedd pêl ffwtbol! Ysgol ramadeg draddodiadol oedd hi, a rygbi oedd yn bwysig. Dyna pam y tyfodd rhai o gewri'r gêm, megis Gerald Davies, Roy Bergiers, Cyril Davies – a Grav, wrth gwrs – yn chwaraewyr addawol yn gynnar.

Yn fy mlwyddyn gynta, ein hathro Cymraeg oedd yr anfarwol Carwyn James. Fel y gallech ddisgwyl, roedd 'da fe gymaint o ddiddordeb yn yr hyn oedd yn mynd 'mlaen ar y meysydd rygbi tu fas ag oedd ganddo fe yn ceisio dysgu gramadeg i ni a'n goleuo ar berle'n llenyddiaeth. Roedd e'n arwr mawr inni, wrth gwrs. Ar y pryd cadwai Cliff Morgan, y dewin o faswr, ein Mr James ni mas o dîm Cymru. Doedd Cliff Morgan ddim yn boblogaidd o gwbwl 'da ni, nad oeddem yn deall digon am y gêm i wbod yn wahanol. Yn ein tyb ni, Mr James ddyle fod yn cynrychioli Cymru a gwisgo'r crys coch.

Fel roedd hi'n digwydd, roedd gwers ola pnawn dydd

Gwener yn Ystafell 11 yn y bloc newydd yn wers Gymraeg, a Carwyn yn ceisio'n dysgu ni. Bob hyn a hyn, yn enwedig cyn gêm ryngwladol, bydden ni'n gofyn iddo am ganlyniade posib y Sadwrn canlynol. Cwmpai i'r fagl bob tro a rhoi i ni esboniad ac asesiad o'r gême. Shwd ryfedd bod bechgyn y Gram yn honni eu bod yn gwbod rhywbeth am rygbi!

Rhyw flwyddyn y bu Carwyn yn athro yn y Gram – y flwyddyn 1955. Roedd ambell un – a Mansel Thomas, Mynydd y Garreg, yn eu plith, medde fe – yn llefen pan adawodd e. Daeth Carwyn 'nôl i feirniadu'r cystadlaethe adrodd yn steddfod yr ysgol y flwyddyn wedyn, a rhoi'r wobr gynta i Mansel – a'r ail i mi! Peidiwch siarad; roedd colli fel yna'n dyngedfennol i'r timoedd yn yr ysgol, fel roedd hefyd y marcie terfynol ar ddiwedd steddfod neu chwaraeon rhwng y gwahanol dai (Llewelyn, Arthur, Glyndŵr a Myrddin – ac yn enwedig Myrddin – yn Myrddin ro'n i!).

Ie, Mr James. Pan gwrddes i ag e flynyddoedd wedyn ar un o goridore'r BBC, fe gyfarches i e 'da'r geirie cyfarwydd, 'Bore da, Mr James'. 'Nawr drycha 'ma,' medde fe'n syth, 'rwyt ti a fi'n gweithio fan hyn bellach. Galwa di fi'n "Carwyn" o hyn 'mlaen, da ti.' A shwd 'ych chi'n credu atebes i e? 'Iawn, Mr James!'

Hyd y gwn i, doedd ganddon ni ddim llysenw i Carwyn. Nid felly roedd hi gyda'r rhan fwya o'r staff – rhai enwe dwi'n gofio'n dda yw 'Tom Swat' (yr athro Daearyddiaeth); 'Barrel' (am resyme amlwg – fel roedd llysenw athro arall, 'Spiv'); 'Stinks' (yr athro Cemeg); 'Walrus' (yr athro Bioleg, oedd â mwstásh anferth), a'r gore, 'Lefty' (Mr Wright, oedd yn llawchwith!). Ac wrth gwrs fedrwn ni ddim anghofio

E. V. Williams, yr athro Lladin – roedd rhai'n honni mai 'Evi bach' oedd Organ Morgan yn *Dan y Wenallt*!

E. J. Rees oedd pennaeth yr Adran Gymraeg. Ein llysenw arno fe oedd 'Bull' am ei fod e'n ddyn mawr, cryf yr olwg, ac yn un oedd wedi chware rygbi dros Abertawe ar un adeg. Doedd e ddim yn ddyn iach – hen glefyd y siwgwr yn ei boeni ac ynte'n gorfod ei drin ei hun yn gyson oherwydd y cyflwr.

Ro'n i'n dipyn o 'teacher's pet' 'da Mr Rees. Yn amal, fydde fe wedi gadael rhywbeth pwysig ar ôl yn ei gartre nid nepell o'r ysgol, ac fe awn ar neges drosto i mofyn rhyw feddyginiaeth neu'i gilydd. Anghofia i fyth un bore yn Ystafell 8 neu 9, ar lawr ucha hen adeilad y Gram. Roedd un o'r bechgyn wedi bod yn camymddwyn, a Mr Rees – oedd yn ddyn nerthol, cofiwch, er ei salwch – yn cydio ynddo fe wrth ei ben-ôl a'i war, a'i daflu'n llythrennol mas o'r ystafell a'r bachgen yn rowlio lawr y stâr. Dychmygwch beth fydde wedi digwydd heddi! Bydde gyrfa Mr Rees wedi cwpla yn y fan a'r lle.

Roedd hi'n arferol i rai ohonon ni gael hergwd a cherydd drom yn y dosbarth. Dysgodd ambell un oddi wrth y gosbedigaeth a symud 'mlaen. Roedd y gansen yn dal yn offeryn disgyblu yn ystafell y prifathro, Ben Howell. Dwi'n gwbod yn iawn ei bod hi yno – fe'i profes hi ar fy mhart ôl fwy nag unwaith.

Mae'n rhaid i mi ddweud nad oes 'da fi lawer i fod yn edifar amdano drwy 'mywyd. Ond fe ddigwyddodd un peth yn fy mlwyddyn gynta yn y Gram a ddaeth â gwarth ar fy nheulu a minne ar y pryd. Dwi erioed wedi bod â ffydd yn fy nghof. Er 'mod i wedi actio ychydig a chofio dwsenni ar ddwsenni o linelle mewn dramâu, dwi wedi cloffi'n fynych wrth geisio cofio brawddege, penillion a geirie sgriptie teledu. Dim rhyfedd 'mod i'n fwy nerfus nag arfer pan ges i gyfle i gyflwyno fy rhaglen deledu fy hun yn 1985 am na chaniateid nodiade o unrhyw fath wrth f'ochr i'm helpu i leddfu'r nerfusrwydd. Mae'r cyfan yn deillio o'r hyn ddigwyddodd wrth i ni sefyll ein harholiade cyntaf yn yr ysgol ramadeg, adeg y Nadolig.

Dwi erioed wedi cyfadde hyn yn gyhoeddus o'r blaen. Wedi mynd i banig o'n i ynglŷn â rhai ffeithie yn yr arholiad Daearyddiaeth. Beth wnes i oedd taro rhai ffigure lawr ar ddarn bach o bapur cyn yr arholiad. 'Crib notes' oedden nhw, ac roedd llawer o'm cyd-ddisgyblion yn eu cwato fel fi. Nawr, i ddangos pa mor dwp a naïf ydw i, fe lenwes i'r papur arholiad yn weddol rwydd gan gofio'r manylion i gyd, ac (fel daeth hi'n amlwg yn nes 'mlaen) ateb y cwestiyne'n gywir. Ond, a minne'n ymfalchïo yn fy nghamp, tynnes y darn papur mas i gadarnhau 'mod i'n iawn!

Yr eiliad honno, pwy oedd yn cerdded o gwmpas y desgie, yn arolygu, ond yr athro Arlunio, a daliodd fi. Ar unwaith roedd yn rhaid i mi i fynd i weld y prifathro, Ben Howell – ysgrifennydd ein capel ni yn y Priordy. Rhoddodd ddewis o ddwy gosb i mi. Colli'r marcie'n llwyr, neu'r gansen. Ches i ddim cyfle i ateb – fe weithredodd e ar y ddau ffrynt. Bu'r siom yn gymaint â'r gwarth – o gofio na fu dianc rhag cosb gorfforol arall ar ôl mynd adre. Ro'n i'n gwbod i mi droseddu, ac mi ddysges wers am onestrwydd nad anghofies i tan y dydd heddi.

Yr unig gysur i mi erbyn hyn yw gwbod i mi fod lawer mwy caredig yn ddiweddarach trwy gadw'n dawel am yr *un* athro yna a fydde'n cael pleser mawr o'n swmpo ni fechgyn wedi'r gwersi ac ambell amser cinio. Dwi ddim yn credu i un o'r bechgyn fynd â chŵyn yn ei erbyn at yr awdurdode.

Roedd straeon felly'n gyffredin am ysgolion bonedd a phreifat – efalle'n bod ni ddim wedi llwyr ystyried arwyddocâd posib ei weithredoedd. Does 'da fi ddim prawf i unrhyw un ohonom benderfynu ar ein rhywioldeb ar sail y 'chware o gwmpas' yna. Heddi fe fydde hynna wedi bod yn destun sgandal; bryd hynny roedden ni'n rhy ddiniwed i ddeall.

Ac os oedd angen cwestiynu'n rhywioldeb, roedd 'na ffordd go rwydd i roi prawf ar ein diddordeb yn y rhyw deg. Roedd hen gampws yr ysgol ramadeg wedi'i rannu'n ddwy, a'r 'drive' lawr y canol. Ar y pryd, roedd ysgol ramadeg y merched ar un ochr, a'r ochr arall – y bechgyn. Gwae ni pe baen ni'n cael ein dal yn cwrso merched yr ochr arall i'r 'drive' – er, cofiwch, doedd hynny ddim yn gymaint o bechod â chael eich dal yn y dre heb gap ar eich pen. Roedd hynny'n gwbwl anfaddeuol, a doedd dim modd dianc 'da rhyw esgus (fel y ceisiodd un o'm ffrindie) bod y cap wedi hedfan 'da'r gwynt! Gyda llaw, o gofio'r rhybuddion i ni beidio â chroesi'r 'drive', rhaid dweud ein bod wedi cael modd i fyw pan glywson fod ein prifathro'n caru 'da prifathrawes y merched – Miss Anthony – menyw hyfryd ac addfwyn. Fe briododd y ddau, ac fe fuon nhw'n ddiaconied ar un adeg yn ein capel ni, y Priordy, cyn symud i Waelod y Garth, Caerdydd. Cyn i mi adael yr ysgol, roedd y merched wedi'u symud i gampws newydd yn Nhre Ioan (Ysgol y Cambria), pan ddiflannodd yr hen Gram a thair ysgol gyfun wedi cymryd ei lle.

Hunllef arall sy heb ddiflannu o ddyddie cynnar y Gram oedd y tro hwnnw y buon ni ar wibdaith i Sir Benfro. Dwi'n meddwl mai ar draeth Niwgwl y digwyddodd e. Ces fy nghipio a'm taflu i'r môr gan y bechgyn, ac un neu ddau'n cadw fy mhen o dan y dŵr nes 'mod i bron â llewygu. Ro'n i'n meddwl 'mod i'n boddi. Byth oddi ar hynny mae 'da fi ofn dŵr, ac anaml iawn y gwelwch chi fi'n cerdded y traethe rhag ofn y gwelaf rywun mewn trybini a methu ei helpu. Tyfodd yr ofn yn ffobia gwirioneddol. Diolch i'r drefn bod pawb o 'nheulu bach i heddi'n medru nofio.

Yn 1958 dwi'n cofio cael cynrychioli'r ysgol mewn gwersyll haf yng Nglanyfferi, pan ddaeth bechgyn a merched o Siecoslofacia draw am bythefnos o wylie. Roedd y merched yn rhai pert iawn yn eu gwisgoedd lliwgar a chyda'u gwalltie melyn, a ninne'n dysgu llawer wrth gyd-gymdeithasu! Dyna pryd y clywes i am y tro cynta un o fy hoff ganeuon pop o'r cyfnod hwnnw – 'Bye Bye Love' gan y Brodyr Everly. Gofynnodd Miss Margaret Davies imi hefyd ganu'r ffliwt mewn cyngerdd i'r Sieciaid ifanc yn y neuadd. Fuon ni ar nifer o deithie gyda nhw, gan gynnwys mynd draw i Lyn Ebwy i'm Steddfod Genedlaethol gynta. Mae 'na lun neu ddau yn dal 'da fi yn y tŷ 'ma o'r pythefnos yng Nglanyfferi. Ysgwn i beth ddaeth o'r criw hyfryd yna wrth i'w gwlad fynd drwy gymaint o newidiade ddiwedd y ganrif ddwetha?

Cerddoriaeth oedd fy mhrif ddiddordeb yn yr ysgol uwchradd – er nad wyf yn gerddor. Canu'r recorder i ddechre, yna'r ffliwt, a chael bod yn rhan o gerddorfa'r ysgol a llawer o'r athrawon yn ymuno â ni i gryfhau'r sain a gwella'r safon yn y gwasanaethe boreol – Mathew Rees, y Tymbl, ar y trombôn; Mr Stonehouse ar y clarinet, a'r un ddaeth yn ffrind agos ymhen sbel wedi hynny, John Jenkins, ar y bas dwbwl.

Gerwyn Thomas, organydd yn Eglwys San Pedr, oedd ein hathro cerdd. Fel dwedes i, do'n i fawr o gerddor ond roedd

Gerwyn Thomas yn ein hannog i gyfansoddi a chymryd diddordeb – ac ro'n i'n aelod o Gerddorfa Ieuenctid Sir Gaerfyrddin am gyfnod, ac yna, cyn gadael, wedi prynu drymie bongo a chwarae peth jazz amser cinio. Prynodd Mam a Dat biano i ni'n dau, ond ychydig o lwyddiant gafodd fy mrawd a minne ar yr offeryn hwnnw. Roedd y gitâr wedi goddiweddyd y piano ymhlith pobol ifanc, a dilyn y ffasiwn wnes i fel miloedd o gryts tebyg – ond ychydig o lwyddiant ges i gyda'r gitâr hefyd!

Ond roedd rhai offerynwyr talentog iawn yn y Gram. David Evans oedd un ohonyn nhw, ar y Corn Ffrengig; aeth e 'mlaen i fod yn ddarlithydd mewn Cerddoriaeth. Un a ddôi 'nol i'r ysgol bob hyn a hyn oedd yr enwog Dr Terry James. Roedd Gerwyn yn ei ystyried e, yn gwbwl haeddiannol, yn un o'i 'sêr'.

Bob amser cinio fe fydden ni'n cael croesi'r hewl yn Waun Dew i'r 'tuck shop'. Yno roedd rhai o'r bechgyn hŷn yn smoco a bihafio fel pobol mewn oed! Roedd y lle'n dew o fwg, ond yr hyn dwi'n ei gofio ore oedd y sŵn a ddôi o beiriant chware recordie. Oedd, roedd roc-a-rôl yn dechre goddiweddyd popeth: roedd Elvis Presley byth a beunydd i'w glywed yn siglo'r peiriant, ynghyd â Buddy Holly a rhai o'r cewri amlwg ar y pryd. Taniodd hynny fy nychymyg, ac er na allen fforddio prynu peiriant na recordie, chwaith, ar y pryd, roedd y miwsig newydd 'ma wedi cydio ac mae'n dal yn bwysig i mi.

Heblaw bod yn aelod o'r gerddorfa, roedd 'da ni Aelwyd yr Urdd yn yr ysgol, a chyfle ynddi i berfformio mewn sgetsys a dramâu byrion. Rhai o'r sêr amlwg y pryd hwnnw oedd Mansel Thomas a Lyn T. Jones – mwy am y ddau eto. Roedd 'na ddigon o fechgyn erill yn disgleirio hefyd, ond gwell peidio â'u henwi i gyd fan hyn rhag i mi anghofio rhywun!

Lan a lawr oedd fy hanes addysgol i yn y Gram. Ambell flwyddyn ro'n i'n weddol agos i'r brig; bryd arall ro'n i 'mhell bell yn ôl. Do'n i ddim yn hoffi swoto. Bob tro roedd arholiad ar y gorwel, bydde rhyw ddiddordeb newydd yn cydio, ac ar y diddordeb hwnnw y bydde 'mryd i yn hytrach na gweithio. Bob Sadwrn am gyfnod, roedd yn well 'da fi weithio ar stondin gaws a menyn Mrs Williams (mam Dr Alan Williams, yr aelod seneddol wedyn) yn y farchnad yn hytrach nag adolygu. Dyna chi eto – stondinwr bach go iawn!

Mathemateg oedd y bwgan mwya o ran y pyncie. Diolch byth am gyfrifiannell erbyn hyn. Dwi'n dal yn methu cyfrif ac yn amharod i drin materion ariannol unrhyw gymdeithas neu elusen! Gwyrth addysgol fwya'r pumdege oedd i mi lwyddo, rywsut, i basio fy Lefel O mewn Mathemateg. Crafu drwyddi wnes i, ond ro'n i wedi pasio – diolch i ddyfalbarhad y Mri John Llewelyn, Bryan Roberts a John Jenkins.

Mae'n rhaid i mi ddweud 'mod i wedi mwynhau'r gwersi Cymraeg – ar wahân i feistroli'r gramadeg. E. J. Rees, Carwyn, ac yna John Morgan ac Einir Morgan, y Tymbl, oedd yn gyfrifol am hynny. Athrawon da sy'n eich hysbrydoli chi bob tro – yn tanio'r dychymyg ac yn eich cymell i godi'ch safone pitw. Ond anghofia i fyth mo E. J. Rees yn ame ai fi oedd wedi llunio rhyw ysgrif ryw dro. Ro'n i wedi cyflwyno rhywbeth mwy safonol nag arfer, mae'n amlwg, a doedd e ddim yn gallu dirnad y peth. Ddwedes i ddim 'mod i wedi darllen *Cyn Oeri'r Gwaed*, Islwyn Ffowc

Ellis, a chael fy ysbrydoli – am unwaith – i efelychu'r meistr mawr.

A sôn am arwyr, dwi ddim yn siŵr a o'n i wedi cyrraedd y chweched dosbarth ai peidio, ond anghofia i fyth y tro ces i gwrdd â f'arwr llenyddol penna – D. J. Williams. Roedd e'n rhoi darlith un bore Sadwrn yn y Ganolfan Addysg yng Nghaerfyrddin, ac roedd hi'n ofynnol i ni fynd yno. Darlith ar lunio straeon byrion oedd hi: darlith wych, gyfareddol, a minne'n dotio at ei Gymraeg safonol a naturiol – 'iaith Shir Gâr', yr iaith y bydde D. J. yn ei defnyddio ar lafar ac mewn print. Un rheswm am ffoli gymaint oedd mai iaith cefen gwlad Rhydcymerau a Llanllwni glywes i ganddo, ac mae swyn y siarad yna'n dal i 'nghyfareddu.

Rhyfyg ar fy rhan fydde dweud fy mod wedi disgleirio yn arholiade Lefel O, er y fuddugoliaeth dros Fathemateg. Fe lwyddes mewn naw pwnc – pasio'n weddol yn rhai, crafu drwyddo gydag erill. Digon, yn anffodus, i'r prifathro ac erill boeni fy rhieni druain y dylwn fynd ymlaen i astudio tri phwnc Lefel A.

Anffodus, wedes i. Yn ystod haf 1959 darllenes lyfr ar alwedigaethe i bobol ifanc ar fin gadael ysgol. Un dudalen a wnaeth argraff arna i o'r cyfan i gyd – 'How to be a Reporter'. O'r eiliad y darllenes y geirie, gwyddwn mai dyna o'n i am ei wneud. Roedd y cyfan yn gorwedd yn esmwyth, reddfol. Dyna fe, doedd dim angen athronyddu a phwyso a mesur ac asesu. Doedd dim arall wnâi y tro.

Beth oedd ei angen i fynd yn riportar, yn ôl y llyfr? Dwi ddim yn cofio'r manylion. Ro'n i'n ymwybodol fod fy athro Saesneg, Haydn Evans, wedi dweud wrthyf droeon i ganfod arddull i'm tipyn Saesneg, ac fe wyddwn am y *Carmarthen Journal* fel y papur lleol lle roedd cynifer o newyddiadurwyr y dre wedi dechre'u gyrfaoedd. Mwy na hynny, dim. Ond ro'n i'n argyhoeddedig mai dyna'r alwedigaeth i mi. Pan ddwedes wrth fy rhieni, roedd 'na storm o wrthwynebiad. Fe alwyd ar y prifathro, y gweinidog a phobol y capel i geisio fy narbwyllo i fynd 'nol i'r ysgol.

Un aelod yn y Priordy, bryd hynny, oedd David ('D.F.') Edmunds – gohebydd parchus, gwybodus a dylanwadol y *Western Mail* yng Nghaerfyrddin. Roedd e wedi gohebu ar achosion mawr a llofruddiaethe – fel achosion Ronnie Harries a gafodd ei ddienyddio yn 1954 am lofruddio'i ewyrth a'i fodryb yn Llangynin, ac achos y Pwyliad Onufrejczyk, 'bwtsiwr Cwmdu'. D.F. oedd un o gewri newyddiadurol y dre. Gofynnes iddo fe am ei gyngor, a'i gael. 'The only way to becoming a reporter, boy, is to start on a local paper and work yourself up from there.'

Dyna fe. Roedd y cyfan mor blaen â haul ar bost. Hysbyses fy rhieni a dyma'r holl drafodaeth yn ailddechre eto. Yn anffodus i mi, roedd rhywun wedi gofyn a oedd lle 'da'r papur lleol, y *Carmarthen Journal*, i newyddian fel fi. Doedd 'na ddim swydd ar y pryd, a dwi'n credu i hynny droi'r fantol. Felly, gorfod ildio a mynd 'nôl i'r ysgol ar ddiwedd y gwylie fu fy hanes. Nawr, mae bechgyn ifanc un ar bymtheg oed yn medru bod yn stwbwrn ac afresymol. Fe bwdes i, ta beth, a phenderfynu nad oeddwn am weithio rhyw lawer am y ddwy flynedd yn arwain at Lefel A. Canlyniad hynny oedd i mi fethu Cymraeg (swoto'r pyncie anghywir mewn gramadeg); methu Hanes (ddim wedi swoto o gwbwl), a chael 'D' mewn Saesneg (ffliwc). Doedd dim hawl 'da fi i fod yn siomedig. Fe dderbynies y canlyniade'n dawel, a gweddïo y bydde lle erbyn hyn ar y *Journal*.

Ond doedd dim un agoriad yno o hyd. Cyn i'r siom gydio, daeth gwaredigaeth. Mae nabod pobol yn bwysicach yn amal na bod yn wybodus, a dyma droi at un oedd yn gyfnither imi o bell – Sally, merch i chwaer Wncwl Jack. Roedd hi'n gweithio yn swyddfa'r *South Wales Evening Post* yn Abertawe bell. A fedre hi ganfod a oedd gwaith ar gael i mi yno? Ymhen dyddie roeddwn yn sefyll o flaen Mr Froom Tyler, y golygydd tawel, bonheddig, a ches fy nerbyn i fwrw fy mhrentisiaeth yno ddiwedd haf 1961. Ro'n i yn fy seithfed ne!

Gofynnir yn amal i mi a ydw i wedi difaru peidio gweithio yn fy mlynyddoedd ola yn yr ysgol, a gwrthod ystyried mynd i goleg ac ati. Mae geirie fy mentor Dave Edmunds yn dal yn fy nghlustie, ac mae rhan ohonof yn dweud hyd y dydd heddi na all neb fod yn newyddiadurwr heb weithio ar bapur lleol – troedio'r strydoedd, ysgrifennu am briodase, genedigaethe a marwolaethe, ac ati. Mae un rhan fach ohonof, yn enwedig y dyddie hyn, yn dweud na ddyle'r un person ifanc ystyried gyrfa newyddiadurol heb fynychu coleg yn gynta a chamu i bapur, gorsaf radio leol neu deledu wedyn gyda gwell cefndir nag oedd 'da fi. Mae'r gofynion wedi newid, y technege yn wahanol i gasglu newyddion, a'r hyfforddiant yn fwy trylwyr erbyn hyn, ond mae'n rhaid bod yr ysfa i newyddiadura a busnesa a holi perfedd yn drech na chonfensiwn ac arferion addysgol. Ond mwy am hynna i gyd eto!

Go ansicr oeddwn i yn cyrraedd gorsaf Abertawe a dringo grisie Castle Bailey Street am y tro cynta, a dechre 'ngyrfa newyddiadurol ym Medi 1961 'da'r *South Wales Evening Post*.

3

'Empty vessels make most noise,' medd y Saeson, a dwi'n ymgorfforiad o'r wireb yna – wir i chi! Mae pobol yn meddwl bod pobol 'swnllyd' fel fi yn llawn hyder a heb ronyn o nerfusrwydd yn perthyn iddyn nhw. Gallaf eich sicrhau nad un fel'na ydw i. Ennill ychydig o hyder yn raddol bach wnes i, wrth i 'ngyrfa fynd yn ei blaen.

Ta beth, ro'n i'n crynu fel deilen wrth esgyn y grisie i ystafell newyddion y *South Wales Evening Post* y tro cynta hwnnw. Roedd 'na bobol hynod o dalentog wedi dringo'r ffordd honno o 'mlaen i. Un ohonyn nhw oedd y bardd mwya adnabyddus o blith Cymry di-Gymracg Abertawe – y diweddar Dylan Thomas. Meddyliwch am yr hen 'Sul' yn camu fewn i'r ystafell yna i ganol rhai o gyn-gydweithwyr y bardd mawr! Os oedd gyda fi ryw syniad dwl y gallwn wneud yn union fel yr oedd yr athrylith yna wedi'i wneud rai blynyddoedd ynghynt, roedd 'na fwy nag un yn barod i ddadrithio'r newydd-ddyfodiad. Ces wybod yn fuan nad oedd Dylan Thomas wedi disgleirio fel egin-ohebydd. I bob pwrpas roedd rhai o uchel staff y papur yn ddigon balch o'i weld e'n gadael. Doedd e ddim wedi dilyn y rheolau: roedd e wedi methu perswadio llawer ohonyn nhw fod ganddo dalent fel riportar, a'i fod yn un oedd yn barod i dderbyn hyfforddiant ac ysgrifennu yn ôl arddull y papur. Os o'n i i lwyddo, roedd rhaid i mi ddilyn esiampl gwell o lawer na Dylan Thomas!

Roedd yr *Evening Post* yn bapur poblogaidd iawn yn Abertawe a'r cyffinie. Hwn oedd papur nosweithiol mwya gorllewinol gwledydd Prydain, gyda chylchrediad eang a solet. Roedd yr adeilad a oedd yn gartref iddo wedi gweld ei ddyddie gore ymhell cyn i mi gyrraedd, ac o fewn ychydig flynyddoedd wedi i mi adael roedd e wedi'i ddymchwel, a'r *Post* wedi cael cartre newydd lawr ar waelod High Street – y drws nesa i Westy Morgans, erbyn hyn. Dwi erioed wedi bod yng nghartre 'newydd' y papur – unwaith dwi'n gadael swydd, anamal fydda i'n dychwelyd ar ymweliad.

Yr hen gastell oedd yn arfer bod ar safle'r hen adeilad. Swyddfeydd a chownter oedd i'w gweld gynta wrth i chi fynd drwy'r dryse, ac o ddringo'r steire tywyll, roedd ystafell y golygydd ar y chwith – un ddigon syml, ymhell o fod yn fodern a moethus, yn gweddu i'r dyn di-ymffrost a olygai'r papur, Mr Froom Tyler. Yna roedd yr ystafell newyddion – y drws nesa i ystafell y cysodwyr a'r peirianne argraffu mawr, drewllyd, swnllyd. Ystafell fawr 'open-plan' oedd hi – gohebwyr wrth eu desgie, y golygydd newyddion yn y canol, cornel chwaraeon un ochr, ac yna drwy ddrws gwydr i ystafell yr is-olygyddion – y 'subs desk'.

Roedd rhai o'r gohebwyr profiadol yn enwe adnabyddus iawn yn Abertawe – George Long, Frank Gold, Len Goss a Jill Forwood. Ar y ddesg chwaraeon roedd Bill Paton (golygydd chwaraeon), Ron Griffiths (rygbi) a Norman Lewis. Mae Norman yn byw ym Mhorth Tywyn, a fe oedd un o ddau Gymro Cymraeg oedd yno o 'mlaen i. Y llall oedd John H. Morgan o Gwmtawe. Fe a fu'n ceisio fy rhoi i ar ben y ffordd, ac fe deimlwn yn gartrefol yn ei gwmni. Roedd yn ohebydd gofalus a thrylwyr, bob amser yn mynnu cael y ffeithie yn gywir – gwers hanfodol i gyw-ohebydd fel fi. Wedi cychwyn 'chydig o 'mlaen i roedd Gilbert John (aeth i'r BBC wedyn). Ro'n i'n cael mynd mas 'da nhw ar y dechre, cyn cael fy ngadael mewn llys a chyngor ar fy mhen fy hun a sgrifennu'r straeon fy hun hefyd.

Ymhlith yr is-olygyddion roedd Alan Road (yr *Observer* wedi hynny), Brian Hayden (a ddaeth yn ffrind am ei fod yn hoffi jazz!), ac Alan Osborn (golygydd y *Carmarthen Journal* flynyddoedd wedi hynny). Nhw fydde'n darnio'ch straeon chi – rhoi 'siâp' newydd iddyn nhw, gan gynnwys ailysgrifennu'r paragraff allweddol cynta a meddwl am benawde bachog i'r holl straeon.

Roedd angen iddyn nhw feddwl yn gyflym ac yn greadigol – roedd yn gas ganddyn nhw gael 'copi' lle roedd angen llawer o ailwampio. Roedd hynny'n costio'n ddrud mewn amser. Gan mai papur nos (wrth gwrs!) oedd yr *Evening Post*, roedd y rhifyn cynta i fod ar y strydoedd ymhell cyn amser cinio, a rhifynne erill yn dilyn tan ryw bump o'r gloch. Cofiwch, roedd yn rhaid cysodi'r campweithie hyn ar ôl yr holl sgriblan. Heddi mae'r cyfan ar gompiwtar, a'r cysodi yn digwydd mewn eiliade – a'r *Evening Post* heddi'n cael ei argraffu ym Mryste. Erbyn hyn, dyw e ddim gwahanol i'r papur boreol yn ôl pobol Abertawe.

Ar bnawn dydd Gwener bydden ni'n mynd i'r Coleg Technegol uwchben y BBC yn Heol Alexandra – i gael ein trwytho yn y gyfraith, llywodraeth leol, hanes, llaw-fer a theipio. Roedd y cyrsie hyfforddi wedi symud 'mlaen, a chymaint o bwyse yn cael ei roi ar yr academig ag ar yr ymarferol. Serch hynny, dysgu 'wrth erill – ar y ffas, fel petai – oedd yn gwneud i ni feddwl y bydden ni'n tyfu'n newyddiadurwyr enwog a dylanwadol. I wella neu gyflymu'n teipio, fe fydden ni i gyd yn gorfod cymryd ein tro ar 'gymryd copi', gan roi rhyw gyrn dros ein clustie a theipio ffwl pelt straeon y gohebwyr 'patsh'.

Fy nghyflog cyntaf oedd £4 yr wythnos. O hynna ro'n i'n talu rhywfaint i fy rhieni, talu am y trên dyddiol 'nôl a 'mlaen i Abertawe, a chadw ychydig yn weddill ar gyfer dillad ac ati.

Ie, trafaelu bob dydd wnes i am y cyfnod cynta yna gyda'r *Evening Post* – awr o daith, a nifer ohonon ni o Gaerfyrddin yn gweithio neu'n cael ein hyfforddi mewn rhyw faes neu'i gilydd yn Abertawe. Dwi'n cofio un bore gerdded coridor y trên, gyda'r lleill, yn chwilio am sedd, a gweld merch brydferth eithriadol yn un o'r cabane. Mewn â ni a dechre sgwrsio gyda'r flonden, a deall yn syth ei bod yn siarad Cymraeg. Pwy oedd hi? Neb llai na Jennie Jones – Jennie Ogwen wedyn. Roedd hi ar ei ffordd i Lunden ar ôl ennill teitl Miss Dolce Shoes (os cofia i'n iawn!). O fewn dwy flynedd, pwy oedd wedi cyrraedd TWW o 'mlaen i fel ysgrifenyddes i Owen Roberts ar *Y Dydd*? Ie, wir – Jennie!

Doedd y teithio ddim yn rhy ddrwg gan fod digon o gwmni ar y trên, ond o fewn misoedd barnodd y golygydd ac erill bod angen i mi weld ochr arall o newyddiadura, ac fe anfonwyd fi 'nol i Gaerfyrddin. Roedd gan y *Post* swyddfeydd yn y dre, ac yn Llanelli, felly ro'n i'n gweithio rhywfaint yn nhre'r Sosban hefyd.

Y pen newyddiadurwr yn Llanelli oedd Harry 'Scarlet' Davies – un o'r hen deip, yn nabod pawb yn y dre, yn feistr ar law-fer, a'r gallu ganddo i ysgrifennu'n syml ac effeithiol. Fe hefyd fydde'n gohebu o Barc y Strade – y Scarlet mawr ei barch oedd mor graff ei sylwebaethe. Fe ddysges i gymaint oddi wrtho.

Pan ddaeth hi'n amser i ohebu o Eisteddfod Genedlaethol Llanelli yn 1962, ni'n dau oedd gohebwyr yr Ŵyl ar ran y *Post*. Dyna brofiad oedd hynny. Fel y dwedes i eisoes, dim ond un Steddfod Genedlaethol o'n i wedi bod ynddi cyn hyn. Roedd y cyfan yn ddierth, ond dyna lle roedd craffter a thrwyn newyddiadurol profiadol Harry Davies yn dangos ei werth. Doedd ynte chwaith ddim wedi bod yn yr un Steddfod, ond stori arall i'w dilyn oedd hon i Harry a minne, a bant â ni gore gallen ni. Roedd yn brofiad gwych i rywun di-glem fel fi, a dysges wersi di-ri yn ystod yr wythnos honno a dalodd ar eu canfed imi wedyn.

Doedd Harry Davies ddim yn siarad Cymraeg, felly yn hynny o beth roedd yn rhaid iddo fe ddibynnu arna i. O sôn am hynny – ac mae dyn yn gwrido wrth feddwl am hyn – roedd gan yr *Evening Post* hefyd golofnydd Cymraeg, sef yr Athro J. Gwyn Griffiths (tad Robat Gruffudd y Lolfa, a Heini Gruffudd). Os bu rhyfyg erioed, dyma fe ichi: meddyliwch amdana *i* yn gorfod 'cywiro' proflenni'r Athro Griffiths! Ond bu'n hynod o garedig a thrugarog wrtho i, gan fy helpu fwy nag unwaith pan ofynnid i mi lunio rhywbeth yn Gymraeg – fel a ddigwyddodd yn Steddfod Llanelli. Y gwir yw na faswn i ddim yn mentro heddi ailgyhoeddi f'ymdrechion tila i fy hun o'r dyddie hynny!

Treulies flwyddyn a hanner gyda'r *Post* rhwng Llanelli a Chaerfyrddin. Roedd y gwaith yn cynnwys mynychu llysoedd barn y ddwy dre, a chynghore lleol yno ac yng Nghydweli a Phorth Tywyn. Ym Mhorth Tywyn bob nos Lun bydde'r cynghorwyr yn rhygnu 'mlaen yn ddiddiwedd am bethe dibwys hollol. Er nad oedd y materion a drafodid ym mhob cyfarfod yn bwysig i mi, roedden nhw'n ymddangos yn dyngedfennol i'r cynghorwyr. Dywed rhai fy mod wedi bod yn amyneddgar iawn gyda rhai o gyfranwyr y *Stondin* ymhen blynyddoedd; credwch chi fi, doedd llawer ohonyn nhw'n ddim o'u cymharu â rhai o gynghorwyr Sir Gaerfyrddin yn y chwedege cynnar.

Buan y dois i i ddeall pam fod ambell i gynghorydd yn ceisio bod yn gyfeillgar – yn yr un modd ag yr oedd plismyn o bob ranc yn closio ata i fel newyddiadurwr mewn llysoedd barn. Roedden nhw wedi gweld, os bydden nhw'n cael eu henwe yn y *Post* neu ryw bapur lleol, y bydde siawns i rywun eu dyrchafu i swydd uwch, neu, yn achos y cynghorwyr, eu hailethol pan ddôi eu tymhore i ben. Doedd y gohebydd bach ifanc ond yn boblogaidd tra bydde fe'n garedig mewn print; unwaith y peidiai'r sylw, yna go chydig o straeon fydde'n cael eu trosglwyddo i chi fel 'ffafr'.

Cofiwch, roedd 'na un fantes i'r newyddiadura wythnosol yma ymhlith y cynghorwyr – roedd 'na siop sglodion wych ym Mhorth Tywyn bryd hynny. Efalle mai o'r cyfnod hynny y deillia fy hoffter mawr o tships!

Yng Nghaerfyrddin, David Roberts oedd gohebydd lleol y *Post*, ac ato fe yr es i gynta pan ges fy symud yno o Abertawe. O fewn wythnose imi ddechre gweithio 'nôl yn fy hen dre, cawsom achos llys cwbwl arbennig – achos Emyr Llewelyn a bomio Tryweryn. Stori fawr, genedlaethol ar stepen ein drws ym Mrawdlys enwog Caerfyrddin! Roedd y stori, wrth reswm, yn hawlio'r dudalen flaen, a Dai Rob a finne felly'n cael yr hyn a elwid yn 'front page by-line'. Roedd rhai newyddiadurwyr yn cyfri peth fel yna'n dystiolaeth o'ch llwyddiant fel newyddiadurwr; bydde ambell un yn gorfod aros am flynyddoedd am stori fydde'n haeddu bod yn y safle bwysica ar y dudalen flaen.

Ro'n i'n cael y gore o ddau fyd yng Nghaerfyrddin – bod yn ohebydd i bapur nosweithiol a chael cymysgu 'da'm ffrindie ar y *Carmarthen Journal* – Wyndham Rees, Paul Jones a Geraint Dyfnallt Owen. Y traddodiad oedd mynd mewn i swyddfa'r *Journal* ar ddydd Mercher i weld pa straeon ro'n i wedi'u colli; gwynto'r peirianne'n rowlio ac yn crynu, a chymdeithasu 'da'r hen fois heb orfod dilyn straeon pitw papur cwbwl leol.

Yn gweithio hefyd yn swyddfa'r *Post* yn Heol Awst roedd Les Davies (y Bòs) a Janet Pierce. Y nhw oedd yn rhedeg y swyddfa a dosbarthu'r papure i'r siope ac yn y blaen. Roedd Janet yn gyfnither i'r llofrudd Ronnie Harries, y cyfeiries i ato o'r blaen, ac anghofia i fyth ni'n trafod yr achos hwnnw a hithe'n taeru na chredai'r teulu ei fod yn euog o ladd John a Phoebe Harries (ei ewythr a'i fodryb) yn Llangynin.

Cof arall sydd 'da fi o'r cyfnod hwnnw yw o'r cyfaill Peter Davies, Goginan, a ddaeth yn fyfyriwr i Goleg y Drindod a heb fod yn gwbwl gartrefol na chyfforddus yno yn yr Adran Ddrama 'da Norah Isaac. Newyddiadurwr ac ysgrifennwr oedd Pete ac yn gwbwl rwystredig yn y Drindod. Onid fe oedd bardd mawr Cymru – y Dylan Thomas newydd, yn meddwi bob cyfle, yr athrylith anghonfensiynol? Wel, mae angen i rywun chwalu'r myth yna ryw ychydig. Fues i erioed mewn tafarn yr adeg honno 'da Pete Goginan, ond roedd e wrth ei fodd yn trafod straeon a barddoniaeth a bywyd yn gyffredinol dros baned o de yn Conti's, Heol Awst. Roedd yn cael boddhad anghyffredin yng nghwmni'r hacs – a heb orfod profi dim i neb.

Y stori fwya i ni ohebu arni, heb os nac oni bai, oedd helynt bygwth boddi Llangyndeyrn. Hyd y dydd heddi, dwi'n ystyried safiad ffermwyr a phentrefwyr gwaelod Cwm Gwendraeth yn un arwrol. Roedd Cyngor Abertawe yn awyddus i foddi'r rhan hyfryd yna o Sir Gâr er mwyn diwallu anghenion pobol y dre honno. Ro'n i a gohebwyr erill ar bige drain am fisoedd yn disgwyl ymweliad syrfewyr y Cyngor. Bu wythnose o fynychu cyfarfodydd, a gwrando ar y Cynghorydd William Thomas a'r ysgrifennydd, y Parchedig W. M. Rees, ac erill yn dadle'u hachos. Ond roedd penderfyniad y pwyllgor lleol i rwystro unrhyw fynediad i'r pentre, doed a ddelo, yn golygu 'showdown' go iawn. Roedd clochydd y pentre yn barod i ganu rhybudd i bawb, a dwi'n cofio mynd ar ras, gan milltir yr awr, yn E-type Jaguar y ffotograffydd, Ken Davies, un pnawn wedi i rywun ffonio bod y gloch wedi canu'i rhybudd. Ond siwrne seithug oedd honno.

Mae 'na lawer wedi'i ysgrifennu am yr ymgyrch, ac fe wnes i raglen radio arbennig flynyddoedd wedyn ar hanes ceisio boddi Cwm Gwendraeth. Roedd 'na gynifer o elfenne pwysig yn y stori – hunan-barch, gwrhydri, cenedlaetholdeb naturiol iach, a chydweithio perffaith rhwng personoliaethe cwbwl anghymarus ar yr olwg gynta – William Thomas a hoffai ei wisgi, a'r Parchedig Rees, y dirwestwr a heddychwr. Roedd y ddau undeb amaethyddol, hefyd, fel un dros y ffermwyr lleol, a hynny gwta saith mlynedd wedi'r 'chwalfa fawr' yn Sir Gâr a arweiniodd at sefydlu Undeb Amaethwyr Cymru. A phwy all anghofio cyfarfyddiad y Parchedig Ben Jones ag Alan Whicker o'r rhaglen deledu Lundeinig *Tonight*? Whicker yn gofyn i'r gŵr mwyn pam ei fod e'n brwydro i gadw darn digon diffrwyth o dir (yng ngolwg yr holwr), a Ben Jones yn dweud, 'My wife may look ugly to you, but it would be a pity to drown her.'

Y strocen fwya oedd i'r pwyllgor amddiffyn gynnig atebiad i'r broblem, ac i hwnnw gael ei dderbyn, sef cynnig tir diffeth yng ngogledd y sir uwchben Rhandirmwyn. A maes o law – rhwng 1968 ac 1972 – crëwyd Llyn Brianne i ddiwallu syched trigolion Abertawe. Er, dwi'n cofio mynd lan i dop Cwm Dorothea unwaith, a synnu nad oedd y tir mor ddiffeth â *hynny* chwaith!

Cyn pen tair blynedd, wedi imi fod yn gohebu o drefi'r Gorllewin a dal i fynychu gwersi bob dydd Gwener yn Abertawe, fe benderfynwyd rhoi cyfle i mi ysgrifennu erthygle dogfennol ('features') yn Abertawe, a 'nôl â fi at y Jacks!

Roedd y golygydd yn gwbod bod Steddfod Genedlaethol arall i ddigwydd yn Awst 1964 ar Barc Singleton. Ces rywfaint o amser i baratoi gyda Frank Gold yr hyn roedd ei angen am yr Ŵyl. Roedd yr wythnos honno i newid cwrs fy mywyd yn gyfan gwbl.

Ro'n i'n fwy hyderus yn gohebu o fy ail Steddfod Genedlaethol nag o'r gynta, ac erbyn diwedd yr wythnos fe ddaeth un o'r gohebwyr (o'r *Guardian*) ata i yn ystafell y Wasg – wedi sylwi 'mod i'n siarad Cymraeg, ac efalle heb ddisgwyl hynny oddi wrth ohebydd y *Post*. Roedd ei gŵr, medde hi, ar fin cychwyn rhaglen deledu newydd ar TWW, a thybed a faswn i'n hoffi gweithio ym myd y teledu?

Do'n i ddim yn gwbod beth i'w ddweud. Yr unig deledu o'n i wedi'i weld, hyd yn oed, oedd gême rygbi a *Dixon of Dock Green* a *What's my Line?* 'da Anti Muriel ac Wncwl Percy! Ond doedd dim pwynt bod yn negyddol, a dwedes wrthi y baswn yn ystyried y peth. A phwy oedd y gohebydd? Neb llai nag Ann Clwyd, a ddeuai'n enwog fel Aelod Seneddol Cwm Cynon flynyddoedd yn ddiweddarach. Ei gŵr oedd Owen Roberts.

O fewn dyddie ro'n i ar fy ffordd i Gaerdydd i weld Owen a Wyn Roberts, Pennaeth Rhaglenni TWW ar y pryd, ac o fewn dyddie wedyn – 'wyddoch chi!' – roedd llythyr wedi cyrraedd 41 Heol y Gwyddau, Caerfyrddin. Roedd fy rôl fel newyddiadurwr i newid – er mawr siom i olygydd yr *Evening Post* yn Abertawe.

4

Hyd y dydd heddi, dwi ddim wedi medru dirnad sut y llwyddes i argyhoeddi'r pâr Roberts ym Mhontcanna fy mod yn addas ac yn gymwys i fod yn ymchwilydd ar raglen newydd *Y Dydd*. Hon oedd y rhaglen oedd am ddisodli'r rhaglen barchus, safonol, boblogaidd *Heddiw* ar y BBC. Yno roedd Owen Edwards, John Bevan, Harri Gwynn a Hywel Gwynfryn wedi cael rhyw ddwy flynedd o brofiad, a chael cyfle i sefydlu'u hunen.

Roedd Teledu Cymru wedi methu'n drychinebus yn 1963 gan adael rhai o sêr y dyfodol heb waith – yn eu plith, Gwyn Llewelyn. Ateb TWW (Television Wales and the West, a sefydlwyd yn 1958) i'r cyfan oedd mentro ar raglen ddyddiol newydd i fynd mas am chwech o'r gloch y nos, yn gynharach yn y noson na *Heddiw*, ac a fydde'n cynnig rhywbeth gwahanol – llai parchus, mwy herfeiddiol a mwy diddorol!

Roedd y rhaglen wedi dechre yn Awst 1964 gyda Dewi Bebb, y chwaraewr rygbi enwog, yn ei chyflwyno; Eirwen Davies yn cyflwyno'r newyddion; Gwyn Erfyl yn holi pobol; Gwyn Llewelyn yn ohebydd crwydrol, a William Rees yn y Gogledd yn gofalu am y 'patsh' hwnnw. Owen Roberts ac Eleanor Mathias oedd y cynhyrchydd a'r golygydd – dau sy heb gael y sylw haeddiannol am eu gwaith arloesol ym myd darlledu, yn fy marn i. Huw Davies ac Euryn Ogwen Williams oedd y ddau gyfarwyddwr, a David Powell ('Dai

Cuts') oedd y golygydd ffilm. Yr ymchwilwyr a'r sgriptwyr cynta, hyd y gwn i, oedd Deryk Williams a Gwilym Tudur.

Mae cynifer o'r enwe rydw i wedi'u crybwyll fan hyn wedi dod yn enwog am wahanol resyme – fel Huw Davies a ddaeth yn Bennaeth HTV Cymru; Euryn yn Bennaeth Rhaglenni S4C; Deryk hefyd, yr un modd, wedi tymor 'da'r BBC, a Gwyn Llewelyn – wel, yn gyflwynydd penigamp ac wedi cyfrannu i lwyddiant pob corff darlledu yng Nghymru. Gwilym Tudur adawodd *Y Dydd* gynta, i sefydlu Siop y Pethe yn Aberystwyth – siop sydd 'leni'n dathlu ei deugen oed – a Wil Rees wedyn i gadw bwyty enwog Glansefin ger Llangadog am flynyddoedd.

Yng nghanol y criw talentog yna y ces i fy hun ym Medi 1964 – criw â Chymraeg rhywiog, yn llawn dychymyg a menter, ac yn benderfynol o wneud marc yn y byd darlledu. Heb os, roedd yn gyfnod cyffrous ac arloesol, a chymaint ganddon ni i gyd i'w ddysgu am y cyfrwng a darlledu yn gyffredinol.

Os oeddwn yn nerfus yn cyrraedd Abertawe, bues i'n gofyn fwy nag unwaith i fi'n hunan beth o'n i'n ei wneud yng nghanol y tîm galluog yma yn y brifddinas. Yn amal byddwn yn mynd i Bontcanna o'm llety yn Colum Road yn argyhoeddedig y bydde 'na gardie yn fy aros cyn diwedd yr wythnos! Doedd fy Nghymraeg i ddim digon da (a dyna i chi frawddeg a glywes i filoedd ar filoedd o weithie ar strydoedd y Gorllewin, wrth geisio perswadio pobol i siarad o flaen camera!): fedrwn i ddim llunio sgript heb fod Eleanor yn ei phaentio'n goch drosti. Unwaith eto fe ddychwelodd y diffyg hyder yna, a heb os do'n i ddim yn hapus am y chwe mis cynta yng Nghaerdydd. Ar ben popeth dwi'n casáu dinasoedd, a doedd yfed bob nos yn y clwb ym

Mhontcanna ddim yn rhywbeth yr oeddwn yn ei fwynhau bryd hynny. Ro'n i'n eitha unig, ond yn barod i ddysgu a blyffio'm ffordd drwy'r cyfan.

Fel mae lwc yn bod, roedd 'na un gwendid yn y drefn uchod. Doedd 'na neb mewn gwirionedd yn bugeilio'r Gorllewin fel ymchwilydd na gohebydd. Sylweddolodd Owen, dwi'n meddwl, y baswn i'n fwy defnyddiol mas yn y priffyrdd a'r caee yn chwilio am straeon nag o'n i wrth geisio cyfrannu at greadigrwydd llenyddol y rhaglen.

Roedd pobol fel James Thomas ac Aled Gwyn wedi bod yn bwydo straeon bob hyn a hyn, ac yn eu cyflwyno nhw hefyd. Roedd dynion camera ar eu liwt eu hunen fel Ron Davies yn danfon perle hefyd. Ond roedd angen rhywun parhaol, a'r *Dydd* oedd y rhaglen gynta i weld bod presenoldeb felly yn y Gorllewin yn fanteisiol. Gohebwyr teithiol oedd gohebwyr *Heddiw* – Harri Gwynn oedd yr unig un sefydlog, yn y Gogledd.

Felly, erbyn dechre 1965, ro'n i 'nol gartre 'to! Mam yn dychryn bod ffôn yn cael ei gosod yn y tŷ ac yn neidio, druan, bob tro y canai'r teclyn hwnnw rhag ofn bod Owen Roberts neu rywun yn chwilio amdana i.

Bu'r tair blynedd ddilynol yn hwyl. A minne ar gyflog o £15 yr wythnos doedd gen i ddim digon o arian i brynu car – a beth bynnag, yn fy nerfusrwydd, methes y prawf y tro cynta, a ffrind i 'nhad, John Cyril Thomas, wedi bod wrthi'n fy nysgu yn y Mini bach. Shwd oedd crwydro siroedd Dyfed i chwilio am berle, 'te? Yr unig ateb oedd sgwtar. Prynes un glas mawr, helmed a chot a legins, a bant â fi. Fedrwch chi ddim cael straeon da yn eistedd ar eich tine mewn swyddfa wrth ffôn neu gyfrifiadur, fel sy'n digwydd heddi. Mae'n rhaid i chi fynd mas a chwrdd â phobol, ennill eu hymddiriedaeth ac ennill digon o barch fel mai chi yw'r cynta i gael gwbod am rywbeth pan ddaw'r stori fawr. Wel, dwi ddim yn siŵr a weithiodd pethe fel yna gyda *phob* un yr ymweles â nhw, ond yn ystod y misoedd canlynol bu'r sgwtar glas ym mhob pentre a chymdogaeth yn ne-orllewin Cymru a dwi'n siŵr y dois i ar draws mwy o straeon da drwy gysylltiad personol ar ambell aelwyd neu ysgol neu gapel, nag a ddigwyddodd byth wedyn.

Y syniad oedd 'mod i'n gadel y tŷ ben bore ambell wythnos ar fore Llun, a dychwelyd tua dydd Iau a llond sach o straeon i'w cyflwyno i Owen ac Eleanor. Byddwn yn dibynnu ar 'gymeriade' lleol, athrawon a phrifathrawon, gweinidogion, cynghorwyr, plismyn, swyddogion Cyngor ac arweinwyr cymdeithase. Roedd pawb yn falch o gael ceiniog fach neu ddwy yn ychwanegol fel 'tip-off fee'. Roedd gen i rwydwaith o gysylltiade, ac roedd hi mor hwylus i ailgysylltu ar frys ar y ffôn heb i mi orfod esbonio pwy o'n i na chrybwyll y rhaglen.

Tri fuodd yn arbennig o garedig oedd y Parchedig W. J. Gruffydd, Y Glog bryd hynny (y cyn-Archdderwydd Elerydd), a dau weinidog arall, Denzil Protheroe o Fwlchnewydd a Goronwy Evans, Llambed.

Dwi ddim yn fardd o bell ffordd, ond W. J. oedd y cynta i ddweud wrtho i pe bawn i yn treulio noson ar y Preselau y deuwn lawr odd'no naill ai'n fardd neu'n wallgofddyn – hen gred sy'n perthyn i lawer o fynyddoedd Cymru, a thu hwnt, am wn i. Nid 'mod i'n credu'r stori. Do'n i ddim wedi gwella fel bardd na gwaethygu fel person wedi smalio bod mas am noson. Ond roedd yr adroddiad yn honni yn wahanol. Roedd W. J. wedi llunio penillion, gyda rhai o sêr rhaglen *Y Dydd* wedi'u gwau i mewn yn glyfar iddynt ganddo:

> Mae camera'r haul ar yr hedyn a'r gwŷdd
> Yn Gwynerfylo ac Eirwenio'r dydd.
> Sgwarnog ar ras yn Dewi Bebbio;
> Digwyddodd, darfu wrth fyned heibio.
>
> Yn stiwdio'r wawr mae'r byd yn fyw,
> A chwningen a gwenci mewn interfiw;
> Yn fawr ei brotest draw ar y brig
> Mae'r deryn du – Dafydd Iwan y wig.
>
> Wela i ddim byd arall – mae'n rhy fore i weithiwr –
> Dim ond cwrcath yn dod adre o garu neithiwr!

Gobeithio na chredai 'run gwyliwr taw *fi* oedd wedi sgrifennu hynna!

Anghofia i fyth alw un tro yn y Bristol Trader – cartref yr annwyl D. J. Williams yn Abergwaun. Tu ôl i'r camera y gweithiwn i bryd hynny, felly doedd dim posib iddo fe fod yn gwybod pwy oeddwn i, ond wrth iddo ateb y drws, beth ddwedodd y cawr o Rydcymerau? 'Shwmâi? Dewch mewn, Sulwyn.' Wir i chi! Roedd e'n fy nghofio i o'r ddarlith 'na 'nôl yng Nghaerfyrddin bum mlynedd ynghynt. Anhygoel. Anodd oedd gadael yr aelwyd arbennig honno ond roedd yn rhaid gwneud, a chwrdd â rhyw ddwsin neu ragor wedyn yn Abergwaun. On'd oedd hi mor bwysig cael gafael ar stori o flaen *Heddiw*, y 'gelyn'?! Roedd y tair llythyren hudol yna – BBC – yn rhoi mantes i rywun yn llygad y cyhoedd, hyd yn oed yn y dyddie hynny.

Pnawn arall nad aiff fyth yn angof oedd pnawn go hydrefol ac ansefydlog o ran y tywydd, pan fentres ar y sgwtar i Dregaron ac yna dros y mynydd i Soar y Mynydd.

Y bwriad oedd ymweld â fferm Nant Llwyd. Doedd y teulu arbennig hwnnw ddim mor adnabyddus bryd hynny ag y maen nhw erbyn hyn.

Ffotograffydd y *Western Mail* a ffrind i mi, Peter Woodman, oedd wedi clywed am y fam yma oedd yn medru cadw trefn ar chwech o fechgyn ar y fferm anghysbell ym Mhumlumon. Draw â fi, ac wrth fynd ar hyd yr hewl droellog at Soar dyma hi'n dechre bwrw glaw. Ces groeso mawr yn Nant Llwyd, ond dim addewid ar y pryd y gallen ni ffilmio eitem i'r *Dydd*. Wrth gwrs, roedd angen teithio 'nôl wedyn yn y gwynt a'r glaw i Soar, a rownd heibio'r Llyn Brianne newydd – taith go annifyr. Ond yr hyn sy wedi aros 'da fi oedd caredigrwydd ac ymddiriedaeth teulu Nant Llwyd. Beth wnaethon nhw oedd rhoi allweddi i fi i agor dwy iet ar y llwybyr drwy'r goedwig – taith fydde'n arbed hanner awr i dri chwarter i grwt ar gefn sgwtar. Yr hyn oedd yn ofynnol wedyn oedd 'mod i'n gadael yr allweddi yn y dafarn yn Rhandirmwyn cyn mynd ymlaen am Gaerfyrddin! Bob tro y gwela i rai o'r bechgyn yna mewn sioe neu ymryson cŵn defaid, dwi bob amser yn eu hatgoffa o'r gymwynas i ddieithryn hollol iddyn nhw ar y pryd. Cofiwch, doedd y llwybyr drwy'r goedwig ddim heb ei drafferthion – llwybyr lled hawdd i Land Rover neu dractor, ond ddim cweit yn addas i sgwtar bach simsan. Fues i bron â chwmpo droeon ond nid dyna'r pwynt – y gymwynas a'r tosturi oedd yn bwysig i mi.

Ond *fe* gwmpes un gaea wrth ddychwelyd o Gwm Tawe! Wedi bod yn aros 'da'r Parchedig Arwyn Phillips a'i wraig, Iris, o'n i. Ro'n nhw wedi edrych ar fy ôl i mewn Ysgol Haf ysgol Sul pan o'n i'n grwt ysgol ac wedi para'n ffrindie byth oddi ar hynny. Roedd yr eira wedi disgyn dros nos, ond rhaid oedd anelu am adre fore trannoeth. Lawr â fi yn garlibwns tua Ystalyfera, a gweld car yn dod amdana i. Diolch byth i'r gyrrwr sgidio i'r dde, neu falle na fyddwn i yma yn teipio'r geirie hyn. Dihangfa ffodus iawn oedd honno, a minne'n codi'n gwbwl ddianaf o'r profiad.

Daeth y gwymp derfynol ar bont Llandysul rai misoedd yn ddiweddarach. Finne unwaith eto ar sgowt am stori, ac yn anelu am y bont fach dros y Teifi. Mae'n rhaid bod 'na garreg rydd ar yr hewl, ac i olwyn flaen y sgwtar daro honno yn y man anghywir – digon, yn wir, i mi sgrialu ar draws y ffordd ac anafu fy hun. Mwy na hynny mewn gwirionedd – fe dorrais fy mhigwrn. Fues i ar ffyn bagle am wythnose.

Yn ystod y cyfnod hwnnw fe ges i un profiad amhrisiadwy. Y flwyddyn honno roedd y Steddfod Genedlaethol yn y Drenewydd. Doeddwn i ddim yn ffit i weithio fel ymchwilydd a minne'n symud mor herciog ac ara. Ond, chware teg i Owen Roberts, cynigiodd fy mod yn dod i'r Steddfod am ddiwrnod. Roedd 'na fws Blossom yn teithio ar y dydd Llun cynta, a bant â fi ar hwnnw – heb fag na dim. Mynd am y diwrnod – ond arhoses i am wythnos! Mewn llety a fedyddiwyd ganddon ni wedyn yn 'deep litter', ces gwmni Meredydd Evans a Guto Roberts, Rhoslan, ac ati – criw o'r Gogledd a'u hacenion mor ddierth fel na fedrwn ddeall hanner eu siarad hwyliog. Roedd hyn ymhell cyn llwyddiant *Fo a Fe* a rhaglenni teledu a fydde'n pontio rhwng Gogledd a De. Os o'n i'n cael trafferthion, mae'n debyg eu bod nhwythe hefyd yn yr un picil 'da iaith Sir Gâr! Fe gawson ni hwyl anghyffredin, beth bynnag, yng nghanol yr holl gamddealltwriaeth – a gallaf ddweud i aelode'r criw yna fod yn hynod o garedig wrtho i wedyn ar draws y blynyddoedd – yn enwedig yr annwyl Guto Rhoslan.

Weles i ddim o'r sgwtar fyth wedyn. Roedd fy nyddie ar ddwy olwyn ar ben, a phan drois ar wella roedd yn rhaid mynd at y cyfaill Dyfrig Hobbs i gael hyfforddiant wrth olwyn modur. Fe basies i'r prawf (ar yr ail gynnig!) a phrynu car bach – Fiat 600 gwyn, 'da'r rhif DBX 50C.

Felly dyma barhau i deithio yn y modur bach, a gyrru fel ffŵl. Dwi'n cofio ceisio achub y blaen ar *Heddiw* wrth ffilmio yn Nhrefenter – ffilmio Siôn Corn yn cyrraedd mewn hofrennydd – a'i gadael hi'n hwyr cyn cychwyn o Sir Aberteifi am Gaerdydd, a gorfod rasio wedyn. Doedd dim ffôn yn y car na dim bryd hynny i'w rhybuddio nhw ym Mhontcanna bod 'na brobleme traffig ym Mhort Talbot. Gyrhaeddes i'r stiwdio a'r nerfe'n rhacs, a chael gwbod ei bod hi'n rhy hwyr i brosesu a golygu'r ffilm. Mae 'na rywbeth yn dweud wrtho i fy mod, yn fy siomedigaeth, wedi dweud na faswn i fyth eto'n peryglu fy hun fel'na ddim ond am fod tun o ffilm ar y sedd wrth fy ochr. Tỳff os na fedrwn i ei gwneud hi: doedd dim diolch am fod yn hwyr, a dim diolch am wneud eich gore. Ond, wrth gwrs, y tro nesa wedyn roeddech chi ar dân i gyrraedd. Roedd rolyn o ffilm yn eich cynhyrfu i feddwl mai chi oedd Sterling Moss. Gofynnwch i Gwyn Llewelyn neu unrhyw ohebydd arall a ffolai ar geir y dyddie hynny!

Ar wahân i yrru'n ceir ar ras, roedd hi'n fantais i ohebwyr ifanc 'enwog' fel Gwyn a finne ein bod ni'n medru prynu ambell i ddilledyn modern – nid yn Llundain a Chaerdydd – ond yn Llanbedr Pont Steffan, o bob man. Prynai Danny Davies o siop B.J. y siwtie diweddara un – rhy fodern o lawer i ffermwyr y Gorllewin. Roedd bargeinion mynych i'w cael yno wrth iddo gael gwared â'r stoc, a ni bobol y cyfrynge fydde'n elwa bron bob tro. Wrth gwrs roedd gweld gohebydd yn gwisgo un o'ch siwtie ar y teledu yn fantais amlwg wrth geisio gwerthu i gwsmeriaid erill. Bryd hynny roedd sêr y bocs yn bobol bwysig. Bydde ambell i bentre'n dod i stop pan ddôi uned ffilmio ar ymweliad, a phawb yn tyrru mas i'n gweld. Roedd y cyfrwng yn weddol newydd: roedd y cyfan i ryfeddu ato, a llofnodion i'w casglu a'u trysori. Erbyn hyn does neb yn cynhyrfu dim pan ddaw uned deledu i bentre yng nghefen gwlad.

Yn ystod y cyfnod yna, Gwyn, yn bennaf, fydde'n gorfod troi fy sgerbyde i'n berle ar y teledu. Fe, ynghyd â Gwyn Erfyl, Aled Gwyn a James Thomas, Llanybydder, oedd y gohebwyr, fel 'tai – ond heb os, Gwyn oedd yr un oedd yn tyfu fel gohebydd a pherfformiwr o'r radd flaenaf. Fel fi, ar bapur lleol y dechreuodd ynte, cyn treulio peth amser ar y *Western Mail* a Theledu Cymru ac yna dod yn seren ar *Y Dydd*.

Y drefn yn amal oedd bod y criw ffilmio'n trafaelu lawr o Gaerdydd i gwrdd â Gwyn a finne, ffilmio'r stori ac yna'n mynd 'nôl i'r brifddinas. Dwi'n cofio un tro John Humphreys (sy bellach yn enwog fel darlledwr ar *Today* ac yn y blaen), gohebydd *Report Wales*, a Gwyn yn cyrraedd i ffilmio yn Park Hall, Caerfyrddin, wedi i mi gael gafael ar ryw stori. Does gen i ddim syniad beth oedd y stori ond mae'n rhaid ei bod hi'n un fach weddol ddiddorol i'r ddau ohonyn nhw ddod draw i'w ffilmio. Roedd y ddau mor gystadleuol â'i gilydd – pwy oedd am siarad i'r camera gynta, a phwy oedd am holi gynta. Aeth yn frwydr, bron – a dwi'n meddwl taw Gwyn enillodd ar y sail taw'r *Dydd* oedd yn cael ei ddarlledu gynta, ac felly roedd trefn y deunydd ar y ffilm yn bwysig. Dyna esgus Gwyn ar y pryd, ta beth! Fe weithiwn yn ddyfal i gael gafael ar straeon gwerth chweil i Gwyn, ac achubodd ynte fy ngham droeon wrth greu gwell stori nag a haeddai'r gwreiddiol.

Bob hyn a hyn byddwn yn ffilmio gyda'r anhygoel Ron Davies, y dyn camera o Aberaeron. Roedd Ron yn gaeth i'w gadair olwyn, ond doedd hynny ddim yn ei rwystro rhag ffilmio eiteme celfydd i *Ffilmiau'r Dydd*. Deuai siawns o bryd i'w gilydd i mi fynd gydag e i ffilmio, a pharatoi sgript i'w darllen wedyn yn y stiwdio. Dysges fwy am y dechneg o ffilmio, cyfansoddi ffilm, a chyfarwyddo gan Ron na chan neb arall. Roedd 'na wersi ymarferol, annisgwyl yn amal. 'Sul, cydia yn y camera 'ma a cher lan i ben y sièd 'co a saetha "top shot" i fi,' neu 'Cer â fi lan i ben y bryn yna i gael gwell shot.' Wrth i chi ysgrifennu'ch sgript wedyn roedd 'da chi syniad go dda beth oedd y llunie, a gwell amgyffred o gamp gwir artist fel Ron. Trueni na fydde 'ngeirie i wedi gwneud cyfiawnder â'r llunie bob tro.

Dwy 'stori fawr' y ces i ohebu arnyn nhw, ac a olygodd deithie cofiadwy yn eu sgil, oedd helynt symud maes tanio o Shoeburyness i Bem-bre – brwydr fawr a barodd am amser hir a minne'n cael mynd draw i Shoeburyness i weld beth oedd yn digwydd yno – ac yna taith arbennig i Hamburg i weld lansio'r llong fferi *Innisfallen*, a fydde'n teithio o Abertawe i Iwerddon ymhen y rhawg. Gohebydd bach ifanc diniwed yn Hamburg – peidiwch siarad! Noson y lansio, roedd llond bws o ohebwyr wedi cael mynediad i un o'r 'strip clubs' ar y Reeperbahn nid anenwog, a finne'n amlwg yn edrych yn union fel rhywun nad oedd wedi twyllu lle fel yna yn ei fywyd o'r blaen. Fu'r gohebwyr erill fawr o amser yn amneidio ar un neu ddwy o'r merched i ganolbwyntio ar y dinweityn o Gaerfyrddin!

Un noson, pan oedd pobol Cwm Gwaun yn dathlu'r Hen Galan, ro'n i'n ffilmio'r hwyl yn Ffynnon Dici. Un dda am gwrw cartre oedd Mrs Thomas, Ffynnon Dici. Un glasiad o'i 'home brew' ac fe deimlech y tir yn siglo; dau, a roeddech chi o dan y bwrdd. Cawsom hwyl yn gwrando ar brofiad un o ohebwyr *Tonight* – y Sgotyn, Fyfe Robertson. Roedd e'n ddigon cyfarwydd â wisgi gore'i famwlad, a doedd e ddim yn meddwl y gwnâi cwrw cartre yng ngorllewin Cymru lawer o wahaniaeth iddo. Yfodd dri neu bedwar glasiad, yn ôl y sôn – a chael ei hunan yn llythrennol o dan y bwrdd am orie!

Yr hyn a nodweddai'r cyfnod yna oedd ein bod ni i gyd yn gymharol newydd i'r cyfrwng, yn cyd-ddysgu ac yn rhannu profiade. Roedd TWW yn hynod o ffodus bod ganddyn nhw wŷr camera (na, doedd dim un menyw bryd hynny!) a pheirianwyr sain a thrydan penigamp. Y brenin ymhlith y dynion camera oedd Tony Impey, yna Laurie Davies a Mike Reynolds – a Bob Stokes, Jack Butler a Barry White yn ddynion sain. Roedden nhw'n artistiaid go iawn, ac yn gallu'ch arbed chi'n gyson wrth lunio stori. Doedd dim angen cyfarwyddwyr arnyn nhw ar gyfer eiteme byrion – roedd hynny'n gyffredin yn TWW a HTV, ond nid felly 'da'r BBC lle roedd rôl y cyfarwyddwr yn allweddol ac unede'n ufuddhau'n ddigwestiwn i'w ddymuniade.

Ym mis Gorffennaf 1968 ro'n i'n ymchwilydd yn Sioe Llanelwedd – y tro cynta i mi weithio yn y Sioe Fawr. Yn ystod yr wythnos, y siarad mawr oedd bod TWW wedi colli'r hawl i ddarlledu, a bod cwmni newydd – Harlech – a gynhwysai ymhlith ei gyfarwyddwyr Richard Burton, Wynford Vaughan Thomas, John Morgan (*Panorama* gynt) a Syr Geraint Evans, y canwr opera byd-enwog, i gymryd ei le. Enwe mawr i gynnig pethe gwell – dyna oedd barn yr Awdurdod Darlledu Annibynnol. Roedd pawb wedi cael sioc ac yn ofni am eu swyddi. Beth fydde'n digwydd? A fydde rhaglen fel *Y Dydd* yn para? A fydde 'na newidiade mawr?

Aeth rhai wythnose heibio a ninne yn y niwl. Dwi'n cofio gofyn i Gwyn Erfyl am gyngor. Roedd 'na bosibilrwydd y bydde'n rhaid i mi naill ai fynd yn ohebydd (yn hytrach nag yn ymchwilydd), neu efalle golli fy swydd. Roedd gan Gwyn y ddawn o ddweud pethe'n blaen wrthoch chi, ond bob amser yn onest ac yn adeiladol. Fe ddwedodd y peth mwya caredig i rywun ansicr, dihyder fel fi i'w glywed erioed: 'Rwyt ti'n berfformiwr wrth reddf.' Ceisies filiwn o weithie wedyn gredu'r frawddeg ysgytwol honno.

Unwaith y penderfynwyd bod *Y Dydd* i gael dal mewn bodolaeth, roedd 'na sibrydion y bydde newidiade – y bydde Dewi Bebb yn mynd i ofalu am chwaraeon, ac mai Gwyn Llewelyn fydde cyflwynydd parhaol newydd *Y Dydd*. Roedd hynny, wrth gwrs, yn gadael bwlch ymhlith y gohebwyr.

Fe'm galwyd i mewn at Owen Roberts un pnawn. Yn sydyn, dwedodd Owen fod 'na rywun yn y stiwdio ar gyfer gwrandawiad. Bydde hwnnw'n fy holi i, a bydde'n werth i mi fod mor galed â phosib gyda f'atebion er mwyn canfod pa mor abal oedd y person hwn mewn stiwdio. Yn amlwg doedd 'da fi fawr ddim amser i feddwl a phendroni. Roedd y pwyse ar y person arall, ta beth. Mewn â fi'n fwy talog nag arfer, a bant â ni.

Dwi'n dal i feddwl mai'r 'perfformiad' yna wnaeth i Owen roi pwyse arna i i ohebu. Do'n i ddim isie'r job. Ro'n i wrth fy modd fel ymchwilydd. Allwn i ddim â chyrraedd safon Gwyn Llew a'r lleill, ac erbyn hynny roedd Gwilym Owen wedi ymuno â'r tîm. Do'n i, yn sicr, ddim yn berfformiwr teledu – do'n i ddim yn edrych yn iawn nac yn swnio'n iawn, a doedd fy Nghymraeg i ddim digon da. Ro'n i'n onest yn credu hynny, a dwedes hynny wrth Owen Roberts. Ond daliodd Owen fi! 'Nonsens – r'ych chi'n actio ar lwyfan.'

Allwn ni ddim â gwadu hynny. O'n, ro'n i *wedi* cael blas ar actio – yn Gymraeg ac yn Saesneg.

5

Er taw yn 1966 y daeth Cymru i wybod am fy nhalent fel actor, roedd aelode'r Priordy, Caerfyrddin, yn ymwybodol o'r ddawn fawr ymhell cyn hynny!

Y capel oedd popeth i fy rhieni, ac er nad oedd Dat yn ddyn cyhoeddus, roedd Mam yn abal iawn o flaen cynulleidfa. Roedd hi bob amser yn cymryd rhan mewn cyfarfodydd gweddi ac yn y Sisterhood neu yn dechre'r cwrdd, ac wrth ei bodd yn canu ac yn actio mewn dramâu yn y capel – yn enwedig drama'r Nadolig. Roedd llwyfan festri'r Priordy yn gyfarwydd iddi, fel y daeth i minne wedyn.

Mae 'da fi lun o Mam ac Eifion, fy mrawd (yn blentyn ifanc) yn actio mewn drama fach a luniwyd gan y Parchedig Cyril Williams – fe welwch y llun yn y llyfr yma. Y syniad oedd bod 'na fam yn y ddrama (sef Mam) yn adrodd stori'r geni i'w phlentyn (Eifion), ac yna bod y golygfeydd cyfarwydd yn cael eu hactio gan blant a phobol mewn oed y capel. Y fi oedd un o'r bugeiliaid y noson honno, ac fel miloedd o blant erill drwy'r oesoedd, mae'r Nadolig wastad yn dwyn atgofion o'r troeon cynta hynny i mi gael y cyfle i berfformio ar lwyfan yn festri'r Priordy. Ond ches i erioed fod yn Joseff – ro'n i'n rhy ddrygionus. Erbyn meddwl, fues i erioed yn un o'r Doethion chwaith (dim digon o urddas), nac yn Herod (rhy ddiniwed).

Roedd 'na hefyd steddfod yn cael ei chynnal yno bob

blwyddyn, ac mae dyddiadur bach Letts fy nhad yn tystio i mi gael gwobr ynddi unwaith am adrodd dan wyth oed – ar 30 Tachwedd 1950. Dyna drueni na nododd e beth oedd y darn!

Bob Sul roedd yn rhaid dweud adnode, ac fe gawn i hi'n anodd dysgu'r adnode hynny. Bydde Mam yn mynnu bod rhaid adrodd adnode yn hytrach nag adnod, ond droeon bu'n rhaid ceisio achubiaeth trwy droi at 'Duw Cariad Yw' pan fydde hi'n nos arna i. Disgyblaeth wych oedd gorfod dysgu adnode – ond doedd e ddim yn gweithio bob tro 'da fi.

Roedd cwrdd plant bob mis, a Mrs Evans, North Parade (mam Rhian Evans, ffrind annwyl i mi y clywch fwy amdani eto), yn ein hyfforddi. Ambell i gwrdd plant roeddech chi'n darllen emyn; bryd arall darn o'r ysgrythur neu weddi – doedd neb byth yn gofyn i mi ganu! Er, fe fues i'n cyfeilio i ambell un ar y gitâr, erbyn meddwl.

Mae angen un 'clown' ymhob cynulleidfa, on'd oes? Fi oedd hwnnw yn y cwrdd plant. Dwi'n cael f'atgoffa'n amal am y bore Sul pan oedd yr annwyl Barchedig W. Rhys Nicholas yn ein hannerch ni'r plant. Roedd ei sgwrs yn ymwneud â rhifo, a ninne'n cyfri lawr o ddeg i un. Finne'n gweiddi dros y lle, 'Ond mae *nought* 'da ni yn yr ysgol, Syr.' Pawb yn chwerthin, wrth gwrs. Onid dyna swyddogaeth clown?

Ni allaf ddiolch digon am fy magwraeth yn y capel. Y Priordy oedd yn atgyfnerthu'r ychydig o Gymraeg oedd ganddon ni'n blant, a rhoi dimensiwn ychwanegol i'n bywyde. Dwi ddim yn honni 'mod i'n Gristion mawr, ond dwi'n ceisio gwneud fy rhan o hyd yn y capel fel diolch am y cyfle ges i yno'n blentyn.

Cyn cyfnod y dramâu go iawn, yr unig berfformio arall yn fy hanes cynnar oedd yng nghystadlaethe adrodd yr Urdd. Fu dim disgleirio mawr yn fan'no. Colli'n rhacs un tro; anghofio'm llinelle yn llwyr dro arall, a chyrraedd yn hwyr i un Steddfod Gylch a'r drws ynghlo a Mam wedi deall i'r dim y darn o'n i fod i'w adrodd. Jiw, gallen i fod wedi bod yn 'National Winner'! Mawr oedd y siom o wrando ar y buddugol y flwyddyn honno ar y radio – yn adrodd yn gwmws fel ro'n i wedi cael fy nysgu. Ond dyna fe – pe *bawn* i wedi mynd 'mlaen drwy'r cylch a'r sir, colli fy nerf a gwneud smonach o bethe yn y Genedlaethol fydde fy hanes, mae'n siŵr.

Y Parchedig W. B. Griffiths, Cyril G. Williams, T. James Jones, Alun Page a W. J. Edwards – dyna'r gweinidogion dwi'n eu cofio yn y Priordy, ac erbyn hyn mae Beti Wyn James gyda ni. Fe'm dysgwyd i barchu pob gweinidog, ac fe alla i ddweud imi fod â meddwl uchel o bob un o'r enwe uchod am wahanol resyme. Ond mae un sy'n hawlio sylw am resyme arbennig: gyda fe y ces i flas go iawn ar fyd y llwyfan.

Pan ddaeth T. James Jones o Fynydd Bach, Abertawe, i fod yn weinidog arnon ni yn y Priordy, ro'n i wedi aeddfedu ychydig ac yn barod, efalle, am sialens ym myd yr actio. Ro'n i wedi cael sawl cyfle fel aelod o'r Urdd er pan o'n i'n blentyn – gyda fy Anti Margaret (Jeremy) yn llwyddo i 'nghael i berfformio, ac yna wedyn Miss Norah Isaac (hithe'n meddwl bod gan Emyr Daniel a finne botensial ym myd y ddrama, ac yn ein hannog ambell sesiwn i feimio eliffantod a gwneud stumie jiráffs ac ati!). Ond do'n i ddim hyd hynny wedi actio mewn dramâu go iawn, fel 'tai.

Ro'n i'n ymwybodol fod 'Jim Parc Nest' wedi llwyddo i annog nifer o bobol ifanc yn ei eglwys flaenorol i gymryd rhan mewn dramâu a nosweithie llawen ac ati. Cyn pen dim, roedd e wedi'n perswadio ninne yn y Priordy bod 'da ni fwy o dalent nag a feddylien ni, ac ar lwyfan a adeiladwyd yn y sêt fawr fe berfformion ni *Ymyl y Dibyn* gan J. R. Evans a nifer o ddramâu erill.

Yn weithgar gydag Aelwyd yr Urdd yng Nghaerfyrddin bryd hynny roedd 'na dri gweinidog arbennig iawn – y Parchedigion Glyndwr Walker, John Pinion Jones a Jim Jones.

Meddyliodd Jim y basa'n beth da i'r Aelwyd gystadlu ar berffomio drama un act yn Steddfod yr Urdd Caergybi, 1966 – gyda'n bod ni'n ddigon da, yn ei farn e, i gyrraedd y Genedlaethol. Dewisodd addasu drama fer abswrd N. F. Simpson, *The Resounding Tinkle* (a'i galw'n *Hollti Blew*) – am ddyn o'r enw Iori Iorwerth a'i wraig yn cadw eliffant yn yr ardd. R'ych chi siŵr o fod wedi dyfalu mai fi oedd Iori; Siân Edwards oedd Mabli Iorwerth, a Margaret Morgan oedd Wncwl Benjamin – a neb llai na Sharon Morgan wrth gefn i gymryd lle Margaret yn nes ymlaen. Gwisgwn welingtons coch a siarad nonsens – rhywbeth a ddôi'n ddigon naturiol i fi, ac a ddaeth yn handi iawn ar ganol un perfformiad pan anghofiodd pawb eu llinelle a finne'n gorfod malu caca am funud neu ddwy, a neb damed callach!

Cyn mynd i'r ffeinal fe fuon ni'n actio mewn cystadleuaeth arall yn lleol, a dod yn ail – felly doedd ein gobeithion ni ddim wedi'u codi i'r entrychion wrth gychwyn am y 'Nòrth'. Ta beth, canlyniad y perfformiad yn Steddfod yr Urdd oedd i ni ennill y tlws. Roeddwn i'n 'National Winner' o'r diwedd! Yr haf hwnnw yn y Genedlaethol fawr yn Aberafan rhoesom gynnig arni eto, ac ennill fan'ny hefyd. Diolch byth nad aeth y cyfan i'n penne ni, ddweda i, achos ymhen dim daeth gwahoddiad i berfformio rhan ohoni ar raglen bnawn Sul ar y BBC.

Dwi ddim yn ymddiheuro fan hyn am ailadrodd yr hyn dwi wedi'i ddweud gannoedd o weithie bellach. Oni bai am anogaeth a chyfarwyddyd T. James Jones yn yr Aelwyd a Chapel y Priordy, faswn i erioed wedi meddwl am yrfa fel newyddiadurwr teledu, cyflwynydd radio na pherfformiwr. O'r fan honno y meddiannwyd fi gan ychydig o hyder, a'r gred fod 'da fi rywbeth bach i'w gynnig.

Pan o'n i'n newyddiadura yn Llanelli, roedd cyd-weithiwr i mi ar y *Western Mail*, Gareth Hughes, yn gyfarwyddwr a sylfaenydd y Llanelli Festival Players. Roedd Gareth yn amlwg yn y swydd anghywir – roedd e'n gynhyrchydd gofalus ac artistig, oedd yn mynnu safon ac yn barod i annog a cheryddu pan oedd angen. Fues i'n aelod o'r grŵp hwnnw am flynyddoedd – yn chwarae rhanne bychain i ddechre, a gweithio ar fy Saesneg.

Fy awr fawr, serch hynny, oedd chware Morgan Evans yn *The Corn is Green*, Emlyn Williams – gydag acen Gymraeg, wrth gwrs. Enillon ni nifer o wobre – a'r gore, a finne yng nghanol dôs o'r ffliw ar y pryd, oedd ennill y prif wobre yng Ngŵyl Llandrindod, ac Edna Williams ('Miss Moffat') a finne'n cael ein dewis yn actorion gore'r Ŵyl.

Yn 1967 roedd Jim Jones wedi cael comisiwn i drosi *Under Milk Wood* i'r Gymraeg. Roedd e wedi bod yn draethydd yng nghynyrchiade Gwynne D. Evans yn

Nhalacharn cyn hynny, ac roedd 'na gwmni arbennig wedi'i ffurfio – pobol a fedre gymeriadu trigolion od Llaregyb i'r dim.

Mantais fawr oedd bod yn aelod yn y Priordy yn ystod y misoedd cyn y perfformiad cynta o *Dan y Wenallt*. O alw yn yr Elmwydd – y mans ar y pryd – cawn flasu tameidie o'r addasiad, a'm swyno gyda pherle newydd oedd yn ddi-ffael yn adleisio arddull fachog Dylan Thomas ei hun, ond mewn Cymraeg rhywiog. Roedd Jim Jones yn mynnu chwilio (fel D. J.) am 'yr union air', ac yn oedi dros frawddeg neu ddywediad. 'Beth wyt ti'n feddwl o hwn?' oedd hi'n amal. Dyna fraint oedd cael gweld a chlywed rhywbeth fel 'Carlama'r clymercyn uffarn' am y tro cynta!

A braint fawr iawn oedd cael bod yn rhan o'r cast yn y perfformiad cynta nos Wener, 4 Awst 1967, yn Nhalacharn. Roedd rhai o'r actorion, wrth gwrs, yn gyfarwydd â'r ddrama radio wreiddiol yn Saesneg – erill, fel fi, wedi'n tynnu i mewn ar gyfer y fersiwn newydd sbon yma. Syr Wili Watsh, Mr Pritchard a'r 'Pumed a Foddwyd' oedd fy rhanne i. Dwi'n cofio nifer o'r rhai oedd yn cymryd rhan ynddi y 'tro cynta' hwnnw – Lyn Ebenezer, Mr a Mrs Bonnell, Alun Lloyd, Alwyn Jones, Peter John, Anita Williams, Buddug Williams (sy wedi bod â rhanne ar *Pobol y Cwm* ers blynyddoedd bellach), ac Ernest Evans, Cross Hands – a Bryn Davies oedd yn rheolwr llwyfan. Jim Jones ei hun oedd yn traethu'r geirie hudolus, cofiadwy.

Bu'r perfformiade'n llwyddiant mawr, a galw ar i ni fynd i berfformio y tu hwnt i Dalacharn, a bu 1968 yn flwyddyn hynod o brysur. Un noson roedden ni yn Nolgellau. Doedd hi ddim gyda'r noson ore o ran y perfformiad – sawl un ohonon ni lawer yn rhy ara'n cydio yn y llinelle, a'r ddrama ddim cweit yn tycio gan y gynulleidfa. Ar ddiwedd y perfformans, teimlodd Gwynne Evans fod yn rhaid wrth ryw fath o ymddiheuriad. Medde fe, 'Ma'n ddrwg 'da ni'n bod ni wedi bwlffycan drwyddi heno.' Aeth rhyw gryndod drwy'r gynulleidfa sidêt, syber. Oedd e wedi yngan y gair gwrthodedig? Ymhen blynyddoedd, daeth pawb i sylweddoli beth oedd ystyr y gair pan ddarlledwyd cyfres o raglenni ysgafn o'r enw *Pwlffacan* ar Radio Cymru!

A nodyn bach arall wrth basio. T. James Jones yw'r unig un hyd yn hyn i gynhyrchu fersiwn ddwyieithog o *Dan y Wenallt* – a hynny ar gyfer gwasanaeth radio Ysbyty Glangwili. Fe recordiwyd y fersiwn honno ganol y saithdege, gyda Jim yn penderfynu bod ambell i gymeriad yn swnio'n well yn Gymraeg nag yn Saesneg (a'r ffordd arall rownd), ac felly cymysgodd Jim y ddwy iaith i greu pentre dwyieithog!

Dwi ddim yn cofio rhai o'r dramâu erill yr acties i ynddyn nhw, ond digon yw dweud fy mod wedi penderfynu dod â 'nhipyn actio i ben yn y flwyddyn 1970. Erbyn hynny ro'n i wedi dechre sefydlu fy hun fel gohebydd teledu, a doedd dim amser i droedio'r llwyfanne hefyd. Y ddrama fawr y flwyddyn honno yn y Steddfod Genedlaethol yn Rhydaman oedd *Wrth Aros Godot* – addasiad Saunders Lewis o ddrama enwog a dyrys Samuel Beckett. Pedwar oedd yn y cast – Ernest Evans (Vladimir), Huw Ceredig (Estragon), Lyn Rees (Pozzo) a fi (Lucky). Ro'n i wedi crymanu fy hun yn llythrennol i'r rhan, ac er nad oedd gen i ond un araith (honno'n nonsens llwyr, ac eto'n addas), ro'n i wedi llwyr ymlâdd ar ôl dau berfformiad yn y Steddfod.

Gafon ni ganmoliaeth o bob cyfeiriad – a fy hyder prin

inne'n codi rhywfaint eto. Yn *Y Faner*, bu Bob Roberts yn hynod o garedig (er iddo gael fy enw'n anghywir!): 'Edmygwn hefyd ddehongliad Sulwyn Jones o Lucky, un o rannau mawr theatr y Gorllewin, mae'n sicr. Mae'r araith ryfedd ac ofnadwy honno a lefara Lucky yn Act 1 (salad o eiriau, chwedl rhywun) yn brawf ar adnoddau unrhyw actor. Gwnaeth yr actor Cymraeg hwn waith godidog arni.' Yna Emyr Edwards yn y *Western Mail*, dan y teitl 'Worthwhile Godot': 'The four actors were visually superb as character types – Sulwyn Thomas as Lucky, the oppressed half-being, Lyn Rees as the dictatorial Pozzo, and Huw Ceredig and Ernest Evans as the waiting tramps. Lucky's verbal outburst of concentrated thought in the first act was most convincingly conveyed – a highlight in this performance.'

Mae 'na ddywediad Saesneg, on'd oes – 'To bow out at the top'. Gyda sylwade fel y rheina, penderfynes mai dyna fydde ore i minne!

6

Gwilym Owen oedd yn cynhyrchu'r *Dydd* pan ddaeth y Steddfod Genedlaethol i Rydaman yn 1970. Roedd e wedi dechre ar ei swydd newydd fel cynhyrchydd ers y cyntaf o Fehefin y flwyddyn honno. Chware teg iddo, fe adawodd i mi gael wythnos yn rhydd o 'ngwaith rhag tarfu ar y paratoade gydag *Wrth Aros Godot*.

Nid dyna fydde cymwynas olaf Mr Owen â mi. Mae Gwilym Owen a finne wedi bod yn ffrindie ers y cyfnod pan ddaeth e'n ohebydd *Y Dydd* yn y Gogledd, a finne wedyn yn cyflawni'r un swydd yn y Gorllewin: dau ohebydd hollol wahanol i'w gilydd o ran steil. Rhyfeddwn fel yr oedd Gwilym yn nabod pawb yn y Gogledd ac yn cael gafael ar straeon da bob dydd, bron yn ddieithriad gan siaradwyr rhugl yn y Gymraeg. O'r safbwynt hwnnw roedd y Gorllewin yn dalcen caletach o lawer, a minne hefyd yn straffaglu gyda'r Gymraeg wrth geisio'i siarad yn gyhoeddus.

Gofynnir yn amal i mi a ydyw i'n cofio fy eitem gynta fel gohebydd teledu. Fel mae'n digwydd, ydw. Ychydig wythnose cyn y Nadolig, roedd hi'n arferiad ym Methlehem, rhwng Llandeilo a Llangadog, i gyhoeddi stampie Nadolig arbennig, yn enwedig os câi'r cardie eu gadael ym mlwch post y pentre. (Parodd yr arferiad dros y blynyddoedd ar ôl hynny hefyd, wrth gwrs.) Gwyn Llewelyn oedd i fod i gyflwyno'r stori yn Nhachwedd 1968. Methodd â chyrraedd Bethlehem – wedi'i rwystro gan eira, os cofiaf yn iawn – ac roedd yn rhaid i mi gyflwyno'r eitem ar fyr rybudd. Doedd dim amser i feddylu! Mewn â ni. Doedd yr *holi* ddim yn broblem i mi – ond beth am y sylwebeth a'r 'darn i gamera'? Roedd hi'n ffasiynol iawn y dyddie hynny i bob eitem ddilyn rhyw batrwm arbennig – y darn i gamera (edrych i gyfeiriad lens y camera wrth draethu'ch pwt), ychydig o sylwebeth, cyfweliad, a darn i gamera eto i gloi'r eitem yn dwt. Dwi'n siŵr i mi dorri ar yr aferiad yna'r tro cynta hwnnw, gan hepgor y darn i gamera a chyflwyno popeth 'run fath! Tu ôl i'r camera o'n i hapusa, ac fel yna fuodd hi bron tan i mi roi'r gore i ddarlledu'n gyfan gwbwl. Ond fe dderbyniwyd yr eitem fach honno, a dyna fel y dechreuodd fy nghyfnod fel gohebydd ar *Y Dydd*.

Mae hynna'n f'atgoffa o ddewis arall sydyn y bu'n rhaid i fi ei wneud yn HTV. Dwi ddim yn gwbod hyd heddiw ai jôc ar ran rhai o fechgyn *Y Dydd* oedd hyn, ond fe ofynnwyd i fi fynd am wrandawiad ar gyfer rhaglen *Siôn a Siân*. I. B. Griffith oedd wedi rhoi'r gore iddi fel cyflwynydd, ac roedden nhw'n chwilio am olynydd. Dwi'n cofio bod tri ohonom yn y ras – Dai Jones Llanilar, finne a . . . Wel, rhag creu embaras, wna i ddim enwi'r trydydd – ond roedd e'n digwydd bod yn ganwr hefyd! Ieuan Davies oedd y cynhyrchydd. Gofynnwyd i fi, ta beth, fynd trwy ddarn o'r rhaglen. Fel pawb arall, am wn i, dwedwyd wrtho i y cawn i wbod yn reit fuan a o'n i wedi fy newis ai peidio.

Nawr, gan fy mod i'n ffrindie 'da Dai, fe alla i ddweud na chredes i erioed y stori ganlynol. O fewn ychydig i'r gwrandawiad, roedd Ieuan yn dweud wrtho i mai fi oedd y dewis ond bod Aled Vaughan – Pennaeth Rhaglenni Harlech ar y pryd, dyn hirben – wedi dweud, 'Iawn. Ond mae'n rhaid i Sulwyn ddewis rhwng *Siôn a Siân* a bywyd adloniant, neu'r *Dydd* a bod yn ohebydd go iawn.' *Doedd* 'na ddim dewis yn fy ngolwg i. Fedrwn i fyth fy ngweld fy hun yn llwyddo yn y byd adloniant. A beth bynnag, onid oedd Dai Jones yn giamster ar ddweud straeon a chael pobol i chwerthin ac ymlacio, ac wrth ei fodd o flaen cynulleidfa? Roedd e hefyd yn ganwr o fri, a dim llawer ers iddo ennill y Ruban Glas yn Rhydaman yn 1970. Yr unig esboniad sy 'da fi yw nad oedd Ieuan am f'ypsetio i 'da'r newydd nad oeddwn wedi llwyddo yn y gwrandawiad. Ond jyst meddyliwch am y golled!

Bu Dai wrth y llyw am bedair blynedd ar bymtheg, a does dim angen atgoffa neb mor boblogaidd yw e fel darlledwr hyd heddiw. Na, does dim isie i Dai ddiolch i fi am *Siôn a Siân*, ond fe all ddiolch i mi – ac mae e *wedi* sawl tro, chware teg iddo – am un o'i lwyddianne mawr, sef *Ar Eich Cais* ar Radio Cymru. Pan fu farw Alun Williams yn sydyn, ro'n i'n gofalu am bethe yn y BBC yn Abertawe. Wedi clywed y newydd am Alun, fe ddaeth enw imi fel bollt – Dai, y dyn delfrydol i olynu cawr o ddarlledwr fel cyflwynydd y rhaglen geisiade boblogaidd. Derbyniodd Lyn T. Jones (Golygydd Radio Cymru erbyn hynny) yr awgrym – a dyna Dai ar ei ffordd i anfarwoldeb unwaith eto!

Mae pob newyddiadurwr yn byw ar ei 'gontacts'. Doedd dim posib llwyddo hebddyn nhw. Wrth edrych drwy ambell i ddyddiadur o'r cyfnode y bues i'n ohebydd neu'n ymchwilydd, mae 'na ambell i enw yn brigo i'r wyneb – pobol a ddaeth yn gyfeillion oes i mi, pobol â digon o ddychymyg a chrebwyll i gynnig perle i newyddiadurwr.

Un o'r rheiny oedd y Parchedig John Stuart Roberts,

gweinidog yn Llanbedr Pont Steffan ar y pryd, cyn iddo'n sydyn ymuno â'r BBC a dod maes o law yn Bennaeth Rhaglenni Teledu Cymraeg. Dwi'n cofio cael 'sgŵp' gan John. Roedd e'n adnabod Desmond Donnelly, yr aelod seneddol Llafur a gwmpodd mas 'da'i bwyllgor lleol gan adael i ffurfio ei blaid ei hun. Trwy ryw ryfedd wyrth roedd John wedi perswadio Donnelly i wneud cyfweliad yn Gymraeg. Doedd hynny ddim cystal â'r sgwrs enwog gaed rhwng Gwyn Erfyl ac Enoch Powell, ond roedd hi'n dipyn o strocen ar y pryd ac fe lwyddon ni i gael eitem ddigon derbyniol.

Ond cofiwch, ces fy hun droeon yn gadael rhyw gartref ar ôl paned o de a sgwrs hir am hyn a'r llall, a hwythe'n gwbod yn iawn beth oedd fy neges, ond heb roi stori werth ei chael nes fy mod yn camu dros y trothwy ac yn ffarwelio. 'O Sulwyn, anghofies i ddweud . . .' – a dyna stori wych yn dod mas, a deunydd perffaith am eitem.

Ar *Y Dydd* roedd hi'n orfodol i mi gwpla popeth cyn dau o'r gloch yng Nghaerfyrddin ar gyfer darllediad y noson honno. Yno'n fy nisgwyl tua dau bydde Norman Harries, a fydde'n gyrru'r ffilm i Gaerdydd i'w phrosesu a'i golygu. Roedd Norman Harries yn fachan a hanner; roedd yn rhaid iddo fod – roeddech yn dibynnu'n llwyr arno i fynd ar ras i'r brifddinas. Ie ffilm, nid tâp, bydde fe'n gludo; stribed ffilm a sain i'w golygu – dim o'r golygu digidol sydd 'na heddi, a'r deunydd yn cael ei bwmpio lawr y lein i Gaerdydd gan arbed yr holl drafaelu. Heddi maen nhw'n gorfod golygu llawer o'u heiteme'u hunen cyn eu danfon i Gaerdydd. Roedd Gwilym Owen yn arbennig am gael eiteme 'newyddion', yn hytrach nag eiteme a gadwai am ddyddie.

Felly, os oedd Norman (neu minne o'i flaen e) yn methu, roedd yr holl ymdrechion yn ofer. Hanes yw stori heddi fory!

Cyfnod cythryblus a chyffrous oedd diwedd y chwedege a dechre'r saithdege. Caerfyrddin yn amal oedd canolbwynt yr holl gyffro. Roedd Caerfyrddin mor gyfleus o ran lleoliad. Os oedd y ffermwyr yn protestio ym mhorthladd Abergwaun, roeddech yno o fewn yr awr; awr hefyd i Gaerdydd (ar ras), a'r un modd i Aberhonddu neu Aberystwyth. Lle delfrydol.

Ac yno, wrth gwrs, y gwelwyd rhai o straeon pennaf y cyfnod, gan ddechre gyda'r sioc fwya ohonyn nhw i gyd ar 14 Gorffennaf 1966, a Gwynfor Evans yn ennill yr is-etholiad a chreu hanes. Roedd hynny wedi blynyddoedd o gael ei sarhau'n gyhoeddus mewn cyfarfodydd o Gyngor Sir Gaerfyrddin. Dywed rhai fod hyn wedi lliwio'i berthynas â gwleidyddion pwysig y Blaid Lafur Gymreig ymhen blynyddoedd, ond i ni oedd yn bresennol bryd hynny ac yn synhwyro'r atgasedd amlwg, y llid a'r cynddaredd, sut gallai'r dyn mwyn anghofio'r dirmyg tuag ato yn y cynnwrf parhaus yn siambr y Cyngor Sir, wrth i'r aelode Llafur daflu popeth ato mewn dadleuon?

Roedd y casineb agored yma'n symtomatig o'r culni a berthynai i nifer fawr o aelode Llafur y dyddie hynny, hyd y gwelwn i. Roedden nhw'n grediniol y dylid uniaethu'r Gymraeg â Phlaid Cymru – felly, os oedden nhw'n casáu'r Blaid, roedd yr iaith hefyd o dan yr ordd. Mae'n amlwg bod yr unllygeidrwydd yna wedi para tan heddi ymhlith rhai aelode Llafur – hyd yn oed ambell un sy'n aelod o Lywodraeth y Cynulliad – a bod y Gymraeg o hyd yn gocyn hitio cyfleus a pheryglus, hyd yn oed yn 2008.

Mae 'na ddigon o bobol erill wedi cofnodi'r ymgyrch a chanlyniad syfrdanol 1966. Ga i ddweud yn onest nad oeddwn i fy hun wedi fy llwyr argyhoeddi y galle Gwynfor ennill y sedd bryd hynny. Mae'n wir bod ganddo bobol ardderchog yn gefn iddo, fel yr anhygoel Cyril Jones, ei asiant (darlithydd Hanes yng Ngholeg y Drindod oedd ar fin creu hanes ei hun) ac Islwyn Ffowc Elis, oedd wedi llunio'r propaganda ar gyfer yr ymgyrch. Cafwyd hefyd rali fythgofiadwy yn Sinema'r Lyric y noson cyn yr etholiad, a Dafydd Iwan yn codi'r to. Felly'n sicr *roedd* 'na ryw deimlad bod rhywbeth mawr ar ddigwydd. Ond ail da oedd gobaith gore Gwynfor ei hun, ac er bod 'na ambell un ar y 'band wagon' erbyn hyn yn dweud eu bod wedi proffwydo buddugoliaeth, dim ond dau wnes i eu cyfarfod oedd yn gwbwl grediniol. Y rheiny oedd Dyfrig Thomas (Siop y Werin, Llanelli, yn ddiweddarach) a Clem Thomas a weithai bryd hynny ar y *Carmarthen Times* wedi cyfnod fel asiant i Lady Megan Lloyd George. Roedd Clem yn ymwybodol o wendide mewnol y Blaid Lafur ar y pryd, ond roedd y *Carmarthen Times* wedi paratoi dwy fersiwn o'r dudalen flaen ar gyfer trannoeth yr etholiad – rhag ofn. Doedd hynny ddim yn arwydd clir eu bod yn gant y cant siŵr o'r canlyniad, o'dd e?!

Heb os, roedd 'na gyffro ar Sgwâr Caerfyrddin noson y canlyniad. Doedd 'na ddim darlledu byw – doedd neb o fewn y cyfrynge wedi gwynto'r sioc fawr. Gwyn Erfyl oedd yn gohebu ar gyfer *Y Dydd* – ffrind mawr i Gwynfor – a minne'n ymchwilydd ar y noson. Doeddwn i ddim wedi cael mynd i fewn i'r cownt, ac felly roedden ni'n dibynnu (fel y byddwch ar nosweithie fel yna) ar gael gwybodaeth trwy 'arwyddion' sut roedd y gwynt yn chwythu oddi mewn i'r neuadd hanesyddol. Pan ddaeth y cyhoeddiad bod Gwynfor wedi'i ethol, ffrwydrodd y dorf. Roedd pawb fel 'taen nhw'n methu â chredu'r fath beth, ac wedi cynhyrfu'n llwyr – gan fy nghynnwys i!

Dwi'n cofio'r 'motorcade' yn tramwyo'n fuddugoliaethus drwy Sir Gâr drannoeth, a phobol wedi gwirioni'n lân – a Gwynfor ddim yn siŵr beth i'w wneud! Dyn bonheddig, tawel oedd e yn y bôn, a doedd e ddim yn or-hoff o'r holl ffws. Roedd yn llawer gwell gan Gwynfor alw ambell un ohonon ni mewn i gael sgwrs mewn rhyw dŷ nag ymorol am bleidleisie ar stepen drws. Bu'n ffodus drwy'r blynyddoedd fod ganddo weithwyr diwyd oedd yn bencampwyr ar ganfasio – pobol fel y Parchedig Aled Gwyn a Peter Hughes Griffiths.

Ar waetha cynnwrf buddugoliaeth Gwynfor yn 1966, ro'n i'n sylweddoli y bydde 'na lawer mwy i'w adrodd yn y blynyddoedd i ddod pan fydde raid i Blaid Cymru ymladd i gadw'r sedd, ac wrth iddi ymddangos bod achosion Cymdeithas yr Iaith yn cael eu cadw ar gyfer brawdlys Caerfyrddin. Oedd hynny'n fwriadol i greu embaras i Blaid Cymru? Pwy a ŵyr. Ond meddyliwch chi am yr holl achosion ac amseru rhai o'r achosion hynny. Roedd teulu Gwynfor yn flaenllaw ym mhrotestiade Cymdeithas yr Iaith, a'r holl weithredu a'r gwrthdaro yn fêl ar fysedd gwrthwynebwyr gwleidyddol Plaid Cymru. Roedd y protestiade a'r achosion yn cael *cymaint* o sylw mawr ar y cyfrynge ac yn y wasg yng Nghymru a thu hwnt bryd hynny.

Roedd y gweithredu di-drais yn destun rhyfeddod i rai ac yn wrthun i erill a fynnai weld gweithredu mwy eithafol, neu o leia mewn dullie gwahanol. Anghofia i fyth y diwrnod hanesyddol hwnnw yn Neuadd y Brenin,

Aberystwyth, a chyfarfod tanllyd Cymdeithas yr Iaith pan aeth hi'n ddadl rhwng Dafydd Iwan, y Cadeirydd dylanwadol ar y pryd, a'i gefnder Emyr Llywelyn. Nid bod Emyr yn dadle yn erbyn y dull di-drais yn yr achos hwn, ond ei fod yn amlwg yn gweld y sefyllfa'n wahanol i Dafydd. Cafwyd toriad yn y gweithgaredde, ac roeddwn i'n digwydd bod yn y tŷ bach yr un pryd â Dafydd. Dim ond ni'n dau oedd yno, ac fe ddwedodd e rywbeth yr o'n i'n ei ystyried ar y pryd yn rhywbeth pwysig: 'Ti'n gweld, y gwahanieth rhwng Llew a fi yw bod e ond yn gweld y du a'r gwyn, tra 'mod i'n gweld y llwyd.' Roedd y gosodiad yna, i mi, yn crisialu llawer o'r cynnwrf ideolegol oedd yn bodoli ar y pryd yn rhengoedd Cymdeithas yr Iaith yn y cyfnod hwnnw – cyfnod ffurfio Adfer ac, wrth gwrs, yn ddiweddarach Byddin Glyndŵr, yr FWA ac ati. Roedd 'na gyffro yn y tir, ac roeddwn i – fel erill yn y cyfrynge – yn ei chanol hi!

Roedd 'na un broblem barhaus – gorfod peidio â dangos gormod o gydymdeimlad gyda'r naill ochr na'r llall. Caech bobol fel Dafydd a wyddai'n iawn na allwn i ochri'n gyhoeddus ag unrhyw garfan neu fudiad, ond roedd erill yn llai goddefgar ac yn galw rhai o'r gohebwyr yn 'fradwyr'. Heb os, roedd hi'n anodd darbwyllo pobol go gall yn yr hinsawdd oedd ohoni mai'n swydd ni fel gohebwyr oedd adrodd beth oedd yn digwydd, a cheisio codi ambell i sgwarnog neu dynnu sylw at ryw annhegwch neu gelwydd. Nid ein lle ni oedd arwain na ffafrio ambell i arweinydd yn fwy na'i gilydd.

Doedd agwedd felly ddim heb ei phrobleme personol. Byth oddi ar fy nhymhore gwastrafflyd yn y chweched dosbarth, ro'n i wedi dangos diddordeb mewn gwleidyddiaeth.

Er y cawn ambell gyfle i ddadle ar faterion gwleidyddol mewn etholiade ffug ac ati, roedd mwy o ddiddordeb 'da fi mewn gwleidyddiaeth nag mewn gwleidydda fel y cyfryw. Do, fe fues i'n plygu llythyron a glynu amlenni dros Blaid Cymru, ond dim byd mwy sylweddol na hynny. Y drafferth fwya i mi o'r dechre oedd fy mod yn gweld rhyw rinwedd ym mhob un o'r pleidie! Dwi'n damed bach bach o dori, yn ychydig o ryddfrydwr, yn sosialydd o ran fy nghonsýrn am gyd-ddyn, ond yn bennaf oll yn genedlaetholwr. A dwi ddim wedi pleidleisio erioed i'r un blaid ond Plaid Cymru.

Ond cadw pethe fel'na'n dawel oedd raid pan ddechreues i fel newyddiadurwr. Roedd bod yn ddi-duedd yn gyhoeddus yn rheol sacrosanct, a doedd wiw i neb ei thorri. Dyna oedd y gred yn TWW a Harlech, er bod llawer o'r cyfarwyddwyr yn amlwg eu hunain yn y byd gwleidyddol. Y syndod oedd bod 'na gymaint o gymysgedd iachus ym Mhontcanna. Yn y BBC wedyn, roedden ni i fod yn gwbwl amhleidiol a theg â phawb.

Erbyn hyn dwi'n sylweddoli bod y rhan fwya o wleidyddion Sir Gâr yn gwbod yn iawn ble ro'n i'n sefyll ond allen nhw ddim ei brofi fe'n gyhoeddus. Mae'n rhaid dweud y bu'r rhan fwya ohonyn nhw'n deg iawn â fi. Er ei bod yn ffasiynol iawn i ddangos eich ochr y dyddie hyn a pheidio â gwadu'ch cred wleidyddol, dwi'n siŵr na fyddwn i wedi cael cymaint o amrywiaeth barn ar y *Stondin* ymhen blynyddoedd pe bawn wedi dangos fy lliwie'n agored. Hyd yn oed heddi, dwi'n ei chael hi'n anodd i godi o'r gadair i wleidydda – mae'n rhaid ei fod yn gynhenid ynddo i i fod yn dipyn o lwfrgi gwleidyddol, ac mae peryg mai felly y pery pethe tra bydda i bellach.

Meddyliwch faint o weithie y gosodwyd fi ar brawf yn

nyddie HTV! Lecsiwn ar ôl lecsiwn yng Nghaerfyrddin, a'r rheiny'n rhai pwysig ac yn haeddu sylw mawr. O fewn peder blynedd i Gwynfor ennill isetholiad 1966 roedd 'na Etholiad Cyffredinol, a'r gynta o'r brwydre mawr rhwng Gwynfor a Gwynoro Jones (Llafur). Gwynoro a enillodd o dair mil o bleidleisie yn 1970, a finne'n anghywir eto. Roedd 'na obaith i Gwynfor bryd hynny hefyd ond roedd y ffermwyr wedi troi. Yn ogystal, roedd un o gyn-sêr ITN – Huw Thomas, a arferai ddarllen y newyddion – yn sefyll dros y Rhyddfrydwyr, a'r co' sy 'da fi yw bod y men'wod i gyd wedi ffoli arno fe!

Pethe bach sy'n ennill a cholli etholiade yn amal – nid yr hystings a'r cyfarfodydd a'r dadle bob tro, ond y pethe bach cyffredin. Gall un edrychiad sarhaus ar y teledu droi cannoedd yn eich erbyn; tybed faint ohonoch chi sy'n cofio fel y digwyddodd y camera ddal Elystan Morgan mewn cyfarfod yn Felin-fach yn ymateb yn anffafriol i un o atebion Geraint Howells? Nid dyna'r unig reswm y collodd Elystan Morgan y lecsiwn, wrth gwrs, ond fe gyfrannodd heb os nac oni bai at ddiwedd ei yrfa fel aelod seneddol. Ffefryn y bobol oedd Geraint – ac yn fwy craff na'r rhelyw. Gwyddai'n union sut i ddefnyddio'r cyfrynge. Flynyddoedd wedyn, ar raglen deledu danllyd adeg y clwy traed a'r gene, roedd yn aelod o'r panel dethol, a finne'n holwr. Awgrymodd yn wylaidd a charedig y byddai'n ddigon bodlon cymryd y sedd bella oddi wrtho i, gan wybod yn iawn y byddwn yn debygol o'u holi yn eu trefn yn amlach na pheidio, ac mai fe felly fydde'n cael y gair ola gyda'r rhan fwya o'r cwestiyne y noson honno. Clyfar iawn. Mewn portread ohono a lunies ymhen blynyddoedd wedyn ar gyfer y rhaglen *Ffermio*, dwi'n ei gofio fe'n fy nhywys i lecyn

72

cysegredig iddo fe – ei ffarm ym Mhonterwyd. Mas â fe o'r hen Land Rover a ches gyfweliad annwyl a gonest ganddo – cyfweliad a bwysleisiai symlrwydd ei weledigaeth a'i gonsýrn dwfwn dros gefen gwlad, y byd amaethyddol a'r iaith Gymraeg. Roedd yn ffrind da, os nad yn wleidydd mawr yng ngolwg pobol bwysig San Steffan.

Roedd y ddau etholiad yn 1974 yng Nghaerfyrddin yn rhai llawn cyffro, yn enwedig yr un ym mis Chwefror 'da Gwynoro Jones yn ennill o ddim ond tair pleidlais. Roedd hi'n noson emosiynol iawn i'r dorf ar Sgwâr y Guildhall, ond barn Gwynfor a'i gyfeillion oedd iddi fod yn well iddo fod wedi *colli* o dair pleidlais nag *ennill* o dair pleidlais. Medde Gwynfor yn dawel bach wrtho i, 'Fe fydd 'na ail etholiad cyn bo hir, ac fe enillwn ni bryd hynny.' Gwir y dwedodd: cafodd fwyafrif sylweddol o'i blaid yn yr etholiad canlynol. Dyna pryd y gwelwyd 'y Tri' yn y senedd 'da'i gilydd – y ddau Ddafydd a Gwynfor. Gellir dadle mai'r cyfnod yna oedd yr un gore i Gwynfor yn y senedd, ar lawer cyfri. Siom ar ôl siom gafodd e wedi hynny.

Heb os, y profiad mwya ges i ar *Y Dydd* yn y saithdege oedd bod yn ohebydd ar Barc y Strade ar 30 Hydref 1972 pan enillodd y Scarlets yn erbyn y Cryse Duon. Does dim angen i mi ddweud manylion y gêm wrthoch chi – mae pawb yn gwybod yr hanes, ac fe'n hatgoffwyd ni'n greulon ohono'r llynedd pan fu farw un o arwyr y gêm honno, Ray Gravell.

Ro'n i wedi gorfod sefyll trwy gydol y gêm lan yn y 'gantry' gyda gwŷr camera'r BBC. Roedd rhyw donne tsunamaidd fel petaent yn codi o'r cae a'r eisteddle. Ces y teimlad y gallen ni gael ein codi'n llythrennol drwy'r to – profiad afreal iawn. Yr hyn dwi'n ei gofio hefyd, o'm safbwynt i fy hun, yw lleisio darn dros y ffôn i'r *Dydd* wedi'r fuddugoliaeth (peth anghyffredin iawn y dyddie hynny, gyda llaw). Dwi'n siŵr mai dyna un o'r darne gore wnes i erioed – er efalle nad oedd yn bosib deall y cyfan o'n i'n ddweud 'da'r holl sŵn, a finne wedi cynhyrfu'n lân. Wedyn, treulio gyda'r nos a thrwy'r nos ar ran ITN yn crwydro tafarne tre'r Sosban. Erbyn bore trannoeth, doedd 'na ddim un diferyn o gwrw ar ôl yn Llanelli! Dyna beth oedd dathlu, ac wrth gwrs roedd dau ro'n i'n eu hadnabod yn reit dda – Delme Thomas a'r anfarwol Carwyn James – yn gwbwl allweddol yn y fuddugoliaeth fawr.

Daeth cyfle annisgwyl iawn i gofio am y diwrnod mawr hwnnw ymhen rhai blynyddoedd. Roedd yn ofynnol i ni yng Nghaerfyrddin godi arian tuag at Steddfod yr Urdd Cwm Gwendraeth, 1989. Ar ddiwedd y cyfarfod cynta yn y dre, awgrymodd Miss Norah Isaac y gallen ni werthu printie o lun gan Meirion Roberts a gyflwynwyd yn wreiddiol iddi hi. Dyma'r llun sy'n cynnwys englyn gwych Dic Jones i Carwyn, gyda'i ddisgrifiad cofiadwy ohono fel 'y Cymro cyfan'. Cafwyd caniatâd i ddyblygu copïe crefftus a'u gwerthu, a chodwyd miloedd. Roedd fy nghyfaill, Arwel John, y bardd dawnus o Gwm Gwendraeth, yn fwy na bodlon gyda'r print a brynodd, ac fe'i hysbrydolwyd i lunio englyn whap wedi cyrraedd gartre:

> Yn y llun y mae llonydd – yn y grŵp
> Y mae Grav o'r Mynydd,
> J. J. a Delme bob dydd,
> A Bennet yno beunydd.

Straeon mas o'r cyffredin oedd y rheina uchod. Y gwir plaen yw mai'n bara menyn oedd y straeon lleol, domestig –

straeon diddorol ond heb fod yn debygol o gynhyrfu'r byd. Barn a pholisi pendant Gwilym Owen oedd taw'n swyddogaeth ni oedd adrodd beth oedd ar droed yng Nghymru, boed fawr neu fach.

Roedd 'na ddigon ar y plât – achos yr FWA yn Abertawe, yr Arwisgo, Dafydd Iwan yn gadael carchar Caerdydd, brwydr Pontsenni, brwydre'r glowyr yn '72 a '74, holi merch a ymddangosodd yn fron-noeth yn *Lol*, bygwth pentre Derwen-gam, damweinie yng Nghynheidre, tancie yng Nghastell Martin, a llofruddiaethe Pauline Floyd a Geraldine Hughes ym Medi 1973.

I mi, y llofruddiaethe yna a newidiodd ein ffordd ni o drafod straeon ar *Y Dydd*. Cyn hynny, unwaith yn unig, gan amla, y rhoid sylw i stori fawr (ac eithrio, wrth gwrs, drychineb Aberfan) – roedd yn rhaid dewis y diwrnod gore i grisialu'r stori a dyna ni. Dwi'n siŵr i mi fod yn gohebu am dridie o'r bron o Lansawel (Briton Ferry) a Sgiwen ar y llofruddiaethe, sy'n dal yn ddirgelwch hyd heddi. Does neb yn gwbwl siŵr pwy fu'n gyfrifol am ladd y ddwy, na merch arall – Sandra Newton – cyn hynny.

Roedd Gwilym Owen wedi gweld pa mor ddwl oedd yr hen drefn lle bydde criwie ffilmio'n gyrru lawr o Gaerdydd i'r Gorllewin bob dydd. Penderfynwyd ein bod yn cael swyddfa (o fath) yng Ngwesty'r Falcon yn Heol Awst.

Ymhlith y dynion camera enwog a ddaeth i aros yno dros dro roedd John Pike, a oedd wedi diodde'n amlwg wedi cyfnode yn Vietnam. Drwy John y ces i gyfarfod yr anghymarol Kenny Everett. Roedd yr athrylith hwnnw wedi symud i fyw i fferm ym Mhentre-tŷ-gwyn, nid nepell o Bantycelyn, Llanymddyfri. Addasodd y sgubor yn stiwdio lle bydde'n paratoi ei raglenni rhyfeddol i Radio 1. Os cofiaf yn iawn, un dec recordie, dau recordydd tâp a meic oedd gyda fe!

Yn bendant, roedd yr arbrawf o gael dynion camera a sain 'sefydlog' yn gwmni i mi yng Nghaerfyrddin yn gweithio. Tua 1973 dyma Neil Hughes, a oedd wedi gweithio fel dyn camera gyda Gwilym yn y Gogledd, a Tony Griggs, dyn sain – Sais o'r Saeson! – yn cyrraedd. Daethom yn ffrindie arbennig o dda. Yn wir, ces fy sbwylio. Roedd y ddau mor broffesiynol fel nad oedd angen dim cyfarwyddyd arnyn nhw. Roedd rhoi crynodeb o'r hyn yr o'n i am ei gyflawni 'da rhyw stori yn ddigon iddyn nhw fynd yn eu blaene â'u gwaith, a chael y llunie a'r sain yn berffaith bob tro.

Roedd y ddau'n cael cyfle hefyd i weithio gyda Gwilym ar *Yr Wythnos*. 'Babi' Gwil oedd y rhaglen honno a phrin oedd y cyfle i wneud dim â hi ar wahân i ymchwilio. Roedd Gwilym wrth ei fodd yng nghanol rebeliaid y pylle glo ac ati. Roeddwn inne'n rhyfeddu fel roedd arweinwyr fel Howard Jones, Pentre Mawr a Chynheidre, yn gwneud ymdrech arbennig i wella'u Cymraeg er mwyn trosglwyddo'u neges yn effeithiol ar raglenni megis *Yr Wythnos* a'r *Dydd*.

Yn yr holl amser y bûm i ar *Y Dydd*, unwaith yn unig y cefes siawns i fentro paratoi rhaglen fel *Yr Wythnos*. Yn 1976 fe'm danfonwyd i Killarney ar gyfer yr Ŵyl Ban Geltaidd. Paratoi rhaglen hanner awr mewn tri diwrnod – dyna brofiad rhwystredig, yn enwedig yn Iwerddon. Doedd dim posib cael unrhyw drefniant i ddal o un funud i'r llall. Gallech daeru nad yw'r Gwyddel erioed wedi *gweld* cloc! Yn sicr dyw e ddim yn meddwl bod yn rhaid cadw at unrhyw amserlen. Dwi wir ddim yn gwbod sut, ond fe lwyddwyd i gwblhau ffilmio'r hanner awr o raglen a'i golygu mewn pryd.

Nawr, mae'r lleiaf uchelgeisiol am gael sialens fach nawr ac yn y man. Er i mi gyflwyno ambell rifyn o'r *Dydd*, do'n i ddim yn gweld fy nyfodol yn y cyfeiriad yna. Mae'n rhaid bod yn onest a dweud na wnes i ryw stŵr mawr a chwffio am gael ehangu 'ngorwelion o safbwynt swydd a gyrfa, ond, yn dawel fach, roedd rhywfaint o rwystredigaeth yn corddi ers sbel.

Daeth gwaredigaeth o fan annisgwyl. Roedd y BBC wedi gweld y gole a theimlo y dylen nhw gael presenoldeb yn y Gorllewin, ac yn gynnar iawn fe grybwyllwyd y swydd wrtho i ac awgrymu y dylwn ymgeisio amdani. Felly, ar 26 Hydref 1976, ro'n i yng Nghanolfan y BBC yng Nghaerdydd, yn gorfod cyflawni nifer o dasge ac yna wynebu cyfweliad digon cartrefol gyda phenaethiaid y Gorfforaeth yng Nghymru. Ar yr ail o Ragfyr cyflwynes fy 'notis' i HTV, a thrwy hynny, yn ddiarwybod i mi, ddechr'er 'ecsodus' lle bydde nifer o staff *Y Dydd* yn ymuno â *Heddiw* – ie, yr hen elyn!

Wyth diwrnod yn ddiweddarach roeddwn wedi cwpla yn HTV, gan adael yn gwbwl ddiseremoni. Doedd 'na ddim partïon y dyddie hynny i bobol fel fi – diolch byth!

Pam feddylies i am adael yn y lle cynta? Ro'n i'n ddigon hapus fy myd: roedd y bòs yn ffrind personol i mi ac yn dda iawn wrthon ni yn y Gorllewin, ac roedd digon o amser i wneud pethe'n lleol ar wahân i waith. Ac mewn gwirionedd, dyna oedd wrth wraidd y penderfyniad i ymuno â'r BBC. Roedd gyda nhw wasanaeth *radio* yn ogystal â theledu – ac ro'n i wedi dechre ymddiddori yn y cyfrwng hudol hwnnw yn sgil fy mherthynas â'r Urdd, a 'mherthynas â merch go arbennig.

7

Mae miloedd o enghreifftie i brofi'r pwynt syml bod mudiade fel yr Urdd, y Ffermwyr Ifanc neu hyd yn oed gôr cymysg neu barti cerdd dant yn 'marriage bureau' naturiol i ni yma yng Nghymru. Heb os nac oni bai, fe alla i gadarnhau'r gosodiad yna.

Un pnawn ro'n i wedi galw yn garej yr hen gyfaill Peter John yng Nghrymych. Roedd Peter yn foi mowr 'da'r Urdd, ac fel mae'n digwydd ro'n i wedi cymryd tipyn o ddiddordeb yng ngwaith y mudiad ac yn weithgar ar lefel sirol yn Sir Gâr. Fel cannoedd o aelode ro'n i wedi cael hwyl anghyffredin y dyddie hynny mewn twmpathe dawns, ac wrth reswm roedd cwrso merched yn rhan o'r pleser hwnnw. Ymatalies rhag gweithredu fel galwr yn y dawnsfeydd hynny, er i mi botshan mewn ychydig o bopeth arall – hyd yn oed chware gitâr gyda'r Gwerinwyr mewn ambell dwmpath.

Ond hyd yn oed gyda phroffil fel yna, doedd e ddim yn ddigon i mi fod wedi cael gafael ar gariad parhaol. Fflyrtan o'n i: chware o gwmpas, ac yn methu datblygu perthynas am fwy na rhyw wythnos neu ddwy. Roedd hynny i newid yn ddramatig o sydyn wedi'r cyfarfyddiad â Peter John yng Nghrymych. Soniodd Peter fod 'na 'bishyn a hanner' wedi ymuno ag Aelwyd enwog a gweithgar Brynaman, lle roedd dau o gewri'r Urdd ym myd adloniant ar y pryd – Glan Davies a Gareth Jones (Ladj). Rhaid oedd bodloni fy chwilfrydedd, ac o fewn dyddie ro'n i wedi galw yn yr Aelwyd a gweld nad oedd Peter ymhell o'i le. Roedd 'na ferch llawn bywyd – blonden fach siapus – yn helpu yno. Roedd hi wedi bod yn fwy gweithgar na fi yng ngwersylloedd Llangrannog a Glan-llyn dros sawl haf. Roedd hi hefyd newydd ddechre ar ei gyrfa fel athrawes Gymraeg yn Ysgol Ramadeg Dyffryn Aman, ac wedi taflu'i hun i mewn i weithgaredde Cymraeg yn ardal Rhydaman. Y drafferth i mi oedd ei bod hi hefyd yn fwy na ffrind i un o arweinwyr Aelwyd Brynaman ar y pryd!

O fewn ychydig wythnose roedd Steddfod yr Urdd yn tynnu tuag at ei therfyn yn y parc yng Nghaerfyrddin – eisteddfod lwyddiannus iawn gyda chriw bywiog a thalentog o staff Coleg y Drindod wedi ymaflyd yn y gwaith o'i pharatoi, dan arweiniad Aneurin Jenkins-Jones – un arall o hoelion wyth yr Urdd. Beth bynnag, pan ddaeth hi i'r seremoni gloi, pwy oedd yn cynrychioli Sir Gâr ac yn derbyn crochan anferth Syr David James am y sir ucha'i marcie drwy gydol yr ŵyl, ond y flonden o Frynaman. Methwn â chadw fy llygaid oddi arni, ac yn y twmpath y noson honno yn yr hen Neuadd Farchnad yn y dre roedd yn rhaid holi am fwy o fanylion.

Glenys Thomas oedd ei henw, yn hanu o Langwyryfon, Ceredigion. Yn yr ysgol fach roedd hi wedi rhannu'r un ddesg â Dai Jones, Llanilar – er nad oedd y ffaith honno mor arwyddocaol â hynny i mi yn 1967! Yn amlwg roedd hi'n ferch boblogaidd, yn llawn asbri, ac yn nabod y bois i gyd. Doedd dim amheuaeth chwaith nad oedd Sulwyn Thomas wedi cwmpo am hon, ond heb feddwl bod gobaith llwyddo ymhellach. Y ffaith bwysica i mi ei chasglu'r noson honno oedd ei chyfeiriad hi yn Rhydaman, a'r posibilrwydd y gallwn alw heibio yno ar fy nheithie.

Fel mae'n digwydd, y Llun canlynol roeddwn ar drywydd stori ym Mryn-mawr yng Ngwent. Ar fy ffordd adre galwes yn betrusgar yn Heol y Coleg, Rhydaman, a chael croeso gwresog ac annisgwyl yno. Plated o wy a sglodion oedd y pryd ges i, ond roedd y pwdin yn llawer mwy blasus!

O'r funud honno gwellodd fy Nghymraeg, tyfes lan a magu mwy o hyder – a does dim cwestiwn taw Glenys oedd yn gyfrifol fy mod wedi magu digon o blwc i geisio gwella fy ngyrfa.

Lai na deufis wedi'r cyfarfyddiad cynta, roedd ffyddloniaid y Llanelli Festival Players ar daith i Pitlochry yn yr Alban ar gyfer gŵyl ddrama bwysig gâi ei chynnal yno, a phawb mewn hwylie arbennig yn dilyn blwyddyn lwyddiannus i'r cwmni. Cawsom amser gwych ym Mhitlochry, ond dwi'n cofio Evelyn (gwraig Gareth Hughes, y cyfarwyddwr) a merched hyna'r grŵp drama yn mynd mas o'u ffordd i sicrhau nad oedd Glenys a Sulwyn Thomas yn closio gormod wedi un ar ddeg o'r gloch y nos. Doedd y 'swinging sixties' ddim wedi llwyr gydio, mae'n amlwg!

Ond roedd ein perthynas ni'n dau yn cryfhau, ac mae wedi dal er gwaetha pawb a phopeth hyd y dydd heddi. Doedd hi ddim yn hir cyn i ni ddyweddïo ac yna, ar y deuddegfed o Orffennaf 1969, priodi.

Ar ein mis mêl yn Ibiza roedd 'na gwpwl o Garwe ger Trimsaran yn yr un gwesty â ni – Ray a Ken Davies. Wrth i Glenys a finne fynd am dro y pnawn cynta, dyma Ken yn gweiddi, 'Shwmâi, Hywel?' – gan dybied mai'r 'dyn ei hun', Hywel Gwynfryn, o'n i! Roedden ni'n rhy swil i ddweud mwy am y rheswm dros inni fod yn Ibiza; ein penderfyniad oedd eu cadw yn y tywyllwch, neu fe fydden nhw a chriw o Gymry di-Gymraeg o'r Cymoedd y daethon ni i'w hadnabod hefyd wedi'n poeni ni'n ddidrugaredd. Wedi inni ddychwelyd i Gaerfyrddin, canodd y ffôn un noson. Pwy oedd yno ond Ken. Roedd y ddau newydd weld hanes ein priodas yn y *Carmarthen Journal* ac yn ein diawlio i'r cymyle am gadw'r gyfrinach oddi wrthyn nhw!

Drwy hyn i gyd roedden ni'n dau yn dal yn brysur gyda'r Urdd ac yn cydweithio gyda'r Trefnwyr Sir (fel y'u gelwid bryd hynny), Eirlys Charles, Wynne Melville Jones, Dai Arfon Rhys ac Alun Stephens. Roedd y discos yn tyfu'n boblogaidd, a thra oedd Hywel Gwynfryn ac erill yng Nghaerdydd, a Dei Tomos a Mici Plwm yn y Gogledd, dechreues inne fel DJ ym Mlaendyffryn wedi i'r perchennog, Tweli Davies, fuddsoddi mewn offer gwych.

Roeddwn wedi cael fy hun hefyd ar bwyllgore cenedlaethol y mudiad. Fues i'n Ysgrifennydd Cenedlaethol, yn Is-gadeirydd ac yn Is-lywydd yn fy nhro, a hynny mewn cyfnod cythryblus wedi helyntion yr Arwisgo yn 1969. Roedd yn rhaid i ni ddangos y gallen ni gynnal y mudiad heb y rhai oedd wedi ymgreinio o flaen y Prins. Roedd yna lawer i'w brofi a siarad go blaen weithie i ailgodi ysbryd y mudiad. Ymhen tair blynedd roedd yr Urdd yn dathlu'i ben-blwydd yn hanner cant oed, ac fe gawson ni (fel siroedd erill Cymru) gyfle ymarferol i sicrhau dathliad teilwng.

Nawr, mae 'na gwestiwn yn codi fan hyn – sut gallwn i fel gohebydd diduedd wneud fy ngwaith, a minne ynghlwm ag un mudiad y daliwn swyddi o'i fewn ar lefel gweddol uchel? Wel, doedd hynny ddim yn broblem i mi. O'r funud y ces i wahoddiad i ymgymryd â phob un o'r swyddi uchod, fe wnes i'n ddigon clir y baswn yn gorfod rhoi'r un driniaeth i'r Urdd ag i unrhyw gorff cyhoeddus arall. Yn wir, mae 'da fi stori i brofi hynny!

Ro'n i wedi bod yn gyfrifol am syniad (neu gynllun) a gyflwynwyd i Gyngor yr Urdd un dydd Sadwrn arbennig. Y dydd Llun canlynol dyma Gwilym Owen ar y ffôn yn beirniadu'r cynllun, ac yn dweud y bydde'n rhaid i ni gael Cyril Hughes, Cyfarwyddwr y Mudiad, o flaen y camera y bore hwnnw yng Nghaerfyrddin, a finne i'w dynnu'n ddarne. Ddwedes i ddim gair wrth Gwilym taw fi oedd wedi cyflwyno'r cynllun. Holwyd Cyril yn galed, ac ynte'n ateb ac yn amddiffyn y cynllun yn wych. Ar ddiwedd y recordio fe ddwedodd yn dawel, 'Sulwyn, os cofia i'n iawn, onid eich cynllun chi ydi hwn?' gan wenu. A dyna pryd y gwnes i ei atgoffa fe mai gwisgo cap gwahanol oeddwn i y bore Llun hwnnw i'r un a wisges i ddeuddydd ynghynt.

Yn y saithdege roedd Glenys a minne'n gyfrifol am Aelwyd Caerfyrddin ac yn cael hwyl anghyffredin yn gweld pobol ifanc fel Ronw Protheroe, Derec Brown, y brodyr Alwyn ac Eifion Daniels, Meinir Daniel ac erill yn ymdaflu'n greadigol i'r gweithgaredde. Dwi'n cofio mynd â Derec a grŵp Galwad y Mynydd i recordio'u record gynta yn stiwdio Recordiau'r Dryw ar Heol Alexandra, Abertawe – hen stiwdio'r BBC y byddwn i'n gweld llawer mwy arni ymhen deng mlynedd arall.

Yn y dyddie hynny roedd nosweithie llawen a chyngherdde'n boblogaidd tu hwnt, a minne'n cael y cyfle i arwain ambell un. Ond do'n i fawr o lwyddiant fel cyflwynydd noson lawen ac mae un achlysur yn dal i wneud i mi wingo, sef noson lawen yn Ysgol Gruffydd Jones, Sanclêr, o dan nawdd yr Urdd. A finne'n ceisio arwain, pwy oedd ar y llwyfan y noson honno ond Emyr ac Elwyn,

Galwad y Mynydd a Max Boyce. Ie, fi gyda dau o gewri'r diwydiant adloniant ysgafn – Max ac Emyr Williams, sef neb llai na Gari Williams, yn gorfod chwysu wrth glywed rhywun fel fi yn eu cyflwyno. Na, dim llawer mwy o lywio nosweithie llawen i mi!

Ond ro'n i wrth fy modd yn arwain eisteddfode. Fe ges i'r cyfle cynta i wneud hynny gan yr Urdd, ac wedyn y Steddfod Genedlaethol a Gŵyl Fawr Aberteifi. Arwain honno oedd y sbort penna i mi, yn enwedig yn nyddie Owen M. Owen fel ysgrifennydd – 'da'r holl dynnu coes, y nosweithie hir a'r hwyl yng nghanol steddfodwyr brwd. Fues i'n gwneud y gwaith yno am ryw bymtheg mlynedd dan oruchwyliaeth Owen M. Owen a Gwynfi Jenkins, ond fel gyda phopeth arall, daeth criw newydd i drefnu'r ŵyl a dyna ddiwedd ar y penwythnose gwyllt yn Aberteifi.

Mewn cyfarfod o bwyllgor sir yr Urdd y daeth syniad i mi a fydde'n newid cwrs fy mywyd ymhen blynyddoedd.

Glenys oedd yn cadeirio'r pwyllgor hwnnw, fel mae'n digwydd. Ro'n i'n eistedd yng nghefn y neuadd yn gwrando ar yr holl siarad wast am faterion dibwys. Yn sydyn, dyma fi'n gweiddi, 'Pam na *wnawn* ni rywbeth yn lle siarad? Beth am baratoi rhaglenni ar gyfer cleifion Ysbyty Glangwili, er enghraifft?'

Mae'n rhaid i mi fod yn gwbwl onest fan hyn. Doedd 'da fi ddim syniad sut oedd paratoi rhaglenni o'r fath. Dyn teledu o'n i, heb awr o brofiad ym myd radio, na'r syniad technegol lleiaf sut oedd gwireddu'r cynllun gwyllt yma. Ond wedi agor fy ngheg fawr, doedd dim troi 'nôl i fod.

Y cam cynta oedd holi a chanfod rhywun alle wneud y gwaith technegol. Roedd Ysbyty Glangwili'n gyfleus i mi o ran lleoliad – roedd Glenys a finne'n byw un stryd i ffwrdd o'r lle. Draw â ni i gael gweld beth oedd y posibiliade. Canfod yn syth bod system sain wrth wely pob claf, bod meicroffon yn y capel ar gyfer darlledu gwasnaethe dros y system, a bod plwg yn Ward Teifi fel y galle rhywun siarad o'r fan honno hefyd.

Roedd 'na un dyn allweddol ar gael. Gerwyn Griffiths oedd ei enw ac roedd e'n dipyn o arwr i rai ohonon ni. Y fe oedd y brêns cerddorol tu ôl i grŵp pop cynta Caerfyrddin – Adar y Nant. Pedwar cefnder o Abernant yn wreiddiol oedd yn y grŵp, gyda Gerwyn ar y gitâr a'r piano ac Arwyn Davies – un a fydde'n ffigwr amlwg yn Radio Glangwili yn ddiweddarach – yn brif leisydd. Er mwyn cyfansoddi caneuon newydd ar gyfer rhaglen *Heddiw*, roedd Gerwyn wedi buddsoddi mewn offer sain ac yn deall rhywfaint am sain a recordio.

Dyma fynd ati i recordio noson lawen fawr yng Nghaerfyrddin, yna'i golygu a'i 'phwmpio' drwy'r system sain yn Ysbyty Glangwili. Dyna oedd y cynhyrchiad cynta. Ond wrth gwrs y syniad oedd paratoi rhywbeth 'da'r cleifion eu hunen, a dyna wnaethon ni'r ail dro – cludo recordydd tâp trwm o gwmpas y wardie i holi ambell un, a chael gwbod pa recordie oedd yn ffefrynne 'da nhw ac yn y blaen. Llwyddwyd i gael chwech neu saith sgwrs ar y tâp, a 'nôl â ni i gartre Gerwyn. Chwilio am y recordie perthnasol, recordio ambell i gyflwyniad ychwanegol, bwydo'r gerddoriaeth i fewn i'r tâp a chymysgu'r cyfan yn rhaglen hanner awr. Roedd Hywel Gwynfryn wedi dechre gwneud ei farc anhygoel gyda *Helô, Sut 'Dach Chi?* ac fe alwon ni'n rhaglen fach ni yn *Shwmâi? Shwd 'ych Chi?*

Hanner awr wedes i – ond roedd y broses wedi cymryd

orie lawer. Roedd hi'n amhosib ystyried patrwm tebyg yn gyson; rhaid oedd chwilio am ffordd arall os am barhau 'da'r arbrofion hyn.

Ddechre'r saithdege roedd chwyldro wedi digwydd ym myd radio. Roedd staffio rhaglenni yn y BBC yn golygu cyflwynydd, cynhyrchydd, cynorthwyydd, a dau (os nad tri) berson sain y tu hwnt i'r gwydr yn yr ystafell reoli. Yna daeth Radio Caroline a Radio London – gwasnaethe anghyfreithlon – y 'pirate radios'. Roedden nhw wedi'u sefydlu ar gorn y ffenomen newydd, y disgos. Dau ddec i chwarae recordie, cymysgydd sain, meic neu ddau, a bant â ni. Y cyfan roedd ei angen nawr oedd DJ yn y stiwdio yn chware'i recordie'i hun, heb lawer o gymorth dynol arall. Cydiodd symlrwydd y system newydd yn syth. Roedd gwasnaethe radio ysbytai flynyddoedd cyn hynny wedi dechre paratoi sylwebaethe ar gême pêl-droed a rygbi i gleifion, ac ambell i raglen ar dâp.

Roedd Radio City, sef radio Ysbyty Singleton, Abertawe, wedi'i sefydlu rai blynyddoedd cyn i ni fentro, a draw â ni i weld beth oedd yn digwydd yno. Chware teg iddyn nhw, roedd pobol fel Phil Davies, Mike Evans a Chris Harper yn barod iawn â'u cynghorion, ac yn ein hannog ni i fynd ymlaen.

Felly, un bore Sul, dyma fynd ati i arbrofi. Lawr â ni i Ward Teifi, a chwilio am y plwg yna. Gerwyn yn dod â'i gymysgydd sain 'da fe, gosod meic i mi ger y blwch ffôn symudol yn yr ystafell ddydd, glynu rhyw declyn alle godi'r sain (yn anghyfreithlon, siŵr o fod) o'r ffôn i'r cymysgydd, ac yna dau ddec disgo gan fachgen ifanc o Lanelli, Richard Rees – ie, *y* Richard Rees! – yn cael eu cysylltu eto, a'r cymysgydd a'r cyfan yn treiddio drwy'r gwifre i'r cleifion yn eu gwelye. Ond pam y ffôn? Wel, roedd aelode o'r Urdd mas ar bob un o'r dwsin o wardie yn yr ysbyty, ac roedden nhw'n casglu ceisiade a chyfarchion yn y fan a'r lle. Roedd Rosalind Lloyd ('Miss Asbri' ar y pryd), Carwyn James ac un o swyddogion Cyfeillion yr Ysbyty, y Parchedig Moelwyn Daniel, hefyd ar ben arall y ffôn yn eu tro. Parodd y rhaglen am ryw ddwyawr, a'r cyfan wedi mynd fel wats. Roedd y ffordd yn glir o'n blaene. Bydde'n rhaid i ni ganfod peth arian, cael ystafell fach i osod peirianne, a chreu stiwdio barhaol.

Talodd i ni wahodd y Parchedig Moelwyn Daniel! Cyn troi rownd roedd y Cyfeillion wedi rhoi £75 i ni i brynu'r offer angenrheidiol – arian mawr i ni ar y pryd. Bu awdurdode'r ysbyty'n hynod o garedig a pharod i dderbyn y syniad, gan neilltuo ystafell ar ein cyfer – ystafell fach iawn nad oedd fawr mwy na lle i gadw brwshys ac offer glanhau. Sdim ots – roedden ni ar fin dechre rhywbeth pwysig, a buon ni'n ddiwyd iawn yn paratoi ar gyfer lansio'r gwasaneth newydd ar ddydd Nadolig 1972.

Dwyawr o gyfarchion, recordie a hwyl oedd y rhaglen gynta, a'r maer, yr Henadur Laurie Rice, yn agor y stiwdio'n swyddogol. Y flwyddyn wedyn (1973) darlledwyd rhaglen debyg bob dydd Sadwrn, a phobol yn danfon cyfarchion ymlaen llaw drwy ein ffonio ni neu alw heibio'r tŷ i sicrhau bod record yn cael ei chyflwyno i ryw glaf neu'i gilydd.

Un tro, galwodd dirprwy faer y dre, y Cynghorydd David Thomas. Roedd e am i mi chware darn gan Gôr Cymysg Caerfyrddin dan arweiniad Ernest Evans, Peniel, i'r dyn ei hun a oedd yn Ward Teifi. Os cofiaf yn iawn, y cais oedd yr anthem *Teyrnasoedd y Ddaear*, sy'n para rhai munude. Tra oedd y record yn chware, fe es i'n dawel fach draw i'r ward a chael Ernest Evans 'da'r cyrn am ei glustie a gwên lydan rhyngddyn nhw, yn amlwg wrth ei fodd 'da'r canu a'r gymwynas. Pan ofynnir i mi pam dwi'n dal gyda Radio Glangwili, dwi'n dyfynnu'r stori fach yna. Dyna'n union yw'n swyddogaeth – paratoi rhaglenni a all roi gwên ar wyneb claf a gwneud iddo anghofio, am ychydig, ta beth, am ei ofidie. Ac er mwyn lliniaru ychydig ar y gofidie hynny y gwnaethon ni baratoi rhaglen *A Worried Song*, rhaglen ddogfen a enillodd yr ail wobr mewn cystadleuaeth i orsafoedd radio ysbyty drwy wledydd Prydain yn 1973.

Lledaenodd y newydd am y gwasanaeth. Daeth pobol ifanc aton ni yn awyddus i dderbyn hyfforddiant ar gyflwyno ac ati, a chael eu profiad cyntaf ym myd darlledu. Bu'n rhaid cael rhaglen ar nos Sul, yna un arall ar ddydd Mercher, ac yn fuan roedd 'da ni rywun yn cyflwyno bob nos o'r wythnos. Arwyn, Gwynfor Davies, Onfel James, Garry Davies a Rowland Thomas fu'n fy helpu i ar nos Sul am flynyddoedd, tra oedd enwe fel Richard Rees (a ddaeth yn enwog fel y troellwr gore ar Radio Cymru, ac sy'n dal yno), Lyn Morgan a Steve Lloyd yn serennu ar foreue Sadwrn. Mae radio ysbyty'n rhoi cyfle i bobol ifanc feithrin eu donie fel darlledwyr. Mae Angharad Mair bob amser yn cydnabod i'r troeon y bu hi'n crwydro'r wardie yn casglu ceisiade fel aelod o dîm Aelwyd Caerfyrddin, fod yn fodd i danio'i dychymyg a gwneud iddi ystyried o ddifri dilyn gyrfa yn y cyfrynge.

Dwi'n cofio, un nos Sul, bachgen ysgol yn galw heibio'r stiwdio. Roedd e am fod yn gyflwynydd. Fe ddanfones i e mas i'r wardie i gasglu cyfarchion. Yr wythnos ar ôl hynny roedd e'n fy ngwylio i wrth y ddesg. Cyn diwedd y rhaglen fe ddwedodd yn reit eofn y galle ynte wneud hynny. Na, ddim o gwbwl, meddwn i – mae angen misoedd o brofiad cyn meistroli'r peirianne. Y drydedd wythnos gofynnodd eto, ac fe ildies gan ei roi o flaen y meic a'r ddesg. A wir i chi, roedd e'n gallu gweithio'r ddesg yn reddfol! A'i enw? Wyn Jones, sy erbyn hyn mewn swydd uchel gyda Radio Cymru, ond a weithiodd i Sain Abertawe a'r BBC am flynyddoedd cyn cyrraedd lle mae e nawr. Drwy'r cyfan, mae e wedi dal yn driw i Radio Glangwili, a hynny drwy salwch enbyd a phrysurdeb dyletswydde gyda'r Gorfforaeth. Bu'n gyfrifol am yr ochr dechnegol yn Radio Glangwili am chwarter canrif – enghraifft arall o rywun sy wedi manteisio ar brofiad mewn radio ysbyty cyn datblygu yn y byd proffesiynol.

Roedd rhaglen nos Sul yn bwysig am ei bod yn dod o'r wardie. Roedd Arwyn a'r tîm yn torri pob rheol iechyd a diogelwch gyda gwifre ymhobman wrth iddyn nhw fynd â'r meic at y claf a'i holi'n 'fyw'. Gwariwyd yn helaeth ar gael offer i sicrhau ein bod yn cysylltu pob ward â'r stiwdio. Roedd 'da ni stiwdio newydd erbyn hynny mewn *portakabin* ar dir yr ysbyty – tair ystafell, yn cynnwys un stiwdio henffasiwn gyda bwrdd a meics, ystafell reoli lle roedd y cyflwynwyr recordie yn gweithio, a llyfrgell recordie fechan. Fe'i hagorwyd yn swyddogol ar 19 Mehefin 1976 gan gadeirydd yr Awdurdod ar y pryd, Dewi Lewis – cyn-brifathro Glenys yn Ysgol Ardwyn, Aberystwyth, a chyn-gadeirydd yr Urdd. Roedd Tony Griggs, ein dyn sain yn HTV, wedi archebu offer newydd oedd yn ddigon da i ddarlledu'n broffesiynol.

Am gyfnod roedden ni'n recordio Papur Llafar Caerfyrddin yno hefyd. Mae'r bartneriaeth yna rhwng y Papur Llafar a Radio Glangwili wedi para hyd y dydd heddi, a minne mor frwd dros y gwasanaeth pwysig hwnnw ag ydw i dros Radio Glangwili. Does dim posib gwrthod pan mae rhywun fel fy hen ffrind Rhian Evans, sy wedi colli'i golwg yn gyfan gwbwl, yn gofyn am gymwynas. Gwelwyd yn fuan na alle'r Papur Llafar barhau yn Glangwili, ac aed ati i greu stiwdio fwy cyfleus yn y dre a darparu yn agos i bedwar cant o gasetie yr wythnos i'r deillion.

R'yn ni yn Radio Glangwili wedi symud 'mlaen hefyd wrth symud i'n trydedd stiwdio yng nghartref y nyrsys yn yr ysbyty, ac yn darlledu ar 87.7FM fel y gall y cleifion glywed y rhaglenni ar eu setie radio personol. Yn awr, prin yw'r troeon y byddwn yn chware recordie, casetie, cryno-ddisgie neu dapie. Mae'r cyfan yn ddigidol, gyda dau gompiwtar yn llawn caneuon a sgyrsie i lenwi pedair awr ar hugen y dydd, gyda rhaglenni byw yn rhan o'r arlwy gynhwysfawr.

Pwy feddylie y byddai egin syniad mewn cyfarfod o'r Urdd wedi datblygu'n wasanaeth sy wedi para tri deg pum mlynedd. Oni bai am y gwasanaeth yma, faswn i erioed wedi mentro cyflwyno rhaglenni byw dyddiol ar Radio Cymru. Mae hynna'n ffaith.

8

Ar y pedwerydd o Ionawr, 1977, cyrhaeddes ganolfan y BBC yn Llandaf am y tro cynta fel aelod o staff y Gorfforaeth Ddarlledu Brydeinig. O'r eiliad gynta roedd pethe'n wahanol.

Mae'n wir bod nifer o aelode tîm *Heddiw* yn weddol gyfarwydd i mi. Roedd Arwel Ellis Owen a Geraint Wyn Davies ill dau wedi bod yn gyfoedion coleg i Glenys, a Deryk Williams hefyd wedi cyrraedd y Bîb o stabal *Y Dydd*. Serch hynny, ro'n i'n teimlo'n anghyfforddus. Ro'n i 'nôl yn y brifddinas ac roedd atgofion o anhapusrwydd dyddie cyntaf TWW yn mynnu dychwelyd. Fel dwedes i eisoes, dwi ddim yn orhapus mewn dinasoedd. Dim ond dwy ddinas y bues i'n gartrefol ynddyn nhw erioed – Sydney, Awstralia, a Vancouver, Canada. Dyw Caerdydd ddim yn ffefryn.

Beth bynnag, fe ddaeth hi'n amlwg taw tridie'n unig y disgwylid i mi fod yn y Ganolfan Ddarlledu – tridie i gyfarwyddo â'r tîm newydd, a rhoi wynebe i'r enwe a fydde'n gyfarwydd imi am y blynyddoedd nesa fel cyfarwyddwyr, ysgrifenyddese a golygyddion ffilm.

Daeth yr un amheuon am fy ngallu i wneud y gwaith o weld fy hun ynghanol 'brêns' y BBC, a'r diwylliant arbennig a berthynai i *Heddiw* fel sefydliad darlledu. Roedd 'na dimoedd newydd wedi amlygu'u hunen ers y tîm gwreiddiol, ac roedd llawer ohonyn nhw, fel Mary

Middleton ac Emlyn Davies, wedi croesi fy llwybre ar straeon yn y Gorllewin cyn hynny.

Roedd *Heddiw* ar un adeg wedi diosg ei chymeriad fel rhaglen gylchgrawn a throi'n fwy o raglen newyddion, ond ni fu'r arbrawf hwnnw'n un parhaol. Serch hynny, roedd hi'n amlwg, o fod wedi cyflogi Richard Morris Jones (Moi) yn ohebydd yn y Gogledd a minne yn y De-orllewin (dau a fu'n cyflawni'r un swyddi cyfatebol ar *Y Dydd*), bod *Heddiw* am fentro rhoi mwy o fin newyddiadurol traddodiadol i'r rhaglen. Diolch byth, ddigwyddodd hynny ddim i'r gradde yr o'n i wedi'i ofni.

Un o nodweddion y rhaglen oedd bod cyfle i amrywio'r cynnyrch. Un funud roedd adroddiad tair neu beder munud yn ofynnol; bryd arall fe fydde rhywun yn cael dau neu dri diwrnod i gynhyrchu 'epig' a alle ymestyn i ddeng munud. Heb os dyna oedd *forte*'r rhaglen: byddai'r timoedd ffilmio wrth eu bodde gyda sialense fel yna. Roedden nhw wedi arfer bod mas 'da chyfarwyddwyr dawnus fel Wil Aaron a Richard Lewis – pobol â donie creadigol ac yn llawn dychymyg.

Byddwn yn ffilmio am dair wythnos ar fy mhen fy hun, yna ar y bedwaredd bydde Arwel, Deryk neu Geraint yn chwilio am eiteme a finne'n eu 'perfformio'. Buan y gweles i'r gwahanieth rhwng y BBC a'r gyfundrefn annibynnol. Yn TWW a HTV, ro'n i, fel y crybwylles eisoes, yn medru gadael i Neil a Tony ac erill o'u blaene ddarlunio'r straeon gan adael i mi ganolbwyntio ar y siarad a'r sgriptio. Doedd dim angen eu cyfarwyddo. Gyda'r BBC roedd cenedlaethe o ddynion camera a sain wedi ufuddhau i greadigrwydd y cyfarwyddwyr a'r cynhyrchwyr. Roedd pob shot bron yn cael ei hesbonio fel peiriant. Prin bod angen llawer o ddychymyg – technegwyr yn unig oedd angen iddyn nhw fod. Dyna'r drefn a doedd dim bai ar neb am hynny.

Sioc i'r system felly i mi oedd y galw parhaus am gyfarwyddyd a threfn gan y ddau a weithiai o Abergwaun ar gytundeb i *Heddiw* – Tomi Owen a Tony Harries. Yr hyn a wnâi'r cyfan yn *bizzare* oedd mai dau Gymro Cymraeg oedden nhw, ac fe ddylwn fod wedi gallu esbonio'n haws iddyn nhw nag i rai o'r timoedd uniaith Saesneg y bues i'n gweithio 'da nhw cyn hynny.

Roedd y diwrnode gwaith yn hwy o lawer hefyd. Dim o'r rhuthro i gael y cyfan yn barod i rywun yrru'r ffilm am ddau o'r gloch o Gaerfyrddin. Roedden ni'n ffilmio'n hwyr ambell noson ac yn cael cyfle i wneud cyfiawnder llwyr ag ambell eitem. Roedd modd hefyd recordio cerddoriaeth a darlunio'n well. Dwi'n cofio cael pleser anghyffredin yn ffilmio gyda theulu Alun Cooper ym Methlehem. Roedd Alun yn swyddog gyda'r awdurdod addysg ond wrth ei fodd yn trefnu cyngherdde – *soirées* y gelwid nhw heddi – yn ei gartref. Dyna eitem na faswn i erioed wedi ei gwneud i'r *Dydd*.

Bu ambell i fethiant nodedig hefyd. Fe'm perswadiwyd fod angen i ffermwyr wybod mwy am 'copper deficiency', a cheisies wneud yr amhosib trwy wasgu'r esboniad gwyddonol cymhleth i bedwar munud. Dwi'n siŵr i'r hen gyfaill Deryk Williams grynu wrth feddwl am yr eitem yna am flynyddoedd! Enghraifft arall o dwpdra ar fy rhan i oedd gydag achos arweinydd y Rhyddfrydwyr, Jeremy Thorpe, pan wynebai hwnnw gyhuddiade difrifol yn ei erbyn. Gofynnwyd i mi fynd yno i adrodd yr hanes ar ran *Heddiw*. Y drwg oedd, ro'n i wedi cymysgu rhwng

Maidenhead a Minehead! Ni fu eitem ar y rhaglen y noson honno . . .

Un arferiad arall yn *Heddiw* oedd bod Arwel a Deryk yn cael amser bant o'r cylch didrugaredd o gynhyrchu rhaglenni dyddiol. Byddent yn mynd â ni ar daith, a 'nhaith gynta i oedd i'r Orkneys a'r Shetlands yn 1977. Roedd hwnnw'n haf poeth, a'r tywydd yn wych yn yr ynysoedd pellennig hynny. Unwaith eto roedd arferion gwahanol y tîm ffilmio yn cosi'n anghyfforddus, ac er i mi fwynhau'r teithio, doedd y gwaith ddim wedi plesio i'r un gradde. Dyna pryd, dwi'n meddwl, i Arwel, ar anogaeth dawel Tomi, benderfynu bod angen i mi fynd ar gwrs cyfarwyddo yn Llundain, a dyna a ddigwyddodd cyn ac ar ôl y Pasg y flwyddyn wedyn.

Cyn mynd i Lundain roedd 'na un stori fawr i'w gwneud – 'Operation Julie'. Dyna, heb os, y stori fwya yng nghefen gwlad Cymru yr adeg honno, a neb wedi sylweddoli difrifoldeb y sefyllfa. Roedd hi'n anhygoel bod dau fel Christine Bott a Richard Kemp wedi gallu cynhyrchu miliyne o dabledi LSD yng Ngharno; bod pentrefi fel Llanddewibrefi yn ganolbwynt i'r dosbarthu, ac, yn fwy o sioc i fi'n bersonol, bod dau o'r gwerthwyr wedi sylfaenu eu rhwydwaith o fferm lle'r arferwn i chware'n grwt bach – Glynrhiced Fach, Llanllwni. Shwd ryfedd felly i mi fwynhau ymchwilio a gohebu ar y cyfan. Fy nhasg i, cyn troi am Lundain, oedd gweithio ar ffilm estynedig a olygai fynd i'r seleri yng Ngharno, ffilmio'n agos i lle'r arferai Cassie Davies fyw yn Nhregaron, a sefyll ar gornel gas rhwng Tal-y-bont a Thre'r-ddôl lle, mae'n debyg, i Range Rover Kemp fod mewn damwain, a gorfod cael ei dynnu i orsaf yr heddlu yn Aberystwyth. Yno, wrth iddyn nhw archwilio'r cerbyd, daeth un plismon ar draws darn o bapur a rhan fach o fformiwla LSD arno. O'r fan honno y dechreuodd yr Uned Gyffuriau gadw llygad ar y ddau ym Mhenlleinau, Tregaron, ac yng Ngharno, ac wedi misoedd lawer o wylio cudd mewn nifer o ganolfanne, dod ag achos cyffurie mwya gwledydd Prydain i Lys y Goron Bryste.

Roedd yr achos yn tynnu at ei derfyn wrth i mi gyrraedd Llundain. Cwblhawyd yr eitem yn fy absenoldeb ond roeddwn yn hynod o falch o gael ar ddeall ei bod wedi ei chanmol gan benaethiaid Caerdydd, gan gynnwys y Rheolwr, Owen Edwards – *cyn* i mi gael yr hyfforddiant swyddogol!

Ond profiad gwych oedd bod yng nghanol talente ifanc byrlymus ac uchelgeisiol y BBC ar y cwrs. Marcus Plantin, er enghraifft, a ddaeth yn bennaeth rhaglenni ITV, ac Ann Moir, a weithiai ar *Panorama*, a llu o bobol debyg i mi oedd yno i ddysgu technege sylfaenol cyfarwyddo. Roedd yn rhaid paratoi ffilmie byrion, fel adroddiade newyddion, ac am ryw reswm roedd pob tîm am fy nghael i fel *'reporter'* – ie, yn Saesneg! Gawson ni gyfle i gyfarwyddo darn o ddrama dditectif, a chael gweithio gydag unede ffilmio go iawn y BBC yn Llundain.

I gwblhau'r cwrs roedd yn ofynnol i ni baratoi ffilm o ryw bum i saith munud. Nawr, i ddangos fy naïfrwydd unwaith eto, dewises i ffilmio dosbarth mewn coleg arlunio'n cael gwers ar arlunio merch noeth. Dewises gerddoriaeth hudol *Cavatina*, John Williams, yn gefndir. Pan oeddwn adre un penwythnos es i weld fy ffrind Tom Nash yn Llandeilo, a gofyn am gyngor ar ongle ac ati. Ro'n i wedi penderfynu rhannu'r cyfanwaith i gynnwys llunie o safbwynt y rhai oedd yn arlunio, ac yna cael cip ar yr hyn a wele'r ferch noeth o'r fan lle roedd hi'n gorwedd. Strocen (yn fy meddwl i!) oedd medru perswadio'r ferch i ganiatáu'r ymarferiad – doedd 'na'r un cyfarwyddwr wedi llwyddo i wneud ffilm fel hon ar *Heddiw* yn sicr! Wrth gwrs, beth na wyddwn i oedd na welai'r ferch na'r arlunwyr ddim byd yn anghyffredin yn hyn. Doedden nhw'n malio dim, ond ro'n i'n meddwl 'mod i wedi gwneud gwyrthie. Does dim angen dweud i'r golygyddion ffilm a oedd yn ein cynorthwyo fwynhau rhoi'r cyfan at ei gilydd – roedd y dynion camera wedi joio hefyd. Dwi ddim yn siŵr faint o 'gyfarwyddo' wnes i – ond fe ganmolwyd fy ffilm fach i gan aelode'r staff hyfforddi a'm cyd-fyfyrwyr. Ond, fel gyda chynifer o achosion erill yn fy hanes, fe ddwedodd Ann Moir wrtho i fod y pennaeth wedi disgwyl gwell cyfraniad 'da fi na'r campwaith yna. A dyna ni 'nôl yn yr ysgol unwaith eto, lle roedd wastad rywun yn dweud wrth fy rhieni y galle Sulwyn bach wneud lawer yn well a bod disgwyliade'r athrawon dipyn yn uwch na'r hyn y gallwn i eu cyrraedd!

Wrth ddychwelyd i Gaerfyrddin, roedd disgwyliade *Heddiw* wedi newid hefyd. Roedd yr adroddiad a baratowyd am fy wythnose yn Llundain yn ddigon ffafriol, ac felly fedrai ambell i ddyn camera ddim dadle nad oeddwn yn gwybod beth roedd ei angen. Ond yr hyn a wnaeth y cwrs oedd codi fy hyder fel perfformiwr, a dangos imi nad o'n i mor anobeithiol â hynny wedi'r cyfan. Efalle mai'r broblem cynt oedd nad oeddwn wedi llwyddo i drosglwyddo fy syniade'n ddigon sylfaenol a phlaen i erill. Felly, ro'n wedi dysgu *rhywbeth* o'r ymarferiad – a phwy ond y BBC allase fod wedi cynnig hyfforddiant o'r fath?

Pan ddaeth y cyfle i gyfarwyddo eitem ar ymweliad y pianydd jazz enwog o Gymro, Dill Jones, â Chymru, ro' i'n benderfynol o ddangos 'mod i wedi newid. Ac am ryw reswm fe fues i'n ymhél â nifer o eiteme cerddorol am sbel go lew wedi hynny: ffilmio Plethyn wrth i'w record gynta ymddangos, a phortread hir o Tecwyn Ifan, Bois y Felin, a Vernon a Gwynfor.

Roedd straeon mawr gwleidyddol yn dal i ddigwydd yn rheolaidd – etholiade, achosion llys Cymdeithas yr Iaith (Rhodri Williams a Wynfford James yn eu plith), damweinie fel un y *Christos Bitas* yn Aberdaugleddau, ffrwydrad Texaco, cau Duport, hipis Pont-rhyd-y-groes, heb sôn am bethe o bwys go iawn fel ffilmio Picton Jones a'i ddofednod cyn un sioe amaethyddol ac aduniad yr ifaciwîs yn Aberystwyth (eitem y ces fwynhad mawr yn ei pharatoi, fel y rhaglen radio wedyn, am fod y cysylltiad yna ag Edward Downer a Llanllwni).

Bob hyn a hyn dôi chwaneg o gyfleon i deithio. Fe fu Deryk a minne yng Nghernyw am wythnos yn 1978; fe hefyd oedd yn gofalu am y daith fythgofiadwy i Iwerddon yn 1979 adeg ymweliad y Pab Ioan Paul yr Ail. Meddyliwch am dri chwarter miliwn o bobol ym Mharc Phoenix ar bnawn dydd Sadwrn. Anghofia i byth garisma a phersonoliaeth Ioan Paul wrth iddo gyfarfod cyfrynge'r byd am un o'r gloch y bore yng Ngholeg y Drindod, Dulyn. Roedd rhai o ohebwyr a thechnegwyr gwasanaethe teledu America fel picwns o'i gwmpas – hwythe wedi'u syfrdanu gan ei bersonoliaeth. Dwi'n meddwl i ni fynd am dridie heb lawer o gwsg wrth geisio dilyn popeth, gan gyrraedd 'nôl i Gaerdydd wedi ymlâdd yn llwyr.

Yr un oedd fy nghyflwr wedi i rywun caredig gynnig

'motor caravan' i drueiniaid daeargryn yn yr Eidal ar ddiwedd 1980. Ces gwmni y Parchedig Raymond Williams a'i fab Rhodri ar y daith i'r Eidal wrth ddanfon y cerbyd yno. Gyrru'n ddi-stop trwy Ffrainc a thros y ffin i'r Eidal, gan gyrraedd Rhufain am wyth o'r gloch y bore a gyrwyr gwallgo'r ddinas honno bron â'n hala ni i'r un cyflwr meddwl. O'r fan honno i Naples, Caserta ac yna i Calabritto – pentre mynyddig gyda'i adeilade'n chwilfriw, a channoedd o garafanne ar ochr yr hewlydd yn rhoi'r unig loches i'r trueiniaid.

Wedi cyrraedd yno roedd rhaid ffilmio. Diolch byth, roedd Robin Rollinson wedi hedfan mas i wneud hynny ar y pedwerydd ar bymtheg o Ragfyr. Diwrnode caled iawn oedd y rheiny, ac er nad wyf erioed wedi gohebu o faes y gad, gallaf gydymdeimlo a chodi 'nghap i unrhyw un sy'n gorfod wynebu diwrnode heb fawr o gysuron arferol bywyd, ac yn byw ar eu nerfe. Cyrhaeddes Gaerdydd ar yr ail ar hugen o Ragfyr i wynebu deuddydd o olygu. Roedd y ffilm a ddangoswyd ar Noswyl Nadolig yn 11 munud a 6 eiliad o hyd – ac yn werth yr holl drafferth. Trafferth? Beth am y cannoedd a wynebai'r Nadolig a'r Flwyddyn Newydd heb do uwch eu penne yng Nghalabritto?

Eitem arall sy'n sefyll yn y cof o'r cyfnod yna oedd honno a gyffyrddai â'n ffobia penna i – ofn dŵr ac ofn boddi. Cyn lecsiwn 1979, er mwyn cael eitem ysgafn yn arlwy'r nos, dywedodd Deryk fod hypnotydd yn ymweld â phwll nofio coleg Abertawe i gynnig tawelu ofne unrhyw un am ddŵr a nofio. Nawr, roedd cof aruthrol 'da Wilias, a dwi'n ame'i fod e wedi cofio i mi leisio f'ofne am ddŵr. Digon yw dweud, er i mi actio ychydig o flaen y camerâu, na fedra i wynebu pwll nofio na dŵr môr (hyd yn oed y Môr Coch!) hyd heddi. I mi nonsens oedd y cyfan, ond fe gafodd criw *Heddiw* dipyn o sbort yn fy ngweld yn straffaglu.

A sôn am straffaglu – fel gyda'r *Dydd*, roedd pantomeim Felin-fach yn gofyn am sylw bob blwyddyn. Gyda *Heddiw*, roedd cyfle i ohebydd fynd i ysbryd yr hwyl. Teitl y panto un flwyddyn oedd *Sion Cwilt*, a'r syniad gan yr athrylith o gynhyrchydd, Euros Lewis, oedd mai fi fyddai'r dihiryn amheus hwnnw, Sion Cwilt ei hun, ar gyfer y ffilm ar *Heddiw*.

Gobaith PC mwyaf aneffeithiol Dyfed, PC Penwag (yr enwog Ifan Gruffydd erbyn hyn), wrth bedlo ffwl pelt ar ei feic, oedd ceisio fy nal a datrys y dirgelwch mawr. Ta beth, i gwpla'r stori ar y ffilm, fe'm cornelwyd gan y cast o flaen Theatr Felin-fach a'm taflu'n ddiseremoni i mewn i fan yr 'heddlu'. Yna seiren swnllyd, a bant â ni ar ras am bencadlys Llambed. Yn anffodus, ni chaewyd drws y cefn yn sownd, ac wrth i'r fan neidio'n ei blaen, mas â fi yn un swpyn cwiltog a chwmpo wrth draed aelode'r panto. Roedden nhw'n chwerthin yn braf gan edmygu'r 'stynt' yn fawr iawn. Ond damwain oedd hi, ac am ddiwrnode roeddwn yn diodde poene yn dawel – er, cofiwch, fe ddylwn ganmol fy lwc mai dyna'r unig ddamwain o'r fath ges i mewn pymtheg mlynedd o ohebu yng ngorllewin Cymru!

Roedd y rhan fwya o'r gwaith yn hwyl ond roedd 'na un stori nad oeddwn yn hapus i'w hwynebu. Yn 1980 penderfynodd Gwynfor Evans ei fod am ymprydio hyd at farwolaeth oni bai bod Llywodraeth Doriaidd y dydd yn newid ei meddwl a rhoi inni sianel deledu Gymraeg. Ro'n i 'nôl a blaen yn Nhalar Wen bob tro y bydde rhywun yn herio Gwynfor ac yn ame'i ddoethineb yn bwriadu cyflawni'r bygythiad eger. I mi roedd hi'n amlwg na fydde Gwynfor yn ildio ac roedd ei bendantrwydd wedi argyhoeddi'r mawrion yng Nghymru a'r Llywodraeth yn Llundain. Rhyddhad aruthrol i mi, am sawl rheswm, oedd cyhoeddiad 'tro pedol' Willie Whitelaw – nid yn lleia am reswm personol. Roedd y BBC yng Nghymru wedi penderfynu mai un gohebydd fyddai'n eu cynrychioli'n ddyddiol yn Nhalar Wen pe bâi Gwynfor wedi gorfod parhau â'i fwriad – a fi fydde hwnnw. Dwi ddim yn siŵr a allwn i fod wedi dygymod â gweld un o f'arwyr yn dadfeilio'n gorfforol o 'mlaen i. (Fe'i gweles mewn gwaeledd yn Ysbyty Glangwili flynyddoedd yn ddiweddarach, ac roedd hynny'n ormod i mi.) Doeddwn i ddim yn newyddiadurwr calon-galed, didostur, beth bynnag a ddywed neb. Ond dyna fe, diolch byth, ni roddwyd fi ar brawf a doedd neb balchach na fi yn y cyfarfod hanesyddol yng Nghrymych pan gyhoeddodd ei fod yn derbyn bod y llywodraeth o ddifri wrth addo sianel deledu Gymraeg, a'i fod yn dirymu ei fwriad.

Yn ystod y cyfnod ar ôl i Gwynfor gyhoeddi ei fygythiad ar y chweched o Fai, 1980, roedd Cymru'n dechre poethi mewn mwy nag un ystyr. Dyma gyfnod llosgi'r tai haf, a chyrch 'Sul y Blode' pan gasglwyd dwsenni o bobol i orsafoedd yr heddlu i geisio darganfod pwy oedd yn gyfrifol. Bu nifer o aelode'r heddlu'n ceisio cael gwybodaeth mas ohonon ni newyddiadurwyr bryd hynny, ac yr oedd 'na baranoia amlwg ymhlith heddluoedd Cymru. Daeth hynny'n amlwg pan gytunodd y bomiwr John Jenkins i wneud eitem 'da fi i *Heddiw*. Y drafferth oedd na fedre John Jenkins siarad Cymraeg, ond roedd e'n gallu darllen

Cymraeg. Cytunwyd i ddanfon nifer o gwestiyne ato; fe gyfieithwyd nhw i'r Saesneg, a'u hateb yn yr iaith honno cyn eu cyfieithu i'r Gymraeg. Pan aethon ni i'w weld e, roedd e'n medru darllen yr atebion Cymraeg yn iawn, ond y gwendid sylfaenol yn y drefn oedd na fedrwn ei herio fe a gofyn ambell i gwestiwn atodol. Doedd dim sôn bryd hynny am ffilmio yn Saesneg – fel sy'n digwydd, ysywaeth, mor amal erbyn hyn ar raglenni materion cyfoes. (I ble'r aeth y cynllunie i drosleisio a'r egwyddor o gynhyrchu rhaglenni *Cymraeg*, gwedwch?)

Drwy gydol y ffilmio, gwelem ein bod yn cael ein gwylio bob eiliad. Roedd e'n gyfarwydd â hynny ac yn ddigon hirben i sylweddoli mai fel'na y bydde hi arno am weddill ei fywyd. Aed â'r ffilm yn ôl i Gaerdydd i'w golygu. Roedd 'na reole pendant ynglŷn â dangos rhywun a gyfrifid yn derfysgwr. Danfonwyd yr eitem (wedi'i throsi i'r Saesneg) at neb llai na Syr Ian Trethowan, Rheolwr Cyffredinol y BBC, ei hun, a'i benderfyniad e oedd na ddylai'r eitem weld gole dydd. Ond fe gafodd *Y Faner* afael ar y cyfweliad, ac ymddangosodd y cyfan yn yr wythnosolyn hwnnw, a rhoi cyfle i'r darllenwyr benderfynu drostynt eu hunen a oedd geirie John Jenkins yn haeddu cael eu gwahardd neu beidio.

Os oedd yr heddlu'n ein gwylio tra oedden ni'n ffilmio John Jenkins, mae'n amlwg iddyn nhw gymryd sylw go fanwl o un o eiteme *Heddiw* pan ges i air gyda un o aelode Cadwyr Cymru, Eurig ap Gwilym o Ddolgellau. Roedd ymhlith y pedwar gafodd eu harestio wedi cyrch mawr yr heddlu yn 1980 a'u cyhuddo o gynllwynio i achosi difrod troseddol. Roedden nhw'n cael eu hame o losgi tai haf, a mawr fu'r dyfalu a oedd y llosgwyr wedi'u dal o'r diwedd wedi misoedd ar fisoedd rhwystredig i'r awdurdode. Bues inne'n dyfalu ai'r sylwade ar y rhaglen oedd wedi arwain yr heddlu i feddwl ei fod e'n un o Feibion Glyndŵr ac felly ei ddwyn o flaen ei well ac, yn y diwedd, ei orfodi i wynebu tymor yng ngharchar.

* * *

Yn ystod y peder blynedd a hanner y bues i'n ohebydd ar *Heddiw* roedd fy nyddiadur yn llenwi gyda dyletswydde cyfryngol erill, sef rhaglenni radio. Yn ogystal â ffilmio eiteme ar gyfer y teledu, ro'n i hefyd yn paratoi adroddiade i fwletine newyddion Radio Cymru. Ces allweddi i stiwdio Caerfyrddin o fewn deng niwrnod i gyrraedd y BBC. Doedd dim disgwyl i benaethiaid y BBC yng Nghaerdydd anghofio f'atebion parod yn fy nghyfweliad gwreiddiol wrth geisio am y swydd, pan ddangoses fy niddordeb amlwg mewn radio – cyfrwng, gyda llaw, a oedd yn destun dirmyg ymysg llawer a weithiai ar *Heddiw*. Iddyn nhw, hen ffasiwn oedd radio; teledu oedd cyfrwng y dyfodol. Mae'n eironig iawn bod nifer o'r bobol hynny wedi bod yn ddiolchgar am gyfleon i ennill ceiniog fach neu ddwy wedi hynny, ond mater arall yw hynna!

Cyn pen fawr o dro roedd y ffôn yn canu, a finne'n cael fy holi a fydde diddordeb gen i i baratoi ambell i raglen ddogfen ar gyfer y radio. Roedd hi'n demtasiwn fawr i gydio yn y cyfle i wneud rhywbeth gwahanol. Yn y cyfnod hwnnw, gyda Dafydd Huw Williams ac Ifan Roberts (eto o'r *Dydd*) yn pwyso, y ces i beiriant recordio a mynd ati i lunio rhaglenni dogfen am achos Ronnie Harries, brwydr fawr achub Cwm Gwendraeth, a hanes y Goets Fawr.

Es i drafferth 'da Equity dros raglen *Y Goets Fawr*. Roedd

T. Llew Jones wedi ysgrifennu pytie dramatig i'w gwau i mewn gyda'r sylwebaeth a'r sgyrsie, ac yn hytrach na defnyddio actorion proffesiynol ar gyfer y rhanne, fe es i at actorion Felin-fach i gael blas y pridd. Unwaith yn unig yr aeth y rhaglen mas, ac mae'n debyg y bu'n rhaid talu dirwy i Equity.

Yna cafodd Golygydd Radio Cymru ar y pryd, Meirion Edwards, y syniad am raglen *Ar y Ffordd*. Roedd William H. Owen, Beti George a minne'n cymryd ein tro i recordio rhaglenni ymhlith y bobol. Dwi'n cofio dilyn helfa Dyffryn Cletwr un bore rhewllyd o Ionawr. Roedd y ddaear yn rhy galed i'r ceffyle, felly roedd pawb ar droed – mantes i rywun fel fi 'da recordydd tâp dros fy ysgwydd. Ro'n i mor agos at y cyfan ar un adeg fel y sleifiodd llwynog reit o dan fy nhroed – gan ddiflannu megis 'seren wib' yn wir. Rhaglenni hyfryd oedd y rheiny, a chyfle i saernïo rhaglen ar ddeunydd diddorol.

Arbrawf diddorol arall bryd hynny oedd Radio Bro. Cafwyd benthyg fan neu stiwdio symudol o'r Gaeltacht yn Iwerddon, a bu timoedd yn darlledu am dridie o wahanol ganolfanne yng Nghymru. Ddechre Tachwedd 1979, tro Radio Bro Myrddin oedd hi. Merch o Gynwil, Lenna Pritchard Jones, oedd yn gyfrifol am yr orie lawer o ddarlledu. Wrth gwrs, roedd presenoldeb Radio Glangwili yn drwm ar y cyfan yn ardal Caerfyrddin, ac Arwyn Davies, Rhian Evans a Huw Evans yn ymuno â fi ar gyfer y rhaglenni. Disgrifiodd Huw y profiad yn ei golofn yn y *Carmarthen Times* yr wythnos ddilynol:

Newidiwyd patrwm byw llawer: fe wnaed y siopa ar frys er mwyn rhuthro 'nôl i wrando, ac mae sôn am un person a dreuliodd y tri diwrnod mewn siéd ar dop yr ardd am mai yno yn unig y medre fe dderbyn Radio Myrddin . . . Roedd un gŵr yn haeru ei fod wedi ordro llwyth o goncrit *ready mix* i rwystro'r garafán rhag symud o Gaerfyrddin.

Ac fe orffennodd un bardd lleol ei gyfres o benillion am y tridie fel hyn:

> Mae'n amlwg iawn fod Radio Bro
> Caerfyrddin yn rhagori
> Ar holl Raglenni Bro y Byd –
> Mae'r record wedi'i thorri.
>
> Ac wrth ffarwelio, dyna'r gri
> A glywir heno 'mhobman:
> 'Chwi fechgyn glew a merched glân,
> O! dewch yn ôl yn fuan!'

Yr hyn dwi'n bersonol yn ei gofio ydi fod rhyw 150 i 200 wedi ymgasglu ar y prynhawn ola o flaen y garafán, yn hynod o siomedig bod y cyfan yn dod i ben. Roedd radio lleol wedi cydio; roedden ni wedi rhoi gwasanaeth i drigolion Caerfyrddin ac roedden nhw wedi gwerthfawrogi'r arlwy. Swyddogaeth radio yw bod yn gyfrwng adloniant, celfyddyd a mynegiant barn – a dyna a gafwyd yng Nghaerfyrddin, fel yn yr holl ardaloedd lle cynhaliwyd yr arbrawf cynnar hwnnw.

9

Ddiwedd 1979, bron i fis wedi darllediade Radio Bro Myrddin, ro'n i yng Nghaerdydd ac yn clywed y newydd fod Radio Cymru am 'ddatblygu'. Yn ogystal â *Helô Bobol* a rhaglenni amser cinio, bydde angen rhaglenni di-dor o naw o'r gloch y bore tan amser cinio, ac fe roddid cyfle i leisie newydd a phersonoliaethe newydd. Ar y dyddie Gwener, gofynnodd Meirion Edwards i mi a fuaswn i yn llenwi'r awr o un ar ddeg tan hanner dydd.

Wrth reswm, roedd yn rhaid gofyn am ganiatâd pobol y teledu, ac i fod yn deg â *Heddiw*, roedden nhw'n hollol barod i'm rhyddhau i ar foreue Gwener, gyda 'mod i'n gallu golygu eiteme iddyn nhw yn ystod y pnawn.

Gwenan Gallaghar (Thomas) fydde'r cynhyrchydd, a hi sy'n berchen y teitl a roddwyd i'r rhaglen – *Stondin Sulwyn*. Hi hefyd, wedi gwrando ar orie o gerddoriaeth rhad ac am ddim a ddôi i'r BBC, gafodd hyd i'r gerddoriaeth fywiog a fydde'n trawsnewid y gohebydd syber i fod yn gyflwynydd rhaglen ysgafn ei naws. 'On the Fiddle' oedd teitl y diwn!

Rydw i wedi ceisio bob amser i wneud pethe fymryn yn wahanol, a'r syniad ges i oedd gofyn i olygyddion a thimoedd papure bro i ddewis gwestai i ni bob wythnos, ac iddyn nhw ei holi: tybiwn y bydde hynny, yn ei dro, yn tynnu gwrandawyr naturiol o bob rhan o Gymru. Roedd yn rhaid hefyd cael cystadleuaeth, cyfarchion a cheisiade. Ond yn hytrach na gadael y cyfan yn benagored, fe 'wahoddwyd' pobol i ffonio yn ystod y rhaglen ac i ddewis o blith deg darn o gerddoriaeth.

Roedd 'na waith adeiladu yn mynd yn ei flaen yng Nghaerdydd ar y pryd, ac fe fu'n rhaid i ni ddarlledu o gaban y tu fas i adeilad y BBC. Roedd dau ddec bob ochr i mi, meic yn y canol a pheirianne chwarae tapie. (Bron yn union fel Radio Glangwili!)

Roedd Trefor Williams yn ei golofn 'Radio a Theledu' yn *Y Cymro* ddechre Rhagfyr wedi'i blesio, ta beth:

> Llwyddwyd i gynnal awyrgylch byrfyfyr tra'n cadw rheoliad pendant ar rediad y rhaglen. Dyma raglen amrywiol yn cynnwys, ymysg pethau eraill, westai arbennig; cyfle i ffeirio hen bethau; cyfle i fudiadau ofyn am gymorth ac, wrth gwrs, gwis . . . Dyma raglen fydd yn datblygu wrth i unigolion a mudiadau gysylltu â'i gilydd i ffeirio neu i roi cymorth; yn raddol fe welwn y bobol yn meddiannu'r cyfrwng.

Wedi ailddarllen y darn yna, dwi'n sylweddoli pa mor flaengar oedden ni mewn gwirionedd yng nghyswllt rhaglenni Radio Cymru dros y blynyddoedd oedd i ddod – o *Galw Mewn* (Gari Williams) i *Ocsiwnïa* (Nia Chiswell) hyd at raglenni Jonsi heddi!

Rhyw beder wythnos ar ôl dechreuad braidd yn sigledig wrth geisio darlledu'n fyw i Gymru gyfan, dyma'r peirianne i gyd yn darfod arna i un diwrnod! Dyna pryd y diolches yn dawel am yr ychydig brofiad o'n i wedi'i gael 'da radio ysbyty. Ond, wrth deithio adre, meddylies na ddylwn gael fy nal fel yna eto, ac yn sydyn daeth syniad i fi. Beth am recordio cyfarchion ar dâp bob wythnos wrth i mi deithio dros *Heddiw*, yna golygu'r cyfan yn slic a'u chware pe bai eu hangen yn ystod y rhaglen? Tyfodd yr elfen yna'n un boblogaidd gan ddatblygu'n fwy na 'byffar' yn unig, a dod yn rhan annatod o'r rhaglen.

Mae'n ddiddorol gweld pwy oedd wedi bodloni dod yn westeion ar y rhaglen yn y cyfnod cynnar hwnnw yn ei hanes – yn eu plith yr Arglwydd Cledwyn, Gwyn Erfyl, R. Alun Evans, Charles Williams, Dic Jones, Wil Sam, Elfed Lewys, Eirwyn Pont-siân, Norah Isaac, T. Llew Jones, Dafydd Elis Thomas, Huw Jones, Dr Geraint Gruffydd, Owen Edwards, John Ogwen, Dai Llanilar – mae'n rhestr anferth.

Ar 25 Ebrill 1980 darllenwyd yr englyn cynta i'r rhaglen, o waith neb llai na'r cyn-Archdderwydd Tilsli – englyn oedd yn cwpla fel hyn:

> Dwli – ac yna'n dilyn,
> Lwyth o chwaeth ymhlith y chwyn.

Ie, 'dwli' a 'chwaeth' – dyna oedd y nod ganddon ninne. Roedd Tilsli wedi'i deall hi!

* * *

Roedd 'na rywbeth mawr ar fin digwydd ym myd teledu fydde'n cael effaith ar fy ngyrfa inne, a hynny'n gynt o lawer nag a ddisgwyliwn.

Roedd penaethiaid *Heddiw* wedi cael gwybod mai'r BBC fydde'n darparu'r gwasanaeth newyddion i'r S4C newydd yn 1982. Roedd hyn, efalle, yn groes i ddisgwyliade llawer yn y byd darlledu gan taw'r *Dydd* oedd yn ymddangos fel petai wedi sgorio ucha ym maes newyddion teledu, ond wedyn, roedd cyfundrefn y BBC dipyn lletach gyda'i holl adnodde drwy'r byd i gyd i fwydo newyddion teledu a radio.

Nid fy lle i ydi mynd ar ôl y ddadl, gan i mi, yn gwbwl ddirybudd, 'optio mas' yn llwyr! Un pnawn, ces wybod taw fi fydde gohebydd y gwasanaeth newyddion teledu newydd yn y Gorllewin, ond fe fydde'r patrwm gwaith yn newid yn llwyr. Bydde angen i mi fod ar gael bob dydd, trwy'r dydd, rhag ofn y bydde newyddion pwysig yn torri. Yn sicr, fydde dim modd fy rhyddhau i gyflwyno rhaglen radio yng Nghaerdydd.

Teimles mai fy nyletswydd cynta oedd mynegi hynny i Meirion Edwards. Ni phetrusodd eiliad. 'Hoffet ti gyflwyno rhaglen ddyddiol ar Radio Cymru?' Bwled o gwestiwn! Cofiaf i mi gloffi am eiliad a dweud rhywbeth fel, 'Dim rhaglen debyg i *Stondin* bob dydd? . . . Dim o Gaerdydd?' Fel arfer roedd Meirion ymhell o 'mlaen i: roedd e'n amlwg wedi ystyried rhyw ddatblygiad ar gyfer y boreue, a finne'n ffitio i mewn rywsut i batrwm o'r fath.

Cyn pen dim cyhoeddwyd bod y BBC am ailagor 32 Hcol Alexandra, Abertawe – stiwdio lle bu rhai fel John Griffiths, D. J. Thomas, Aneurin Talfan Davies, Dylan Thomas, Wynford Vaughan Thomas, Tom Richards, Dyfnallt Morgan a Teleri Bevan yn arloesi. O'r adeilad hwn (a agorwyd yn 1937, ei ddifrodi yn ystod y rhyfel a'i ailagor yn 1952) y daeth *Teulu'r Mans* a *Theulu Tŷ Coch* a llu o raglenni ysgafn poblogaidd – rhaglenni bron mor enwog â chynyrchiade'r BBC o Fangor yn ystod 'oes aur' Sam Jones.

Yn 32 Heol Alexandra, roedd yr unig gynrychiolydd a adawyd yno wedi i'r lle gael ei gau lawr bron yn gyfan gwbwl yn 1967, sef Thelma Jones, i gael mwy o gwmni. Roedd yr anfarwol T. Glynne Davies eisoes wedi ei sefydlu yno i ofalu am yr ystafell newyddion, ac roedd y *Sosban* wedi dechre yno gyda Richard Rees yn ei chyflwyno ac

Eurof Williams yn ei chynhyrchu. Ac roedd cynhyrchydd wedi'i benodi (o Fangor) i ofalu am raglen ddyddiol newydd sbon – un ro'n i'n ei adnabod yn dda ers dyddie ysgol – Lyn T. Jones. Roedd yr holl newydd-deb yma'n apelio ata inne; felly, rhwng popeth, doedd hi ddim yn rhy anodd penderfynu beth i'w wneud 'da cynnig Meirion Edwards.

Ffarwelies â *Heddiw* mewn ffordd ddramatig. Fe'm hanfonwyd i Berlin gyda David Williams i adrodd am y Tatŵ blynyddol! Ond ces hefyd barti ffarwél cofiadwy yng Nghaerfyrddin – yn ddigon eironig, yn y Falcon, cyn-ganolfan HTV.

Gwn fod rhai'n teimlo mai cam yn ôl oedd y symudiad hwn yn fy nhipyn gyrfa, a'r hen ddywediad 'Pan gyll y call, fe gyll ymhell' wedi dod i'w meddylie nhw, siŵr o fod, wrth i mi derfynu pennod arall yn fy hanes.

10

Os oedd pennod newydd ar fin agor imi o ran fy ngyrfa, roedd pethe eisoes *wedi* newid yn fawr i Glenys a minne yn ein bywyde personol. Roedd 'na ddau ychwanegiad i'r teulu bach erbyn hynny – Owain Peredur a Branwen Medi.

Cafodd Owain ei eni yng nghanol haf poeth 1975 – ar y nawfed ar hugen o Fehefin. Dau o'r gloch y bore oedd hi – ac 'roeddwn i yno', chwedl Max Boyce. Doedd hi ond wedi dechre dod yn ffasiynol i ddynion bresenoli'u hunen ar enedigaethe eu hepiliaid, a dwi ddim yn siŵr a oedd pob nyrs ar Ward Dinefwr, Ysbyty Glangwili, yn hapus gyda'r arferiad newydd. Ond yn fy achos i, dwi'n credu eu bod nhw'n dawel fach yn falch 'mod i yno, gan i Glenys druan gymryd oesoedd cyn i'r bwndel bychan ymddangos. Bu'n rhaid i mi weiddi a gweiddi arni i wthio a gwthio – a finne'n chwys domen fy hun. Dwi ddim yn siŵr p'un ai Glenys ynte fi oedd fwyaf blinedig pan ymddangosodd y pen bach, ac yna'r gweddill. Wedi dweud hynna, roedd yr eiliade yna'n fythgofiadwy ac yn ysgytwol.

Pa ryfedd, felly, i mi fynnu bod yn bresennol dair blynedd yn ddiweddarach pan anwyd Branwen Medi ar yr unfed ar ddeg o Fedi, 1978. Fuodd fy nghyfraniad i i'r ail enedigaeth ddim mor ddramatig – ymddangosodd Brans heb i Glenys fynd drwy gyfnod hir o chwysu a gwthio. Dwi'n cofio i mi fynd ag Owain i adran feithrin Ysgol y Dderwen y bore y ganwyd Branwen, yna mynd i'w nôl wedyn fel y gallai fod gyda 'nhad yn yr ardd acw tra 'mod i'n gweld Branwen yn cael ei geni; mynd adre wedyn i gyhoeddi'r newyddion da, cyn mynd ag Owain am dro i fferm John Harries yn Uwchgwili ger yr ysbyty er mwyn i'r bychan gael gweld y gwartheg yn cael eu godro – yr unig ffordd i'w gadw'n hapus! Gyda llaw hefyd, gan fod pethe fel hyn yn gwbwl bwysig i chi ferched, 7 bwys 5 owns oedd Owain, a Branwen yn 8 bwys 6 owns!

Un bach bishi iawn oedd Owain – yn gyflym ar ei draed, ac yn gwbwl ddi-ofn yn gyrru ei degane yn yr awyr agored. Roedd e'n cerdded cyn cyrraedd ei ben blwydd cynta, ac mae un stori dwi'n ei chofio'n dda. Ro'n i'n arwain yn Eisteddfod Genedlaethol Aberteifi 1976, ac roedden ni fel teulu'n aros yng Ngwesty'r Cliff (lle bydde Owain yn priodi ddeng mlynedd ar hugen yn ddiweddarach). Roedd rhai o bwysigion yr eisteddfod yn aros yno hefyd, ac un bore pwy welen ni'n cerdded o'r adeilad law yn llaw ag Owain bach ni ond yr Athro Idris Foster (Llywydd y Llys ar y pryd). Doedd yr Athro Foster ddim llawer talach nag Owain! Yn y cyntedd yn cadw cwmni i mi roedd Selwyn Griffith – a fyddai'n Archdderwydd maes o law, wrth gwrs. Fel fflach, dyma Selwyn yn cyhoeddi, 'Yli, foster parent'!

Wedi i Owain a Branwen gyrraedd (a mam Glenys yn dal i fyw 'da ni), roedd hi'n amlwg bod arnon ni angen tŷ mwy o faint. Heblaw am hynny, hen dŷ oedd y Garth, 17 Heol Bronwydd, gyda chegin bron o'r Oesoedd Canol. Roedd Glenys yn haeddu gwell! Fe welon ni bosibiliade mawr mewn tŷ rhyw ganllath i ffwrdd yn Rhodfa Mostyn. Adeiladwyd estyniad i'r lle cyn i ni symud i mewn ac, erbyn hyn, a'r plant wedi gadael y nyth, mae 'na ddigon o le yma i Glenys a finne golli'n gilydd! Roedd hi'n wahanol iawn ers talwm, wrth gwrs – fel ffair Calan Gaea'n amal iawn.

Wrth i Owain a Branwen dyfu, fe brynon ni garafán a rhoi cyfle iddyn nhw ganfod ffrindie ym mhob rhan o Gymru a chyfarwyddo â thrafaelu a gweld tipyn ar y byd. Cydiodd elfen y crwydryn yn y ddau fel yn eu rhieni. Roedd Glenys a finne wedi manteisio ar ein rhyddid cyn i'r plant ymddangos, a theithio yn Ewrop bob blwyddyn yn ystod gwylie ysgol Glenys.

Ar ôl ei chyfnod yn Ysgol Rhydaman, roedd hi wedi mynd yn athrawes i Ysgol Gyfun Dyffryn Aman, ond rhoddodd y gore i'r swydd honno pan gyrhaeddodd Owain. Nawr, mae 'na dipyn o sôn heddi am famau'n gorfod gweithio; dyna i gyd ddweda i, dwi'n sicr bod cael Glenys gartre tan i Branwen fynd i'r ysgol yn 1982 wedi bod o fantais inni'n dau. Ro'n i'n cyfri fy hun yn ffodus fy mod mewn swydd ac yn ennill cyflog digon parchus fel nad oedd raid i Glenys chwilio am waith. Cofiwch, roedd hi'n dal yn fenyw brysur iawn – 'da Mudiad Ysgolion Meithrin, yn dysgu Cymraeg fel ail iaith ar gyrsie yn y Drindod, a chyda'r Urdd a Merched y Wawr, i enwi ond pedwar!

Er nad oedd fy mam-yng-nghyfraith mewn iechyd da, roedd cael yr wyrion o'i chwmpas yn werth y byd, ac roedd fy nhad a'm mam i yn eu sbwylio hefyd. Dat oedd yn gofalu am yr ardd yn y Garth, ac fe fydde Owain yn busnesu'n amal yn y pridd gyda'i dad-cu, ac ynte wrth ei fodd yn esbonio popeth i'r crwt bach. Teg dweud i Owain etifeddu gallu ymarferol ei dat-cu. Mae'n ddigon meistrolgar gyda'i ddwylo – yn dra gwahanol i'w dad.

Stori arall yw stori Eifion, fy mrawd, hefyd. Mae ynte'n un da iawn gyda'i ddwylo – yn ddyn ymarferol. Cafodd

*Fy nhad-cu ar ochr fy mam (ar y dde) – y siopwr a'r cigydd
Thomas Jones y Neinant, Llanllwni – tua 1900.*

*Teulu mawr Parc Cwm, Trefechan, Caerfyrddin. Dat Bach Llanelli
(tad fy nhad) yw'r pumed o'r chwith yn y cefn.*

*Eifion, fy mrawd
(ar y chwith), a finne.*

*Mam a Dat ar ddydd
eu priodas.*

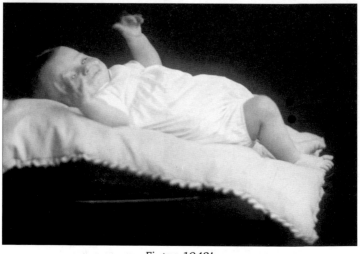

Fi, tua 1943!

Yn yr ysgol gynradd – ond peidiwch â gofyn p'un o'r tair.

Pwy ddwedodd na wn i ddim byd am gŵn defaid?

Drama'r Geni yng Nghapel y Priordy, Caerfyrddin, yn y pumdege cynnar. Rhes gefn, o'r chwith: Mam (3). Rhes flaen: fi (2) ac Eifion (5). Trevor Thomas (arweinydd y gân) sy wrth ochr Eifion, a'r Parch. Cyril G. Williams, y gweinidog, ar y dde eitha.

LLANELLI PUBLIC HALL
THURSDAY, FRIDAY
and SATURDAY

April 6, 7 and 8

at 7.30 p.m.

**THE
CORN
IS
GREEN**

a Play by EMLYN WILLIAMS
produced by GARETH HUGHES
presented by The
FESTIVAL PLAYERS

EMLYN WILLIAMS

CAROL EVANS

MARGARET THOMAS

JANET MORGAN

LYNDA REES

RONALD LEWIS

DULWYN THOMAS

WYN JONES

JIM ISAAC

GEOFF WHITE

NANCY BARTLETT

Llun papur newydd o gwmni drama llwyddiannus Aelwyd yr Urdd, Caerfyrddin, yn 1966. O'r chwith: fi, Sian Edwards, Margaret Morgan a'r Parch. T. James Jones (y cynhyrchydd).

Fel Morgan Evans yn The Corn is Green *gyda'r Llanelli Festival Players yn 1967 – fy nghyfle mawr cynta ar lwyfan.*

Glenys a finne ar ddydd ein priodas (1969).

Fy nghar cynta;
os oedd pawb arall mewn Mini,
roedd yn rhaid i mi gael Fiat 600.

Y gohebydd ifanc smart
yn y baw a'r caca!

Yn fud wedi cael gwared â'r tonsils – ond doedd dim dianc rhag
Y Dydd *a* Gwyn Llewelyn!

Cinio Aelwyd yr Urdd, Caerfyrddin, yn 1968, pan oedd Glenys
a finne'n arweinyddion. Cefn: Wynne Melville Jones, Meinir Daniel,
Huw Jones (y gŵr gwadd) a fi. Blaen: John Pinion Jones, T. James
Jones, Ieuan Williams, Lynette Ambrose, David Lloyd a Glenys.

Dyddie cynnar Radio Glangwili (tua 1976). Gyda Richard Rees
a chyfaill anhysbys!

Dau ddireidus – Owain a Branwen – ar wylie yn Longleat yn 1981.

Dathlu 60 mlynedd o ddarlledu o Heol Alexandra, Abertawe, yn 1984. Cefn: fi, Aled Wood, Lyn T. Jones, Ian Muxworthy, Gwyndaf Roberts, Paul Evans. O'n blaene: Delyth Thomas, Ellen Ellis, Sharon Morris, Anita Morgan. Yn eistedd: T. Glynne Davies, Thelma Jones. Blaen: Tim Hartley, Geraint Davies, Dianne Thomas.

Kissogram!
Yn fyw ar
yr awyr!

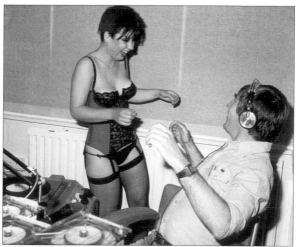

LLUN: PAUL EVANS

LLUN: PAUL EVANS

Darlledu o'r stiwdio fawr
yn Abertawe yn ystod
un o'r nosweithie
'Plant mewn Angen'.
Lyn T. Jones sy ar y dde.

Yn siop Onfel James yng Nghaerfyrddin
gyda Hywel Gwynfryn a Gari Williams,
yn dewis sgidie ar gyfer Taith yr Urdd
yn 1986.

Dau lond bws yn Banff yn y Rockies, ar ail daith Radio Cymru (1992).

*Chwifio'r Ddraig Goch ar y daith 31 milltir drwy dwnnel y Sianel
yn 1994 i godi arian tuag at Gymdeithas y Plant.*

*Aled Glynne Davies, Geraint Talfan Davies a Gwynn Pritchard
yn cael eu rhoi drwy'r felin gan wrandawyr Radio Cymru
ar Faes y Steddfod yn 1996.*

Ymlacio wrth gydgerdded gyda Wynne Mel.

Gyda Meirion Owen, Llanarthne, a'i gi, Bill, yn 1985. Meirion oedd y cystadleuydd ieuenga ar y pryd yn nhreialon cŵn defaid y BBC ar gyfer y teledu.

Darlledu o'r Sioe Fawr. O'r chwith: Amanda Protheroe-Thomas, Iolo ap Dafydd, Siân Thomas a fi.

Undeb Amaethwyr Cymru yn f'anrhydeddu wrth imi ymddeol
o Ffermio, mewn cinio â'r elw'n mynd at apêl Sir Gâr
Sioe Frenhinol 2005.

Fy nerbyn yn Gymrawd o Goleg y Drindod. O'r chwith: Carl Cooper
(cyn-Esgob Tyddewi), Rhian Evans (fy ffrind, a'm cyflwynai),
fi a Medwin Hughes (y Prifathro).

*Ces y fraint o fod yn Llywydd Côr Meibion Caerfyrddin am ddeng
mlynedd – er nad ydw i'n ganwr!*

*F'anrhegu â chrys-T
gan fy ngweinidog, Beti Wyn!*

*Derbyn y Wisg Wen yn 2003,
a Robyn Léwis yn Archdderwydd.*

Ar fin cwblhau cerdded llwybr Sir Benfro (am yr eildro!) yn 2008.

Ar Wal Fawr Tsieina gyda Glenys yn ystod taith 2008 'criw Sulwyn'.

Gwylie bythgofiadwy inni'n dau yn 2006, wrth ymweld â Branwen ac Eurig oedd yn Awstralia am gyfnod.

Hapusrwydd ar ddydd priodas Owain a Lucy yn 2006. A bellach, mae priodas Eurig a Branwen (chwith) hefyd ar y gorwel!

Beca Haf ar ddiwrnod ei phen-blwydd cynta – 22 Gorffennaf 2008.

radd yng Ngholeg Pensaernïaeth Caerdydd, yna gweithio yn Lerpwl a Chroydon cyn dychwelyd i Gymru. Tra oedd e'n gweithio i un o asiantaethe'r Llywodraeth yn Llundain fe fu'n treulio peth amser yn Barbados, ac ym Mrasilia. Priododd Eifion 'da Fay, ac mae ganddyn nhw ddwy ferch, Gwenda a Helen.

Am ein plant ni – be fedra i ddweud? Maen nhw wedi bod yn blant bywiog, iach, a heb achosi fawr ddim trafferth i ni'n dau. Yn un peth, fe gymeron nhw'u dyddie ysgol yn y Dderwen a Bro Myrddin yn llawer mwy o ddifri na'u tad. Dilynodd Owain ei Wncwl Eifion i'r byd gwyddonol tra oedd Branwen yn gwyro mwy at y celfyddyde, a maes o law cafodd y ddau radde dosbarth cynta. (Mae Owain hefyd wedi ennill doethuriaeth mewn rhyw faes rhy astrus i'w dad esbonio ar bapur fan hyn!) Mae'r ddau'n debyg ac yn wahanol yr un pryd. Diddordebe Owain, er pan oedd e'n ifanc, oedd chware pêl-droed, rygbi, tennis ac ati, a Branwen yn mwynhau canu'r piano a'r delyn, a pherfformio.

*　*　*

Ond 'nol â ni i 1981! Os cofiwch chi, roedd 'na bennod newydd arall ar fin agor yn fy ngyrfa i. O gofio'n sefyllfa fel teulu ar y pryd, a fydde'r cam nesa o gyflwyno rhaglen ddyddiol ar Radio Cymru a bod yn ohebydd ar ei liwt ei hun yn gam doeth ai peidio, gan taw dim ond fi oedd yn ennill cyflog ar y pryd? Doedd ond gobeithio'r gore!

Gwaith tîm yw cynhyrchu rhaglenni radio a theledu. O bryd i'w gilydd cewch bartneriaethe delfrydol – yr enghraifft wych o hynny oedd Hywel Gwynfryn a Gareth

Lloyd Williams – y ddau'n cyd-greu *Helô, Sut 'Dach Chi*, ac yna wedyn, gyda thîm mwy niferus, *Helô Bobol*.

Fe fues inne'n ffodus gyda thimoedd o gynhyrchwyr, ymchwilwyr, technegwyr ac ysgrifenyddese cynhyrchu yn 32 Heol Alexandra, ond efalle mai cael Lyn T. Jones yn gynhyrchydd cynta'r *Stondin Ddyddiol* oedd y *pièce de resistance*. Wythnose cyn darlledu'r rhaglen gynta ym mis Hydref 1981, fe gawson ni'n dau gyfarfod hir yn Abertawe. Ro'n i ychydig bach yn betrus cyn hynny. Doedd Lyn a finne ddim wedi bod yn ffrindie agos yn yr hen 'Gram', a doedden ni ddim wedi gweithio o gwbwl gyda'n gilydd – roedd Lyn, ar ôl gadael ysgol a mynd i goleg, wedi bod yn athro ac yn rheolwr Cwmni Theatr Cymru, cyn cael swydd gyda'r BBC ym Mangor. Doedd ganddo, felly, ddim cefndir newyddiadurol fel y cyfryw cyn hynny – er cystal sgrifennwr a bardd talcen slip yw e!

Pwrpas y cyfarfod oedd penderfynu ar strwythur y rhaglen ddyddiol newydd – darpariaeth oedd i unioni ychydig ar y cam tybiedig nad oedd digon o 'Hwntws' ar Radio Cymru. O'r dechre roedd rhai'n ein gweld ni fel ymgais i ddisodli Hywel Gwynfryn ac erill – tasg na feiddiwn i ei hystyried yn bosib, gan fod Gwynfryn, fel darlledwr, ar ei ben ei hun ac ymhell o flaen pawb yn fy meddwl bach i; ond mae darlledwyr yn rhai da am greu tensiwn a bygythiade sinistr – yn enwedig y rhai hynny oedd yn slotian am orie bryd hynny yng Nghlwb y BBC yng Nghaerdydd neu yn y Globe ym Mangor.

Ro'n i wedi dweud wrth Meirion Edwards na fydde 'da fi iot o ddiddordeb mewn parhau gyda fformat y *Stondin* wythnosol. Roedd Jimmy Young a'i dîm ar Radio 2 wedi braenaru tir ffrwythlon iawn drwy gymysgu cyfweliade

114

trwm gyda cherddoriaeth ysgafn ac ychydig o hiwmor a dwli. Roedd y cyfan wedi profi'n llwyddiant aruthrol, ac wedi gwrthbrofi'r gred dwp oedd yn bodoli yn y BBC bryd hynny bod raid gosod pawb mewn bocsys ymenyddol. Os oeddech chi'n newyddiadurwr doeddech chi ddim i fod i wenu a chwerthin; os oeddech chi'n ddigrifwr doedd dim posib bod 'da chi ddigon yn eich pen i ystyried trafod pyncie dwys. Roedd Jimmy Young wedi chwalu pob myth o'r fath yn rhacs. Fe deimlwn inne bod angen i rywun gael y siawns o geisio gwneud rhywbeth tebyg ar Radio Cymru – nid copi o fformiwla Radio 2, ond addasiad Cymraeg a Chymreig ohoni.

Diolch byth, roedd Lyn yn cytuno. Fuodd 'na ddim rhyw lawer o anghytuno ar ddim byd o bwys. Roedd e am newid y diwn agoriadol – camgymeriad a unionwyd o fewn wythnos neu ddwy i'r rhaglen gynta gael ei darlledu. Roedd e hefyd am gynnwys eitem gan bobol fel Carey Garnon a Griff Williams ac erill, ond yn fodlon cadw'r cyfarchion a chystadlaethe, yn enwedig ar raglenni dydd Gwener.

Fe anelwyd at gynnwys dwy 'stori' ym mhob rhaglen (nid pwnc, fel y cyfryw, ar y dechre), a chan fod *Talwrn y Beirdd* yn hawlio slot hwy ar ddyddie Mercher, roedd 'na syniad hefyd y gallasen ni recordio rhaglen ymlaen llaw i lenwi'r hanner awr cyn y *Talwrn*. Recordid y rheiny yn amal ar nos Lun neu nos Fawrth – hanner awr mewn hanner awr, fel petai – a'r ddisgyblaeth o baratoi rhaglenni ar frys gwyllt ar gyfer Radio Glangwili yn talu ar ei ganfed i mi unwaith yn rhagor.

Wrth gwrs roedd enw'r rhaglen wedi newid ychydig hefyd, er mwyn dangos i'r byd bod y *Stondin* newydd yn wahanol i'r hen un! Er i ambell adolygydd lynu wrth y teitl

Y Stondin Ddyddiol, doedd neb ar lawr gwlad yn dweud hynny – *Stondin* neu *Stondin Sulwyn* fuodd hi am un mlynedd ar hugen i'r ffyddloniaid, ac fe ddiflannodd yr enw ffurfiol cyn pen fawr o dro.

Yr hyn oedd yn bwysig oedd bod Lyn a finne'n cytuno ar yr elfenne allweddol. Roedden ni'n awyddus iawn i greu rhaglen boblogaidd – doedd dim pwynt creu rhywbeth addas i ryw giwed o ddarlithwyr sychlyd (os oedden nhw'n gwrando, ta beth!) ac uchel-swyddogion y byd darlledu. Roedd yn rhaid cyrraedd y bobol, a dyna pam y temtiwyd nhw dros y misoedd cynta gyda cherddoriaeth a chyfarchion a hysbysebion – i'w denu i wrando; gellid gollwng llawer o'r cynhwysion ryw ddydd wrth i'r rhaglen dyfu lan a difrifoli. Penderfynwyd hefyd beidio bod yn *rhy* gas 'da'r gwesteion!

Roedd 'na gynllun pendant, felly, a llawer o feddwl sut oedd torri tir newydd ar ganol y bore fel yna, ar wasanaeth sy'n gorfod bod yn dipyn o bopeth i dipyn o bawb. Amrywiaeth oedd yr ateb – dim un diwrnod yr un fath – y patrwm yn newid yn gyson, ac yn symud yn dawel fach i gyfeiriad rhaglen drafod un pwnc ('y fforwm genedlaethol', fel y galwyd hi'n ddiweddarach).

Fel mae'n hysbys ichi'n barod, creadur digon nerfus ydw i ar y gore, a doedd dim disgwyl i bethe fod yn wahanol ar y pumed o Hydref 1981. Tri chwarter awr cyfan o lywio darlledu byw, o 11.30 tan 12.15. Y cyfnod hwnnw, roedd hynna'n ddigon i godi braw ar unrhyw un.

I ddilyn y gerddoriaeth newydd, y farn oedd bod angen cael 'cyflwyniad' arbennig wedi'i sgrifennu ymlaen llaw gan Sulwyn Thomas ei hun – a dyna fistêc arall! Dwi wedi darllen yr hen sgript yna'n ddiweddar, ac yn gwrido wrth ei darllen. Roedd hi'n erchyll, ac ymhell o fod yr hyn yr o'n i isie'i wneud 'da'r rhaglen, sef bod mor jocôs fel y bydde pobol gyffredin (ac anghyffredin) yn barod i fentro siarad â fi ar ben arall y ffôn, heb fynd i boeni a oedd eu Cymraeg yn ddigon da ac y bydde'n rhaid iddyn nhw raffu brawddege cymhleth a phentyrru geirie uchel-ael. Dyma hi'r sgript ichi:

Dyma'r *Stondin Ddyddiol* yn fyw o Abertawe i Gymru gyfan, gyda mi, Sulwyn Thomas. A'r rhif ffôn i chi ymateb i bynciau heddiw – Abertawe 54986. Shwmâi? Nid rhaglen y cynhyrchydd, Lyn Jones, a minne fydd hon, na'r un arall yn ystod yr wythnose nesa. Ein rhaglen *ni* fydd hi – chi a fi. Dyna pam y bydd 'na bwyslais ar y ffôn a'r rhif pwysig yna – Abertawe 54986. 0792 yw'r côd.

Dau bwnc a godwyd o'r *Daily Mail* neu'r *Daily Mirror* oedd dan ystyriaeth yn y rhaglen gynta, a ninne'n fwriadol yn cadw draw oddi wrth byncie trwm y papure mawr. Huw Davies, Sanclêr ('Huw Bach y Fet') a Dr Dewi Evans, y paediatrydd plant, oedd y ddau siaradwr y diwrnod hwnnw – dau o'r cannoedd fydde'n eu dilyn dros y blynyddoedd. Heblaw am gais neu ddau a hysbýs, dwi ddim yn credu bod y ffôn wedi canu unwaith yn yr ystafell drws nesa i Stiwdio 3!

Ar y dechre, dim ond Lyn a finne oedd yn gyfrifol am y rhaglen, ond roedd pum niwrnod heb gymorth yn straen ac fe benodwyd merch oedd wedi bwrw'i phrentisiaeth ar Sain Abertawe, Siân Thomas, yn ymchwilydd. Fu Siân ddim 'da ni'n hir cyn mynd yn un o gyflwynwyr cynta S4C.

Codwyd ein calonne'n weddol fuan wedi i Nansi ac Elfyn Pritchard ysgrifennu yn *Y Faner*:

117

Mae'n debyg mai ystyr dyrchafiad yng nghyd-destun Radio Cymru yw bod rhaglen wythnosol yn dod yn rhaglen ddyddiol . . . Does neb sy'n haeddu'r dyrchafiad yn fwy nag ef [ie, y fi!]. Mae'n fywiog ac yn ddiddorol, ac fe geir yr argraff ei fod wedi gweithio'n galed i baratoi ar gyfer y rhaglenni.

Cyn diwedd y flwyddyn, roedd 'na batrwm arall wedi'i sefydlu. Ro'n i'n ohebydd teithiol, ac o fewn munude i adael y stiwdio byddwn yn amal yn darparu eiteme i *Cyn Un*. Roedd *Post Prynhawn* ac *O'r Newydd* (y rhaglen ddydd Sul, a Delyth Ennaf yn ei chynhyrchu) hefyd yn daer am eiteme, a'r rheiny'n eiteme hir. A minne'n gweithio ar fy liwt fy hun erbyn hyn, roedd pob eiliad yn ychwanegol mewn eitem yn golygu mwy o dâl. Roedd e'n gyfnod prysur ond llewyrchus, a minne'n hapus fy myd.

Ond do'n i ddim mor hapus 'da'r diffyg ymateb i'r rhaglen ddyddiol. Dwi'n cofio Teleri Bevan yn ymweld â ni, ac yn dweud wrtho i am fod yn amyneddgar. 'Mae angen o leia ddwy flynedd ar raglen i gael ei thraed 'dani yn iawn,' medde hi. Roedd hi yn llygad ei lle.

Fe gynhyrfodd Aelod Seneddol Caerfyrddin, Dr Roger Thomas, beth ar y dyfroedd trwy ddweud bod gormod o 'Gogs' ar raglenni fel *Heddiw* a'r *Dydd*. Nid dyna fydde'r tro ola i'r doctor wylltio gwrandawyr y *Stondin*. Beth bynnag am hynny, rhaid imi ddweud bod Dr Roger yn well na neb am fwydo straeon a newyddion i ni. Sioc fawr i fi oedd clywed am yr helynt yn nhoilede Llansamlet yn ddiwedd-arach.

Roedd 'na arwydd bach bod pethe'n gwella dros gyfnod y Nadolig a Gŵyl y Banc, yn enwedig ar ddiwrnod ola'r flwyddyn wrth i ni ddilyn syniad un o'r papure o ddewis

'Top Man' a 'Top Woman' y flwyddyn, a deg ar hugen yn cymryd rhan ar y *Stondin*! Yna, ar ddydd Calan 1982, fy ngwestai arbennig oedd fy hen gyfaill Gwilym Owen. Roedd e wedi cael cymaint o sioc ein bod ni wedi ei wahodd ar y rhaglen fel y sgrifennodd e lith hir i'r *Faner*! Roedd hynna'n ddechre da i flwyddyn newydd, a dwi'n credu'n gryf, os dechreuwch chi flwyddyn yn dda, mae gobaith ichi'r flwyddyn honno.

Gwir oedd y gair. Ddiwedd y mis Ionawr yna daeth 'yr eira mawr', a newid cwrs y rhaglen am byth.

11

Bod yn y lle iawn ar yr amser iawn yw un o hanfodion sylfaenol newyddiaduriaeth, medden nhw. Ystrydeb arall (a ddyfynnwyd yn ddigon haerllug ar y pryd) yw'r un Saesneg, 'Cometh the hour, cometh the man'! Wn i ddim beth am hynny, ond os elwodd unrhyw un o'r cyfnod gofidus yna yng ngorllewin Cymru ar ddechre 1982, yna'n sicr y fi oedd hwnnw, er na ddychmygwn ar y pryd mai felly bydde hi.

Mae'r wythnos honno'n fyw yn fy nghof i, wrth gwrs, am ei bod yn wythnos a newidiodd gwrs y rhaglen yr o'n i wedi dechre'i chyflwyno ddim ond ychydig dros dri mis ynghynt. Yn bwysicach o lawer, fe newidiodd hi agwedd y Cymry swil at raglenni radio oedd yn dibynnu bron yn llwyr ar gael gwrandawyr i ffonio mewn a chyfrannu eu pwt am faterion y dydd.

Mae 'na ddigon o sôn erbyn heddi am fod yn 'interactive' ond nid felly roedd pethe yn 1982. Peidiwch â sôn am e-bost a thecst – un *ffôn* yn unig oedd 'na i gymryd galwade yn y BBC yn Abertawe. Y postmon a gludai'r ymateb inni – yn llythyron, hysbysebion a chyfarchion (y rheiny'n bennaf). Yr adeg honno, fasa neb wedi gallu amgyffred ymateb mor syfrdanol ag a fu i golli Grav y llynedd – diwrnode o ffonio a negeseuon diddiwedd yn cyrraedd y rhaglenni radio a'r teledu yn cydalaru â theulu bach Mynydd y Garreg.

A thueddol i ffonio pobol – yn hytrach na derbyn

galwade – yr oedd cynhyrchwyr rhaglenni, a doedd hi ddim yn gyfrinach o gwbwl bod rhaglenni oedd i fod i ddibynnu ar lythyron dilys y cyhoedd yn dyfynnu o lythyron wedi'u hysgrifennu gan staff y BBC. O oedd, roedd 'na ddigon o 'dwyllo' yn mynd 'mlaen y pryd hwnnw hefyd! Ond pwy alle'n beio ni? Digon tawedog oedd y rhan fwya o wrandawyr Radio Cymru yr wythdege; digon amharod i godi ffôn, a digon hwyrfrydig eu sylwade o ran hynny. Roedd 'na ddiffyg hyder ar bob ochr i'r meic, ac roedd angen 'shifft' aruthrol – rhyw ddigwyddiad i'w cyffroi nhw, a rhoi cyfle iddyn nhw gydofidio neu gyd-ddioddef 'da'u cyd-Gymry. Eira 1982 grisialodd hynna i gyd i mi, a lwc hollol mai fi oedd yn ei chanol hi.

Roedd yr eira mawr cynta wedi cwmpo rywbryd yn ystod nos Iau, y seithfed o Ionawr. Ro'n inne'n gorfod gohebu am orie o'm cartre – ffonio'r heddlu, yr ambiwlans a'r frigâd dân, ysbytai ac ati am wybodaeth, gan wylio hofrenyddion yn chwyrlïo dros Ysbyty Glangwili ar draws y ffordd. Fel y gallech ddisgwyl, roedd hyn yn destun parod i ysgrifbin dychanol 'Charles Huws' yn *Y Faner*:

> Galwodd Sulwyn Harty efo'i air o gysur o'i gartref yng Nghaerfyrddin. Roedd hwnnw wedi'i weindio'n ôl ei arfer: prin y buasai rhywbeth bach fel –20 gradd yn effeithio ar glocworc shwd gigl. Mae llenwi Sulwyn â photel o wrthrewydd yn cael yr un effaith â photelaid o wisgi ar y rhan fwyaf o bobl.

Roedd angen cerdded wedyn lawr o'r tŷ i stiwdio'r BBC yng Nghaerfyrddin (roedd honno bryd hynny yn hen Wyrcws Penlan yn y dre), a chyflwyno'r *Stondin* o'r stiwdio honno.

Roedd pawb yn meddwl y bydde'r sefyllfa wedi gwella ar

ôl y Sul. Ond nid felly y bu. Os rhywbeth, gwaethygu'n enbyd wnaeth y tywydd ddydd Sadwrn, a minne'n gohebu ar y ffôn o'r tŷ drwy'r dydd i fwletine Radio Cymru.

Ddydd Sul, roedd y fynedfa i stiwdio Caerfyrddin bron yn gwbwl amhosibl i'w thramwyo wrth imi gyrraedd yno i ohebu i'r rhaglen *O'r Newydd*, a lluwchfeydd anferth ger y fynedfa. Y pnawn hwnnw fe ddaeth galwad ffôn oddi wrth gynhyrchydd y *Stondin*, Lyn Jones. 'Mae'n rhaid i ti fod yn Abertawe fory, yn barod i ymuno â Hywel Gwynfryn ac Alun Evans ar gyfer rhifyn gwahanol o *Helô Bobol*. Oes 'na drene'n dal i redeg?' Dyna gwestiwn tyngedfennol! Nawr, fel roedd lwc yn bod, roedd 'na *un* trên i deithio'n hwyr bnawn Sul am Abertawe. Dim ond un. Felly, dyma bacio rhyw fag bach, ymlwybro'n ofalus i'r stesion tua milltir a hanner i ffwrdd, a dal y trên hwnnw.

D'yn ni yng Nghymru ddim yn gyfarwydd ag eira mawr go iawn, yn nag 'yn ni? Blynyddoedd 1947 a 1963 oedd ar gof y rhan fwya ohonon ni, ac roedd diwrnode o gael eich ynysu heb drydan, heb fwyd a heb fedru cysylltu 'da'r byd mawr tu fas yn amhosib i'w dirnad. Wrth i bobol sôn am erchylltere 1947 roedd 'na elfen o dderbyn na fydde'r amgylchiade cyn waethed erbyn 1982 – roedd disgwyl y bydde rhywbeth tebyg i gawodydd trwm a chyson o eira yn cael eu sgubo ymaith yn go glou. Onid oedd 'na beirianne anferth i glirio lluwchfeydd mewn manne erill o'r wlad? Mater o orie – diwrnod neu ddau ar y mwya – ac fe fydde popeth 'nôl i drefn. Nid felly y buodd hi, wrth gwrs, yn y Gorllewin ar ddechre '82.

Mae 'na rai pobol, ffrindie, oedd ddim yn credu'i bod hi cynddrwg. Fe honnodd Gwyn Llewelyn mewn print na chafodd e yr un anhawster yr wythnos honno i deithio o'r

Gogledd i Gaerdydd. Haerwyd gan sawl un mai gorymateb cyfryngol oedd y cyfan – ac fe ddyle newyddiadurwyr wybod beth yw gorymateb! Y ffaith amdani yw nad yw stori ond yn bwysig gyda'i bod hi'n effeithio arnoch chi – yn rhan o'ch profiad personol chi o lwyddiant ac o anffawd neu ddioddefaint. Dyna pam y gellid honni nad oes diddordeb 'da newyddiadurwyr Llundain yn yr hyn sy'n digwydd yng Nghymru. Dyna pam hefyd nad oes diddordeb 'da llawer o bobol yn ystafell newyddion Caerdydd yn yr hyn sy'n digwydd i'r gogledd o Ferthyr ac i'r gorllewin o Abertawe – yn amal, mae angen rhyw ddigwyddiad go ysgytwol i siglo meddylfryd ynysig darlledwyr ein prifddinas. A dyna pam fod ein hwythnos argyfyngus ni yn y Gorllewin yn Ionawr '82 wedi bod yn destun sbort i rai na ddioddefodd mewn unrhyw ffordd. Ond *roedd* 'na bobol yn dioddef, a gwir angen rhyw gysur ar y pryd. Dyna lle daeth Radio Cymru i'r adwy.

Nawr, mae'n rhaid dweud mai yn hwyr y dydd y daeth ein 'gwasanaeth' ni i fod. Roedd Sain Abertawe, radio lleol masnachol dinas Abertawe a'r cylch, wedi bod yn darlledu'n ddi-dor ers y dydd Gwener pan ddaeth yr eira cynta. Dyna ogoniant radio lleol – y ffrind lleol, cynnes, agos a chyraeddadwy. Radio i *Gymru,* wrth reswm, oedd ein radio ni – ond fe drodd, yn ystod yr wythnos ganlynol, i fod yn radio lleol, gyda chryfdere a gwendide y cyfrwng arbennig hwnnw'n amlygu eu hunen.

'Nôl â ni at y nos Sul. Cyrraedd gorsaf drene Abertawe, a chofio croesi'r ffordd mewn gwynt cryf ac eira o'r orsaf i 32 Heol Alexandra. Roedd Lyn yno'n barod. Dechre meddwl ein dau be wnaen ni ar gyfer y dydd Llun. Roedd Ian Muxworthy, y dyn sain, ar ei ffordd i'r stiwdio, a Richard

Rees wrthi'n cerdded milltiroedd y funud honno i gyrraedd yno. Yr unig gysur inni oedd y caem letya yng Ngwesty'r Ddraig, nid nepell o'r stiwdio, a cherdded tuag yno yn hwyrach drwy'r slwdj, a drama'r diwrnod eisoes wedi effeithio arnom. Gwely digon cynnar fuodd hi inni'r noson honno, gan wbod y bydde codi am bump o'r gloch y bore yn brofiad go anghyffredin i ni, os nad i Hywel Gwynfryn a'i griw yng Nghaerdydd.

Ffonio gwyllt yn gynnar y bore wedyn er mwyn cofnodi'r sefyllfa fel y gwelem ni hi. Ychydig o alwade dderbynion ni'r bore bach hwnnw, felly dyma ddechre paratoi i ffonio o gwmpas ar gyfer rhifyn y dydd o'r *Stondin*, yn ôl yr arfer. A dyna, am wn i, pryd y gwelson ni fod 'na rôl wahanol 'da ni i'w chware yr wythnos honno.

Dechreuodd y ffôns ganu – pobol yn cwyno nad oedd hewlydd pwysig wedi'u clirio, ac nad oedd modd mynd mas i brynu bara a llaeth. Daeth yn amlwg fod cymunede cyfan wedi'u hynysu, a rhanne o Gymru ar stop yn llwyr. Dim cyflenwad trydan mewn ardaloedd eang, ond y ffôns yn gweithio. Teledu? Dim trydan, dim teli! Ond roedd y radio fach yn gweithio ar fatris, a modd gwrando ar bicil pobol erill ar raglenni fel y *Stondin*.

Roedd y rhaglen gynta yna'n un brysur iawn. Roedden ni ar fin gadael yr adeilad i fynd i chwilio am luniaeth pan ganodd y ffôn. Dyna pryd newidiodd cwrs yr wythnos yn gyfan gwbwl. Meirion Edwards, Golygydd Radio Cymru oedd yno. 'R'ych chi 'nôl ar yr awyr o ddau o'r gloch tan bump' – dyna'r neges.

Pan fo'ch cefn yn erbyn wal, dyna pryd y mae'n rhaid ichi wneud rhywbeth! Dwi'n cofio casglu pentwr o recordie a'u rhoi wrth fy ochr yn y stiwdio. Roedd 'da ni un neges o

Ysbyty Glangwili am gyflenwad gwaed, dyna i gyd – a thair awr i'w llenwi! Pa ryfedd ein bod ni wedi bwldagu ychydig drwy'r orie nesa. Roedden ni'n gwbwl ddibynnol ar bobol i'n ffonio ni, a'r arferiad hwnnw'n ddierth i gynifer o'n gwrandawyr. Hunllef a sialens yn un mewn cawod o eira.

Nid y fi, na'r tîm bach oedd wedi ymgasglu yn Abertawe, gynhaliodd y rhaglen y pnawn cynta hwnnw. Dechreuodd y ffôns ganu'n ddi-stop – cyfarchion, gohiriade, apeliade, cwynion, cynghorion, gwybodaeth ymarferol yn un ribidires, yn gawlach hyfryd heb i mi orfod dibynnu ar un record i'n hachub.

Hedfanodd y teirawr heibio, ac am y tro cynta teimlem fod y diffiniad bachog o'r BBC, 'y bobol biau'r cyfrwng', wedi dod yn wir. Cydiodd y gwrandawyr yn eu cyfle a chrëwyd gwasanaeth go iawn ar y radio. Y bobol oedd yn gyrru'r drol!

Bryn Williams oedd yn gyfrifol am hewlydd Dyfed ar y pryd. Fe oedd y cocyn hitio, fel petai, gan bentrefwyr oedd wedi'u dal yn yr eira. Ble roedd yr erydr? Pryd bydde modd clirio'r ffyrdd? Canai'r ffôns yn ddi-baid gyda chwestiyne tebyg, a chodais fy nghap fwy nag unwaith i'r diweddar Bryn Williams am adael i ni ei ffonio a chyflwyno'r holl gwynion a'r gofidie. Yn ystod y dyddie a ddilynodd roedd e bob amser yn fodlon siarad yn onest am y sefyllfa a'r amgylchiade anghyfarwydd y cawson ni i gyd ein hunen ynddyn nhw. Ni fentrodd ar esgusodion, ond cyflwyno ffeithie ac ymarferoldeb cael pethe 'nôl i drefn – a hynny'n ddi-flewyn-ar-dafod ar raglen radio gyhoeddus. Fe wnaeth swyddogion Dyfed fwy dros drylwyredd ac atebolrwydd rhwng cyhoedd ac awdurdod yr wythnos honno na neb o'u blaene, nac efalle wedi hynny.

Ac, i fod yn deg, nid Cyngor Sir Dyfed – Bryn, D. H. Davies, John Phillips a Gerwyn Morgan ac erill – yn unig a welodd y fantais o gyflwyno gwybodaeth yn syth drwy gyfrwng y radio. Brian Thompson (oedd ddim yn Gymro Cymraeg) oedd yn gyfrifol am y cyflenwade trydan yn yr ardaloedd hynny, ac fe wnâi yn siŵr ein bod yn cael gwbod am unrhyw gam i adfer y cyflenwade. Yna, yn ffatri laeth Felin-fach, roedd Gwynfryn Evans wedi'i gweld hi hefyd – a thrwyddon ni roedd e'n medru dweud ble a phryd roedd hi'n bosib i'r tanceri fentro mas i gasglu llaeth o'r ffermydd. Wedyn fe gawsom wybod am fêls o wair yn cael eu gollwng o hofrenyddion ar Fynydd Bach, Trefenter, ar gyfer stoc anghenus. Tyfai'r ymateb a'r wybodaeth wrth y funud, gan greu patrwm unigryw o gymdeithase'n ymdopi. Roedd ambell i fecar hefyd yn ffonio – pobol fusnes yn defnyddio'r radio yn yr ystyr ore posib. Mae'r cyfan yn swnio mor gyfarwydd erbyn hyn ond bryd hynny roedd yn brofiad cyfryngol newydd sbon i'r ddwy ochr.

Dyna oedd y patrwm tan y pnawn dydd Gwener, gyda rhaglenni Cymraeg yn cael eu darlledu yn ystod y pnawn ar Radio Cymru am y tro cynta, am wn i, ar wahân i'r Steddfode Cenedlaethol. Roedd e'n batrwm newydd, gorfodol o wrando i filoedd o bobol yng Nghymru, a'r hen ystrydeb arall yna, 'un teulu mawr', yn wir am unwaith.

Y stori unigol fwyaf cofiadwy oedd hanes Non fach wedi'i dal mewn ysgol arbennig yn Llanelli ac yn methu mynd adre i Dudraeth, ac Eirlys Davies yn ffonio gan apelio am gymorth o rywle. Oedd 'na rywun â cherbyd 4x4? Cerbyde digon anghyffredin oedd y rheiny ar y pryd, oni bai eich bod chi'n ffarmwr yn berchen Land Rover. O fewn dim roedd dwsin o bobol wedi'i ffonio hi. Dwi'n meddwl mai cyfaill i mi, Mike Williams o Bontyberem, a fentrodd drwy'r eira mawr i Lanelli i nôl Non a'i chludo adre'n ddiogel. Mae'r llythyr a dderbynies oddi wrth y ddiweddar Eirlys erbyn hyn yn un o fy nhrysore. Medde hi ynddo: ' . . . fe fyddwn fel teulu yn ddyledus i'r *Stondin* am byth.'

Ond wedi iddi dawelu ychydig yr ysgrifennodd Eirlys hynna! Gadewch i mi esbonio. Fe ailffoniodd hi'r rhaglen ar y dydd Gwener yn flin iawn – roedd hi wedi ceisio cael gafael arnon ni drwy'r wythnos gyfan i ddangos ei gwerthfawrogiad, ond wedi methu bob tro gan fod y llinell ffôn mor brysur! Rhwystredigaeth yng nghanol ei diolch. Ond fel 'na roedd pethe: doedd dim pall ar y galwade, a dyna fel y llenwai'r rhaglenni yn ddidrafferth o'r dechre. Roedd yr orie'n hir ond doedd neb yn malio rhyw lawer am hynny. Mae'r cyffro arbennig yna sy mewn rhaglenni byw yn eich gyrru chi 'mlaen.

Serch hynny, gwelwyd bod angen callio ychydig. Erbyn y dydd Mercher, barnwyd bod angen i rywun arall fod wrthi yn slot arferol y *Stondin*, a gofynnwyd i Ruth Parry ofalu am *Bwth Ruth*. Ac fel yr âi'r wythnos yn ei blaen, roedd T. Glynne Davies, Siân Thomas ac erill wedi cyrraedd i ysgafnhau'r baich o baratoi. Roedd Lyn, Ian a Richard wedi bod yno o'r dechre, gan gyflawni dyletswydde anghyfarwydd iddyn nhw mewn gwirionedd – Lyn wrth y peirianne, Ian yn ffonio fel ymchwilydd, a Richard yn ateb y ffôns nes bod ei glustie fe'n dost. Finne'n gorfod dal i fynd gore gallwn i! Pe bai'r undebe wedi bod yn bresennol yr wythnos honno fe fydde 'na fwy nag un streic wedi'i galw, ond dyna beth sy'n digwydd pan fo raid cyflawni rhywbeth ar adeg anarferol.

Daeth yr holl orie o ddarlledu i ben ar y pnawn dydd Gwener. Dwi'n cofio darllen cyfarchion yn ddi-stop y diwrnod hwnnw am bron i chwarter awr – cyfarchion oedd yn dal ar y bwrdd ar ôl diwrnode o dderbyn negeseuon. Roedd yn brawf fod pobol am wybod eu bod yn perthyn, a bod gofid am deulu'n reddfol – yn gyfriniol, bron – ynddon ni i gyd.

Roedd yr eira'n clirio'n raddol a chymunede erbyn y Llun canlynol yn ôl i drefn, a phennod gyffrous o ddarlledu ysgytwol wedi dod i ben i ni yn Abertawe. Beth fydde canlyniad yr holl brysurdeb? Yn naturiol, roedden ni'n meddwl hwyrach y bydde'r ymateb yn para i byncie a straeon erill. Digwyddodd hynny'n rhannol – ond byth i'r un gradde.

Mae'n wir y bydde pobol wedyn, bob tro bydde 'na dipyn bach o eira'n disgyn, yn dechre ffonio eto fel pe bai eira a'r *Stondin* yn gwlwm annatod! Y gwir plaen oedd bod y cynghore wedi'u dal gan rymuster yr eira yn Ionawr 1982, ac wedi mynd ati'n syth i sicrhau na fydde sefyllfaoedd tebyg byth yn digwydd eto – ac, i fod yn deg, dyw hynny ddim wedi digwydd. Dyn a ŵyr beth sy am ddigwydd gyda'r newidiade yn yr hinsawdd ac ati, ond dwi'n ame a welwn ni byth eto wythnos debyg yng Nghymru.

Y fantais fawr i mi oedd 'mod i'n gweithio fel rhyw bwt o newyddiadurwr, ymchwilydd a gohebydd yn yr union ardal a ddioddefodd oherwydd yr eira. Roedd pawb yn gyfarwydd â fi, a finne'n medru uniaethu 'da'r gwahanol gymunede ac yn eu hadnabod yn dda. Oddi ar 1963, pan ddechreues fel gohebydd papur newydd, ro'n i wedi gorfod straffaglu drwy stormydd eira ar y Preselau ac ar ffyrdd bach y Gorllewin, ac yn gwbod ble oedd y manne gwaetha am eira.

Er y blynyddoedd o ddelio â phob math o straeon – rhai

tila, rhai pwysig – doedd dim byd wedi bod yn debyg i'r don o newyddiaduriaeth fyw y ces fy hun yn ei chanol yr wythnos honno yn 1982. Siapiodd yr un wythnos yna fy nyfodol, a gosodwyd y *Stondin* ar y map.

12

Y broblem fawr wedi'r wythnos aruthrol yna oedd ei dilyn hi gyda phyncie erill, a sicrhau deunydd cyffrous. Wel, dyw hynna byth yn bosib. Lan a lawr yw hi ar unrhyw raglen ddyddiol – y gwan a'r gwachul un diwrnod, ambell i berl bryd arall. Roedd yn rhaid derbyn hynny. Pan ddôi 'na sgŵp, roedd dyn ar ben 'i ddigon; pan gaech chi raglen ffrwydrol, roedd modd anghofio am y siomedigaethe cynt. Byw ar drugaredd y papure oedden ni, ond roedd y bobol yn *dechre*'n bwydo ni â straeon gwerth eu trafod. Ond doedd hynna ddim bob amser yn dderbyniol gan staff yr ystafelloedd newyddion ym Mangor a Chaerdydd.

Yn cadw cwmni i ni yn Abertawe roedd yr athrylith hwnnw, T. Glynne Davies. Er imi fod wrthi'n newyddiadura am rai blynyddoedd cyn cyfarfod T. Glynne, dwi'n siŵr imi ddysgu mwy oddi wrtho fe na neb arall yn fy ngyrfa. Fel y crybwylles eisoes, gofalu am y newyddion oedd T. Glynne yn Abertawe. Yn eironig, ro'n i'n gohebu yn ogystal â chyflwyno, ac felly ar dir sigledig ar brydie wrth gadw ambell i olygydd yn y tywyllwch a chadw straeon da i'r *Stondin*. Roedd Meirion Edwards wedi dweud o'r dechre ein bod ni fel tîm i fod ar wahân i'r ystafell newyddion: roedd am greu rhywfaint o gystadleuaeth, a chadw'r newyddiadurwyr ar flaene'u traed. Bu'r *Stondin* yn ddraenen yn ystlys golygyddion Caerdydd a Bangor am ei bod yn cael gwbod am ambell i stori yn 'fyw' ar yr awyr – a dyna gyffrous yw hynna pan mae'n digwydd, credwch chi fi.

Roedden ni'n barod i fentro i dir amhoblogaidd yn amal. Un enghraifft gofiadwy o hynny oedd dilyn sylwade Cen Llwyd a Rhodri Williams ar y Seiri Rhyddion yn y cylchgrawn *Rebecca*. Bu'r ddau'n taranu ar y *Stondin* ar bwnc oedd yn dabŵ, mewn gwirionedd, a neb yr adeg honno'n siŵr iawn beth oedd yn digwydd pan fydde'r Brodyr yn cwrdd mewn neuadde arbennig, a seremonïe od (dieflig, yng ngolwg rhai!) yn cael eu perfformio. Gallech feddwl fod defode satanaidd yn rhemp ym mhob tre – yn y Gymru Gymraeg, meddyliwch!

Dri chwarter ffordd drwy'r rhaglen ces wbod fod 'na rywun a berthynai i'r 'Mesons' am ateb rhai o'r cyhuddiade a leisiwyd ar y rhaglen. Doedd e ddim yn fodlon rhoi ei enw, wrth gwrs. Dyma fi'n dweud yn bendant ar y cysylltydd mewnol rhwng y stiwdio a'r ystafell reoli na ddylid rhoi lle iddo o gwbwl heb i mi yn gynta gael gair 'da fe ar ôl i'r rhaglen ddod i ben, ac y câi ddod 'nôl drannoeth. Galle'r dyn fod am chware tric amlwg arnon ni – ac roedd digon o wrandawyr y *Stondin* a gwrthwynebwyr y rhaglen yn barod i wneud hynny'n amal.

Y broblem nesa oedd perswadio'r dyn i roi ei rif ffôn fel y gallwn i gael gair 'da fe wedi'r rhaglen. Nawr, er cystal yw popeth a wnaeth Siân Thomas ar y cyfrynge ar ôl gadael Abertawe, dyw hi erioed wedi gwneud dim byd cystal â'r ffordd y llwyddodd hi i gael gafael ar y rhif ffôn yna, a bodloni'r galwr ein bod ni o ddifri am gael ei farn e'r bore wedyn. Wedi'r cyfan dyna oedd holl swyddogaeth y rhaglen – rhoi cyfle i *bawb* fynegi barn, gyda'u bod nhw'n cadw at reole enllib ac yn y blaen.

Yn syth wedi i'r rhaglen gwpla, dyma fi'n ffonio'r brawd. Do'n i ddim yn nabod y llais a doedd dim modd gwybod yn iawn o ble roedd e'n siarad, ond roedd hi'n amlwg ar ôl sgwrs hir ei fod o o ddifri ac yn barod i herio'r rheole a siarad yn gwbwl agored am y Seiri Rhyddion. Addawes iddo na fydde neb arall yn cael y rhif ffôn, ac y byddwn yn dinistrio'r darn papur drannoeth a ddim yn chwilio am ei gyfeiriad na dim. Roedd e'n hapus 'da'r trefniant.

Y bore canlynol, gyda chymaint o gwestiyne amlwg yn tarddu o'r cyfweliade cynt ar y mater, a'r ymchwil hefyd a wnaed yn wreiddiol gan Siân, dyma fwrw iddi a chael sgwrs gall agored – un o'r sgyrsie gore erioed ar y rhaglen, am wn i. Mae'n rhaid ei bod hi'n eitha da, achos o fewn eiliade i ddiwedd y rhaglen, dyma un o fy nghyd-ohebwyr yn Abertawe, Carey Garnon, yn dod ata i a chanmol y sgwrs i'r cymyle. Wir, roedd y 'Saer' wedi siarad mor dda, medde fe, fel yr hoffe fe gael gair 'da fe'n bersonol i'w longyfarch. 'No wê!' meddwn inne yn fy Nghymraeg gore. Doedd hynny ddim yn bosib – roedd y darn papur yn ddarne mân mân. Funude'n ddiweddarach dyma Carey yn ei ôl yn affwysol o ganmoliaethus. A o'n i'n digwydd bod yn gwbod ble oedd y siaradwr yn byw, te? Na! Carey – roedd yr 'anwybodaeth' bwriadol yn rhan o'r ddêl.

R'ych chi'n siŵr o fod wedi'i gweld hi. Roedd Mr Garnon yn ben Meson; pe bai e wedi llwyddo i gael y manylion, dyn a ŵyr be fydde wedi digwydd i'r siaradwr gonest. Bydde pen y boi ar y bloc, os na fydde fe wedi'i alltudio i Awstralia o fewn orie!

Fe gadwes i'r gyfrinach. Ymhen blynyddoedd, pan oedd mwy a mwy o drafod ar y Seiri, a hwythe'n fwy agored ynglŷn â'u gweithgaredde, fe gwrddes i â'r brawd mewn

Steddfod. Dyn amlwg yn ei faes – a na, chewch chithe ddim gwbod! Ac aeth yr hen Carey druan i'w fedd heb gael gwbod.

Fe ddychwelon ni at bwnc y Seiri Rhyddion rai blynyddoedd yn ddiweddarach, pan oedd Arthur Emyr yn gweithio 'da ni. Roedd e wedi llwyddo i gael ambell un o'r Seiri i gytuno i siarad. Cawsom ddwy raglen ddadlennol iawn, ond yr hyn sy wedi aros yn fy ngho' i oedd ambell i wraig fach yn ffonio ac yn datgelu nad oedd ganddyn nhw syniad beth oedd yn y cês bach du oedd rywle yn y tŷ, na beth oedd yn digwydd pan oedd y gŵr yn mynd mas i'r Loj ar nos Iau. Anhygoel.

Gallwn yn hawdd lenwi llyfyr cyfan ar y pyncie a'r cymeriade fydde'n ffonio, a'r camgymeriade a gâi eu gwneud. Dyma ddwy enghraifft fach i brofi nad oedd pethe bob amser yn berffaith. Un wraig o Ben-clawdd, ar ganol dadl ynglŷn â hela cocos, yn dweud 'Mae 'na ddigon o gocs 'ma i bawb' – a beth amdana i yn rhoi hysbỳs am ras ddeg cilometr (10k), ac yn dweud 'ras iok'?

Ar ôl wythnos neu ddwy gynta'r rhaglen, roedd pob sgript wedi diflannu, a minne erbyn hynny'n ddigon hyderus i fentro siarad ar y pryd, er bwldagu weithie a chloffi bryd arall. Bod yn naturiol oedd y nod, ac er i lawer feddwl bod y cyfan yn un cawlach di-siâp, roedd 'da fi gynllun bob amser yn fy meddwl bach fy hun. Dwi'n hoffi dechre, gweithio'n ffordd rownd a rownd, a cwpla'r cylch yn ddestlus. Wir yr! Ond roedden ni hefyd yn fodlon gwyro oddi ar y llwybr pan oedd angen, a dyna oedd yn gwneud y rhaglen yn un na allech chi ei gadael rhag ofn bod rhywbeth mawr am ddigwydd.

Roedd 'na un rheol y ceisiwn i'n bersonol gadw ati, sef

peidio â pharatoi ar gyfer unrhyw raglen ddyddie ymlaen llaw, rhag syrffedu ar y pwnc. Roedd codi yn y bore, gwrando ar y bwletine yn y car wrth deithio i Abertawe, a darllen y papure ar ras cyn penderfynu ar bwnc y dydd yn fy nghadw i'n effro ac yn fy herio i ganolbwyntio gant y cant. Roedd yn cadw'r gynulleidfa hefyd mewn 'syspens', ac aelode erill y tîm ar flaene'u traed.

Ar ôl i Siân Thomas adael, daeth Sian Clement a Catherine Lodwick yn rhan o'r tîm, ac yna Tomos Morgan (mab Dyfnallt Morgan), ynte'n syth o goleg ac yn gwbwl ddibrofiad. Yn cadw cwmni iddo fe roedd Jon Gower, hefyd yn ddibrofiad ond yn amlwg â'i fryd ar fod yn awdur o fri. Roedd y ddau'n cydweithio'n dda 'da'i gilydd. Yna daeth dau oedd fel ci a chath mewn cystadleuaeth iach – Arthur Emyr (asgellwr Cymru ar y pryd) a Tim Hartley. Mae eraill fu'n rhan o'r tîm yn creu rhestr go faith, ond maent yn werth eu henwi: Geraint Glyn, Gwyndaf Roberts, Ellis Bowen, Ann Garrard, Angharad Dafydd, Geraint Elis, Helen Owen, Deiniol Tegid, Non Vaughan Williams, Bethan Gwanas, Rhys Evans, Luned Whelan, Huw Derfel, Gareth Morlais, Sioned Williams, Ruth Thomas, Eirian Edmund a Meleri Wyn James – a gobeithio 'mod i wedi cofio am bawb!

Ond na – mae tri ar ôl. Dylan Morris yn gynta, y mwya talentog ohonyn nhw i gyd, ond a fu farw'n greulon o ifanc. Yr unig un, gyda llaw, i adael am borfeydd brasach cyn dychwelyd i gynhyrchu'r rhaglen. Ac yna Geraint Rhys Evans a Ioan Wyn Evans. Mae'r ddau'n haeddu sylw am eu bod wedi gweithio ar raglenni neu bapure cyn dod aton ni; roedden nhw hefyd yn cystadlu'n dawel bach yn erbyn ei gilydd a'r gystadleuaeth yn tynnu'r gore mas o'r ddau. Roedd hi'n dipyn o golled eu gweld yn ein gadael o fewn mis neu ddau i'w gilydd – gadael i roi bri i'r *Byd ar Bedwar*. Ni fu'r *Stondin* erioed yn fwy newyddiadurol ei naws na'r cyfnod yna pan oedd y ddau Evans 'da ni.

Roedd y tîm tu hwnt i'r gwydr yn un gwych hefyd – Ian Muxworthy, Alun Protheroe, Aled Wood, Paul Evans (a dyfodd yn gynhyrchydd talentog gyda Radio Wales a Radio 4), a Wyn Jones. Dyfeisiodd Ian raglen gyfrifiadurol arbennig fel na fydde'n rhaid i mi wrando ar gyfarwyddiade diddiwedd ambell gynhyrchydd yn fy nghlust, ac yn wir roedd hi'n llawer gwell gen i eu darllen ar sgrin o'm blaen.

Cawsom hwyl yng nghwmni'r ysgrifenyddese amyneddgar hefyd – Christine Jones, Marlene Thomas, Sharon Morris, Llywela Jones, Hefina Jenkins, Awen Dafydd, Delyth Lewis, Angela Dicks ac Ellen Ellis – ac, yn gofalu amdanyn nhw i gyd, Thelma Jones a Dianne Thomas.

Roedd Eurof Williams a Geraint Davies yn gyfrifol am raglenni erill ond yn helpu o bryd i'w gilydd, a phawb ohonom o dan fawd Lyn T. Jones. Sheila Jones a Larry Greenslade oedd y gofalwyr. Roedd 'riportars' yn newid 'da'r gwynt, wrth gwrs, ond braf oedd gweld Gilbert John, o fy nyddie 'da'r *Evening Post* gynt, yn ymuno â ni – ac, yn ddiweddarach, Garry Owen (ddaeth atom o Sain Abertawe).

Er cymaint oedd cyfraniad pawb a enwes i uchod, y rhai a wnaeth y rhaglen yn un arbennig a chofiadwy oedd y gwrandawyr cyson a droes yn gyfranwyr cyson. Mae pobol yn gofyn i mi hyd heddi am gymeriade fel Bessie Ffostrasol; Hilda Thomas, Cwmere; Goodman Jones, Abererch; Huw 'Mul' Edwards; Mari James; Tudwal Jones-Humphreys; Machraeth; Sylvia Johnson; Gwyneth J. Evans; Queenie Richards; Catherine Roberts; Sara Bell; Gwyn Davies,

Penrhyndeudraeth (cydwybod answyddogol amaethwyr Cymru); Evan R. Thomas, Robyn Léwis; Dr Eirwen Gwynn; Nefyn Williams; Dennis Williams ac erill – llawer ohonynt wedi'n gadael bellach.

Nhw a'u tebyg oedd yn rhoi'r 'lliw' yna oedd ar goll mewn rhaglenni tebyg. Nhw oedd yn mynegi gwir deimlade'r werin, os mynnwch chi – yn ffraeth ac yn onest, yn ddwl ac yn syber. Medde Elin Mair yn *Y Faner*: 'Ond diolch a diolch am ymateb; yn sicr does yr un o'r rhain yn syrthio ar glust fyddar Sulwyn na neb. A thra bod Hilda, Bessie ac Agnes yn parhau i daranu, mi fydd yr iaith Gymraeg yn mynnu parhad.' A Manon Rhys yn ei roi e fel hyn yn *Golwg*: 'Mae'r werin yn fyw ac yn iach ar y *Stondin*, ac yn awchu am feiau'!

Ambell waith roedden ni'n dibynnu *gormod* arnyn nhw, trwy eu ffonio ar ddiwrnod gwan ar y rhaglen, yn hytrach na chwilio am byncie erill. Roedden ni hefyd yn derbyn y feirniadaeth ein bod ni weithie'n troi fel hwrligwgan heb fynd i unman, ond roedd 'da ni un rheol – os oedd pobol yn ffonio, roedd yn rhaid ildio iddyn nhw. Iawn, ambell i ddiwrnod roedd y cyfan yn ymddangos yn un rwtsh, ond yn amlach na pheidio roedd y rhaglen ar ei hennill o ddilyn polisi o'r fath.

Ac os oedd gwylwyr S4C neu wrandawyr Radio 4 am ffonio i gwyno am rywbeth oedd wedi'u cythruddo ar ryw raglen neu'i gilydd, roedd y *Stondin* yn gyfrwng iddyn nhwythe gael gollwg stêm. Roedd wastad ymateb da pan ddeuai Owen Edwards, Pennaeth cynta S4C, ar y rhaglen i ateb cwynion a chlywed ambell i air o ganmoliaeth am raglenni S4C; personoliaeth a dawn berfformio Owen oedd yn gyfrifol am hynny – a'i gwrteisi hefyd. Byddwn i'n dadle bod perffaith hawl 'da pobol i leisio barn hefyd am y *Stondin* ei hun – a rhaglenni erill Radio Cymru, a'r BBC yn gyffredinol. Nid pawb a gytunai â hynny, a ches stŵr fwy nag unwaith am ddarllen ambell lythyr beirniadol.

O sôn am feirniadu rhaglenni erill, ydych chi'n cofio'r wythnos o daranu am *Teulu'r Mans* – y rhaglen deledu 'na ac Emyr Wyn yn wych fel y Parchedig J. Strade Jones, ac yn y bennod gynta yn camu dros arch? Sôn am hylabalŵ a ddilynodd hynny! Dwi ddim yn credu bod Emyr wedi madde i ni hyd y dydd heddi – gan feddwl mai ni oedd wedi trefnu'r tonne o brotest. Gallaf ddweud â'm llaw ar 'y nghalon na chodwyd yr un ffôn i annog y fath ymateb di-flewyn-ar-dafod ag a fu ar y *Stondin*. (O'm safbwynt i, roedd *Teulu'r Mans* yn lâff a hanner – ond nid fy lle i oedd dweud hynny ar y rhaglen!)

Y gwir yw bod y rhaglen yna 'da'r arch wedi ymddangos ar y teledu ar nos Fawrth yr wythnos honno, ond roedd hi'n ddydd Gwener cyn i rywun ein ffonio ni i gwyno. Ro'n i – a gweddill y tîm, am wn i – wedi colli *Teulu'r Mans* ar y nos Fawrth. Roedd hi'n arferiad, wrth gwrs, i'n rhaglen ddydd Gwener ni fod yn un fach ysgafn, yn gweddu i ddiwrnod ola'r wythnos, ond fe agorodd yr un alwad ffôn honno lifddore o angst! Cafwyd wythnos gyfan o ymateb, a digon o ddeunydd i bobol marchnata S4C pan gyflwynwyd inni'r ail gyfres – diawch, roedd mwy o sôn am *Stondin Sulwyn* nag am y gyfres ei hun, bron, yn y cyhoeddusrwydd cyn honno!

Ac ydych chi'n cofio *Aber Aber*? Rhaglen ddogfen yn portreadu stiwdants bach Aberystwyth oedd honno – yn yfed ac yn mercheta a chwrso dynion. Popeth ond gwaith coleg, yn ôl a welen ni ar y rhaglen! Pa ryfedd bod pobol fach barchus, a rhieni'n arbennig, yn ffonio i gwyno. Ond beth oedden nhw'n ei feddwl oedd yn digwydd pan oedd eu hanwyliaid yn mynd bant i goleg – chware tidliwincs bob nos ac yfed Lucozade?

Smithfield, wedyn – rhaglen ddogfen oedd yn dilyn ffermwyr ifanc i Lundain ar gyfer y Sioe Aeaf yno. Yn dilyn y rhaglen honno hefyd fe gafon ni ddyddie lawer o brotestio am y cynnwys, ac am yr holl yfed a'r strancio – a chenhedlaeth yr wythdege ond yn gwneud yn union yr un pethe ag a wnaeth pobol ifanc ers degawde wrth gael eu gadael yn rhydd am y tro cynta yn y brifddinas fawr ddrwg!

Pan ddarlledwyd rhaglen am ryw – *W! Y! Misus* – mi fuodd 'na helynt a hanner! Medde Mari Jones Williams wedyn yn *Golwg*, 'Yn ôl y sôn, mae llinellau ffôn *Stondin Sulwyn* wedi bod mor boeth â chynnwys y rhaglen yma . . . Oes rhywun wedi anghofio egluro i fwyafrif y genedl bod ffasiwn beth â swits i ddiffodd set deledu?'

Heb os nac oni bai, barn y mwyafrif o'r 'gwybodusion' a ysgrifennai i'r cylchgrone a'r wythnosolion oedd mai pobol biwis a chul a hen ffasiwn oedd cyfranwyr y *Stondin*. Roedd rhai wrth eu bodde yn eu dilorni, a dweud popeth ond eu galw'n nytars. Roedd hwnna'n fy ngwylltio i yn fwy na dim, ac efalle ein bod ni wedi gorddefnyddio rhai o'r cymêrs yn fwriadol er mwyn gwylltio'r ysgrifenwyr hynny.

Roedd hi hefyd mor hawdd pechu yn erbyn y gwrandawyr eu hunen. Bydde Pete Goginan (pan na fydde fe'n lambastio'r rhaglen yn *Y Faner*) yn ein ffonio gyda sylwade deifiol am hyn a'r llall ac arall. Un bore roedd e'n gandryll ar ôl clywed bod actorion cyson *Pobol y Cwm* yn ennill £70,000+ y flwyddyn, ac yn enwi ambell un. Bu un o'r sêr, Huw Ceredig, yn hir ar y ffôn ar ôl y rhaglen, yn dyrnu arni na ddylen ni fod wedi rhoi llwyfan i'r fath honiade, ond roedd yn rhaid i ni fod yn gyson a chadw at *raison d'être* y rhaglen.

Roedd ambell i wleidydd yn arbennig yn gwylltio pobol yn syth – rhai fel Dr Alan Williams, Elwyn Jones, Rod Richards, Tim Williams, Roger Thomas a Felix Aubel. I mi, roedd cael y lleisie yma ar y rhaglen mor bwysig – r'yn ni mor dueddol o gadw at yr un diwn gron yn wleidyddol yn amal ar raglenni, ac roedd hi'n hanfodol bod y farn amgen i'w chlywed, i ddod â lliw i'n bywyde – a gwylltio ambell un yn y fargen!

Fel ar bob gorsaf radio yn y byd, yr un bobol sy'n manteisio ar y cyfle i leisio barn a'r un hen byncie sy'n codi rownd y rîl. Digon yw rhestru'n fyr rai o'r pyncie: hela, meline gwynt, baw cŵn, y Gymraeg, helyntion Cyngor Môn, Education First, cau ysgolion bach, y Steddfod Genedlaethol, agor tafarne ar y Sul, uno'r enwade a chau capeli, streicie'r glowyr, y pleidie gwleidyddol, BSE, clwy'r traed a'r gene, llysieuwyr, *apartheid* (dim llawer o ymateb fanna), ac awyrenne'r Llu Awyr yn hedfan yn isel (pentwr o ymateb fanna!). Roedd y *Stondin* felly'n adlewyrchu yr hyn oedd yn digwydd ac yn gofnod gwerthfawr o'r cyfnod – rhagoriaethe a ffobias y genedl, yn un gabolfa fawr! A *dilyn* y drafodaeth oedden ni bob amser, nid ei harwain. Swm a sylwedd yr ymateb oedd yn lliwio'n rhaglen. 'Conduit' o'n i, yn ceisio cadw trefn a cheisio bod mor deg â phosib â phob barn – er yn methu droeon, mae'n siŵr.

Roedd y rhaglen yn medru bod yn un ddylanwadol hefyd. Roedd sôn bod ambell i swyddog ac arweinydd cyngor yn rhedeg i gwato bob tro y bydde rhyw weithiwr bach yn dweud bod y *Stondin* ar y ffôn! Bron yn ddieithriad, os bydde rhywun yn ffonio i gwyno am gau ysgol fach, bydde'r rheiny o blaid cadw'r ysgol ar agor wedi trefnu rhes o gyfranwyr yn ddiarwybod i ni a rhoi'r argraff yn amal bod 'na ryfel ar fin torri mas. Bydden ninne'n cael swyddog neu gyfarwyddwr i gadarnhau'r rhesyme dros gau, ddim ond i weld ymhen dim gynghorwyr sensitif yn newid eu meddylie a phleidleisio i gadw'r ysgol fach ar agor.

Roedden ni'n cael sylw heb ei ddisgwyl weithie. Meddyliwch, wir, mai un o ymchwilwyr y *Stondin* a gyflwynodd y neges i benaethiaid *Y Faner* fod y papur enwog hwnnw ar drengi. Meddai golygyddol *Y Faner* yn y rhifyn canlynol:

> Nid yn aml y mae golygydd nac unrhyw weithiwr arall yn derbyn caniad teliffon gan ymchwilydd ar *Y Stondin Ddyddiol* yn eu hysbysu y byddant allan o waith ymhen llai na blwyddyn. Dyna ddigwyddodd yn Swyddfa'r *Faner* fore Llun, Mai 18. Credwn mai gweithred anghwrtais oedd i Gyngor y Celfyddydau ryddhau eu datganiad ynglŷn â dyfodol *Y Faner* i'r cyfryngau cyn yngan gair wrth y rhai sydd yn ymwneud â'r papur. Derbyniwyd y Datganiad yma fore Mercher wedi'i bostio yng Nghaerdydd am 6.15 nos Lun, Mai 18 . . .'

Cadwodd y drafodaeth danllyd ar y mater hwnnw, rhwng Rhodri Williams, Meic Stephens, Gwyn Evans ac eraill, ni i fynd am ddyddie.

Yn Chwefror 1987 roedd 'na drafod mawr wrth gofio am ddarlith radio enwog ac ysgytwol Saunders Lewis, *Tynged yr Iaith*. Wythnos o ymateb; dros hanner cant o siaradwyr, a thros ddeugen o lythyron a negeseue i'w darllen. Yn 1987 hefyd y gofynnwyd i ni nodi lleoliad y galwade ar ryw gystadleuaeth neu'i gilydd: roedd pedair tudalen ar ddeg ohonyn nhw, a phrawf bod pobol o bob rhan o Gymru wedi cymryd rhan.

Ond roedd rhaglen fyw, ddyddiol, na ddibynnai ar dîm mawr o gynhyrchwyr ac ymchwilwyr, yn gofyn am drwbwl o bryd i'w gilydd. Y wyrth oedd mai dau achos difrifol o enllib yn unig a wynebon ni dros yr holl gyfnod, er i ni fod yn agos at gael ein rhoi dan glo droeon.

Byddwn yn gwneud fy ngore i roi ffrwyn ar fy nheimlade personol, ond yn amlwg fe fethes i un diwrnod wrth drafod y Teulu Brenhinol. Roedd yr arch-Frenhinwr, Emrys Jones, wrth ei fodd yn canfod na fynnwn wneud un dim â phobol Buckingham Palace. Roedd e siŵr o fod wedi clywed i mi wrthod mynd i barti yno – arwydd pendant na faswn chwaith byth yn derbyn unrhyw anrhydedd (hyd yn oed pe haeddwn un) o'r lle hwnnw. Medde Emrys: 'Allai o jest ddim cuddio ei embaras o orfod trafod y pwnc. Roedd o, sydd mor ddigywilydd fel arfer, yn ymwingo o flaen ei feicroffôn . . . Llwyddai weithiau i yngan ambell brotest am "sbloet" a "chost".'

Mae pethe mor wahanol yn America. Roeddwn yn westai ar raglen debyg iawn i'r *Stondin* yn Scranton, Pennsylvania, un tro. Yno, roedd y cyflwynydd, Rob Nehardt (oedd o dras Cymreig), yn cymryd ochr yn syth beth bynnag fydde'r pwnc, ac yn herio pobol wedyn i'w ffonio a dadle gyda fe. Roedd hynny'n gwarantu rhaglen fywiog dros beder awr ambell i ddiwrnod – ac eto, yr un ffyddloniaid fydde'n ffonio, medde fe! Fasa'r BBC – wel, ddim yn y dyddie roedden *ni* wrthi, ta beth – byth wedi caniatáu y math yna o gorddi'r dyfroedd.

Ceisio pegynu barn oedd ein nod cyson ni, a chanfod rhywun diddorol i bledio o'r ddau begwn. Gwendid mwya'r rhaglen oedd i ni fethu â chael cydbwysedd yn rhy amal, gan adael iddi droi yn ei hunfan – ond ceisiwch chi ganfod y math yna o amrywiaeth yn ddyddiol mewn gwlad mor fach â Chymru, a chyda nifer y siaradawyr Cymraeg mor affwysol o fychan.

A sôn am siarad Cymraeg, byddwn i'n bersonol yn dweud ambell i gymal neu air yn rhy fynych i'r puryddion. Roedd Norah Isaac byth a hefyd yn dweud wrtho i am ddweud 'Iawn' yn lle 'Reit' – ac, wrth gwrs, roedd 'na gred 'mod i'n dweud '*BEN-*DIGEDIG' bob cynnig! Doeddwn i, wir yr, ddim yn ymwybodol o hynny nes i Dyfan Roberts, y dynwaredwr talentog, gydio yn hynny a'i chwyddo ar *Pupur a Halen*. Dwi'n gwbod i mi'n fwriadol beidio â defnyddio'r gair wedi darllen erthygl finiog yn *Y Faner* gan Tecwyn Lloyd yn cystwyo pobol a ddefnyddiai'r ansoddair yn y cyd-destun anghywir. Ansoddair i ddisgrifio gwrthryche crefyddol aruchel bywyd yw e, medde fe, i'w ddefnyddio'n ofalus a pharchus. Clywes i fy hun ambell i weinidog yn y Priordy yn cyfeirio at yr un peth – ond wedyn, o fewn munude, fe'i hun y tu fas i'r capel yn sôn am 'wylie bendigedig' neu rywbeth bydol arall!

Pan ofynnir i mi sôn am y rhaglen anodda i mi erioed ei chyflwyno, wel, heb os, yr un ar y bore wedi i Gari Williams farw oedd honno. Roedd hi'n fater o 'rhaid i'r sioe fynd yn ei blaen', a hynny ddim ond ychydig orie wedi imi glywed iddo golli'r frwydr yn yr ysbyty yn Lerpwl yn 44 oed. Roedd Wilias yn ffrind. Galwai'n amal yma yng Nghaerfyrddin; gwrthod aros 'da ni fydde fe, a mynnu teithio adre, gan losgi egni fel y bydde fe'n llethu'i hun wrth ein difyrru i gyd – boed hynny mewn cwmni bach mewn parti, neu ar lwyfan ac o flaen meic neu gamera.

Digon yw dweud fan yma mai pobol y *Stondin* a gynhaliodd y rhaglen y bore hwnnw. Hebddyn nhw'n ffonio gyda'u hatgofion, fe faswn i wedi methu dal ati. Llifodd teyrngede syml a didwyll dros y tonfeddi, yn union fel ag a ddigwyddodd dros ugen mlynedd yn ddiweddarach pan fu farw Grav. Dau annwyl; dau yr oedd cynifer yn eu hystyried fel aelode o'u teuluoedd eu hunen.

Rydw i wedi awgrymu fwy nag unwaith mai cyfrinach y rhaglen, o gofio'i chyfnod, oedd ei bod hi'n rhaglen fyw. Pan o'n i'n paratoi rhifyn wythnosol i'w darlledu ar foreue Sadwrn – *Stondin Sadwrn* (pa enw arall oedd 'na?) – doedd yr ailbobi ddim yn tycio i bawb. Mae'n bosib eu bod nhw'n iawn, ond wedyn, roedd y ffigure gwrando'n dangos ei bod yn cystadlu'n gryf â'r rhaglen bêl-droed *Ar y Marc* – ac, yn ôl y sôn, yn amal yn ennill. Os oedd y ffyddloniaid wedi colli rhaglen yn ystod yr wythnos, roedd yn *rhaid* cael gwrando ar y Sadwrn rhag ofn eu bod wedi colli rhyw berl!

Erbyn 1990, roedd Kate Crockett yn gallu dweud peth fel hyn am y *Stondin* yn y cylchgrawn *Barn*: 'Rhaglen sydd wedi addasu ac aeddfedu wrth heneiddio yw *Stondin Sulwyn*. Er mawr ryddhad i gynhyrchwyr teledu, nid llinell gwyno i grancs ac efengylwyr yw hi mwyach, ond fforwm drafod ddyddiol werthfawr.' Ond cyn hynny, rhoddodd Hafina Clwyd (yn *Y Faner*) ei bys ar broblem sy'n dal i fod hyd heddi'n gur pen i bob gorsaf debyg i Radio Cymru: 'A beth am lythyr y wraig honno ar raglen Sulwyn, eisiau mwy o gerddoriaeth ferfaidd – a llai o drafod! Eisiau mwy o wadin a gwacter ystyr. Dyna broblem fawr Radio Cymru: sut i blesio pawb – pob oed a chwaeth – y twp a'r tip-top.'

Yn yr oes ddigidol sy ohoni, fe ddaw gwaredigaeth ryw ddydd. Mae angen o leia ddwy sianel radio Gymraeg arnon ni.

13

Efalle, yn yr wythdege, bod llawer yn ystyried Radio Cymru fel sianel radio i'r 'bobol drwm' – y dysgedig a'r uchel-ael. Fel arall y gwelwn i'r cyfan. Roedd angen bach o sbort a hwyl ac ysgafnder i ddenu pobol i drafod a siarad ar raglen radio. Fe geisia i yn y bennod yma godi gwên ar eich wynebe chi'r darllenwyr wrth gofio rhai o'r goreuon ar yr ochor honno i bethe pan o'n i'n ddarlledwr!

Anghofia i fyth mo'r bore hwnnw pan oedd rhywun yn cystadlu yn erbyn Bessie Ffostrasol mewn rhyw gystadleuaeth neu'i gilydd ar y *Stondin*. Cafodd y cystadleuydd cynta hanner marc am ei gwestiwn. Yna dyma Bessie ar yr awyr, a minne'n awyddus iddi gael gwobr am unwaith! Roedd Bessie'n tynnu cliws anhygoel ohono i ond dim yn tycio, a'r cyfan mor ddoniol. Fe aeth y perfformans 'mlaen am tua deuddeg munud a phawb yn eu dwble – a Bessie heb wobr, ond heb weld chwith! Sbort anfwriadol oedd e, yn codi'n naturiol a difalais, a Bessie'n enghraifft berffaith o anwyldeb syml cefen gwlad.

Ro'n i ar bige drain wrth wynebu fy mhen-blwydd yn ddeugen oed. Be fydde'r diawled yn ei wneud imi, tybed? Roedd y dyddiad yn syrthio ganol wythnos ac, o ganfod nad oedd hi'n ymddangos bod neb wedi'i gofio, fe ymlacies yn llwyr erbyn rhaglen dydd Gwener. Gwae fi. Wrth i'r rhaglen ddod i ben, dyma ferch hanner noeth yn cerdded mewn i'r stiwdio ac yn cyflwyno rhywbeth i mi – dyma'r *kissogram* oedd mor boblogaidd y dyddie hynny. Trwy'r amser roedd Paul Evans, ein cynorthwyydd sain, yn tynnu llunie ffwl pelt, ac maen nhw 'da fi o hyd!

Pan o'n i'n hanner cant oed, bu tawelwch a llonyddwch heb unrhyw stranc. Ymlacies am *flwyddyn* y tro hwn! Ar achlysur fy mhen-blwydd yn hanner cant ac un, ymddangosodd Arfon Haines Davies yn nrws Stiwdio 3 i ddymuno *Pen-blwydd Hapus* imi. Eto, roedd pawb ond y fi yn gwybod – ac erbyn hynny, fi oedd 'bòs' Abertawe! Ond mewn tîm bach roedd diwrnode felly'n falm i'r enaid, a phob elfen o ddoniolwch yn ein cadw rhag mynd yn boncyrs wrth drafod apartheid, Mesons, y Gymraeg a baw cŵn byth a hefyd.

Un bore o haf, roedd rhywun wedi awgrymu mai peth braf fydde pe baen ni'n mynd â'r sioe mas o'r stiwdio – lawr i'r Mwmbwls, er enghraifft. O fewn eiliad roedd 'da ni gynllun – chwarae dwy record o effeithie sain glan môr, gyda thonne'n lapio ar draeth a phlant yn chware ac yn codi cestyll tywod – a hynny yn y stiwdio! Bob tro yr agorwn i fy meic roedd 'y sŵn glan môr' yma i'w glywed. Dechreuodd pobol ffonio mewn, gan gredu ein bod ni ar draeth y Mwmbwls go iawn. Mae 'na stori i'n Pennaeth ffonio o Gaerdydd yn ceryddu'r cynhyrchydd am wastraffu arian ar ddarlledu allanol costus diangen. Wir! Os galle rhywun mewn awdurdod gael ei dwyllo fel'na, pa obaith oedd i'r gwrandawr cyffredin druan?

Wedi llwyddiant yr ystryw cynta, aed ati i 'ddarlledu' o Dan yr Ogof. Roedd hynny'n haws o lawer: dim ond rhoi ychydig o eco ar fy llais i, a dyna chi – Sulwyn yn darlledu o berfeddion Sir Frycheiniog.

Alla i ddim llai na gwrido wrth feddwl am ein stranc ar ymweliad â BBC Bangor. Ro'n i ar fy ffordd i Steddfod yr Urdd yn yr Wyddgrug, ac un o fechgyn clên Bangor yn gofyn a oedd hi'n fwriad i chwarae tric ar ddydd Llun Gŵyl y Banc. Finne'n sydyn yn meddwl am gael sŵn hofrennydd yn hedfan dros faes y Steddfod, ac yna syne erill perthnasol o'r tu fas. Dim problem; roedd digon o effeithie sain felly 'da nhw ym Mangor wrth gwrs.

Dyma ddechre arni, ac unwaith eto, pan oedd fy meic ar agor, roedd y syne yma i'w clywed. Gallech ddychmygu fy mod wir mewn hofrennydd. Roedd pobol yn 'ffonio'r helicoptar', a finne'n disgrifio fel roedd Trefnydd Eisteddfod yr Urdd ar y pryd, Elvey Macdonald, yn rhuthro ar y funud ola ar draws y maes i gael pethe'n barod.

Dyma ddod at y gystadleuaeth ar y *Stondin*! Mrs Jones, Llangefni, oedd yn cystadlu.

'Bore da, Mrs Jones,' meddwn i.

'Bore da, Sulwyn,' medde hithe. 'Sut ydach chi?'

'Dwi'n iawn,' meddwn inne, 'yn yr helicoptar fan hyn.'

'Ie,' medde hithe. 'Gweld chi'n blaen!'

Ar faes y Steddfod drannoeth, daeth un o gynhyrchwyr mwya profiadol Radio Cymru ata i a'm llongyfarch. 'Ro't ti'n arbennig o dda ddoe. Shwd gadwest ti'r recordie rhag neidio oddi ar y 'turntables'? Wir i chi – roedd hithe hefyd wedi'i thwyllo.Fe alle chi ddadle y dyle pobol fod wedi deall fy mod i'n mwynhau tynnu coes, ac ame y bydde 'na ambell i dric. Ond wedyn, 'dydw i'n edrych mor ddiniwed – yn un y gallech ei drystio?

Mae dwy stori'n sefyll mas o ddyddie *Heddiw*, tua'r flwyddyn 1980. Ddwy flynedd cyn hynny ro'n i wedi cael gwbod am dric y bydde cymeriade Tregaron yn chware ar ambell ymwelydd, yn enwedig y rheiny o'r America. Roedd y jôc wedi bod yn mynd am ugen mlynedd cyn i mi gael gwybod amdani, ac fe feddylies y bydde hi'n stori Ffŵl Ebrill arbennig o dda.

Roedd y coedwigwr John Jones yn barod i sôn am yr anifail cyntefig ac iddo enw a brofai iddo deyrnasu mewn corsydd filoedd o flynyddoedd cyn hynny – y 'Felis Bicornis Machairodontinae'. Ie, y Bogget! Cath Gorniog y Corsydd. Roedd 'na blac ar y wal yn rhywle yn cofnodi tranc un ohonyn nhw yn 1958 – 'Killed, Llyngorast'. Ond roedd un yn dal i grwydro Ceredigion ac, yn ôl John, roedd yn greadur hynod swil – rhyw ddau oedd wedi'i weld ar y mynyddoedd ers dechre'r ganrif.

Ond trwy ryw ryfedd wyrth roedd Tomi Owen, ein dyn camera, wedi dal golwg sydyn ar un! Wel, dim cweit. Beth a wnaed oedd creu anifail – rhan o gorff cath wyllt wedi'i stwffio o Portabello Road, Llundain, 'da cyrn hwrdd ar ei ben ac esgyrn miniog wedi'u naddu'n ddannedd i'w geg. Sgap fan hyn a sgap fan draw, ac roedd yr 'anifail' yn 'symud' drwy'r coed a'r brwyn.

Am ryw reswm fe ddangoswyd y ffilm rai dyddie cyn Ebrill y cynta, ac felly fe gredodd cannoedd y stori am yr anifail. Yn wir bu'n rhaid inni ddychwelyd i Dregaron i gael 'y gwir'. Gorfu i John Jones gyfadde o flaen y camera mai twyll oedd holl hanes y bogget. Geirie ola John i'r camera oedd, 'Falle'n bod ni'n gwbod nad yw'r bogget yn bod, ond wedyn mae'n amhosib bod yn gwbwl sicr *nad* yw e'n bod'.

Mae'r ail stori o ddyddie *Heddiw* yn un o'r rheiny lle mae gofyn y galle bod 'na elfen o wirionedd yn y stori – meddyliwch chi am Richard Dimbleby a'r cynhaeaf spaghetti honedig yna 'nôl ar *Panorama* yn y pumdege. Dim ond i rywun o'i statws e ddweud y stori, ac roedd pawb yn ei chredu. Ond yr hyn sy hefyd yn nodweddu'r jôcs gore ar ddydd ffŵl Ebrill yw eu bod yn rhan o 'ddilyniant' o ryw fath – stori sy'n bownd o fod yn wir gan fod 'na straeon tebyg wedi'u cofnodi fel ffaith.

Dyna ddigwyddodd 'da'n stori ni ym mhentre 'Llan-wythsaint'. Deryk Williams gafodd y syniad wedi i *Heddiw* adrodd am bentre yn y Gogledd lle nad oedd yr un bachgen wedi'i eni ers degawd. Roedd 'na stori hefyd ym mhentre genedigol Glenys (Llangwyryfon) am gyfnod hir heb i'r un ferch gael ei geni. Beth, medde Deryk, am greu pentre lle nad oedd yr un plentyn wedi'i eni ers y Coroni yn 1953?

'Llanwythsaint', nid nepell o Bentregalar yng ngogledd Sir Benfro – dyna'r pentre. Dangoswyd llunie o gornel ysgol honedig y pentre wedi'i chau; ffilmiwyd siglenni ar gae chwarae Meidrim oedd yn siglo heb yr un plentyn bach arnynt, a sôn nad oedd pobol ifanc y pentre am aros yno a'u bod am symud a phriodi bant, rhag ofn eu bod wedi dala clefyd y diffrwythder rhyfedd. Ffenomen yn wir.

Bodlonodd nifer o drigolion yr ardal i gyfrannu, fel Jim O'Rourke, bachgen ifanc ar y pryd, oedd yn honni bod pob merch yn ei wrthod unwaith y dywedai ei fod yn dod o Lanwythsaint. Mrs a Mrs Maelgwyn Lewis wedyn, wedi symud i'r pentre ac yn methu planta, 'er yn gwbod yn gwmws beth i'w neud'. Rhoddwyd bai ar y cyflenwad dŵr. Daeth Mr Siriol Davies o'r Cyngor Bro i roi stop ar stori o'r fath. Roedd profion wedi dangos yn wahanol – onid yr un dŵr oedd yn llifo trwy'r pibelli i bentrefi cyfagos? Doedd dim problem yno. Un ddamcaniaeth oedd bod gormod o fechgyn yr ardal yn ffermwyr, a'u bod yn mynd mas bob bore ac eistedd ar ben seddi oer tractore, a hynny efalle'n effeithio ar eu 'be-chi'n-galw' nhw. Wedyn Wil Morris, a'i gefn at y camera, yn esbonio fel roedd e wedi bod bron â phriodi dair gwaith, ond cael ei siomi wrth i'r darparwragedd ei adael unwaith iddo ddweud ble gallen nhw ymgartrefu wedi'r diwrnod mawr. Yn ôl Mr Morris, doedd dim gwella o glwy Llanwythsaint. Cynigiwyd pob math o feddygyniaethe modern – ond dim yn tycio.

Wel, pan aeth y stori mas ar *Heddiw*, ffoniodd dwsenni, yn llythrennol. Ymhlith y galwade roedd cynigion gan nifer o fois lysti Sir Gaerfyrddin i fynd lawr 'i helpu'!

Wedi profi llwyddiant fel yna roedd hi'n anochel, yn nes 'mlaen, y bydde'n rhaid gwneud rhywbeth ar y *Stondin* hefyd ar Ebrill y cyntaf.

Roedd ein hymgais gynta yn un ddigon tila – honnwyd bod fferm oedd yn magu wye malwod wedi agor yn Sir Gâr. Un arall ddigon shimpil oedd ceisio twyllo pobol bod Walt Disney am greu parc adloniant yn Eryri. Wel, does dim modd canfod clasuron bob tro. Serch hynny, mae'n rhaid i mi sôn am un tric bach syml y gwnes i ei fwynhau. Odych chi'n cofio'r mynyddoedd o gaws a menyn yn y Farchnad Ewropeaidd? Penderfynodd y Llywodraeth, on'd do, ddosbarthu menyn a chaws drwy'r swyddfeydd post. Caech bwys o gaws a phwys o fenyn gyda bod 'da chi'r gwaith papur priodol. Aeth y cyfan yn shambls llwyr yn y stiwdio, a'r ffôns yn grasboeth 'da phobol flin yn cwyno am na chawson nhw mo'u haeddiant.

Yna dyma roi theori'r 'dilyniant' ar waith eto. Pan ddaeth hi'n Ebrill y cyntaf cafodd ein cynhyrchydd, Dylan Morris, 'don-ymennydd' arall – beth am lynnoedd gwin? Dyma fynd ati i gynllunio heb wastraffu dim amser. Bydde tanceri'r MMB, wedi'u sgwrio'n lân y bore hwnnw, yn cyrraedd pob pentre. Tri ohonyn nhw – un yn cludo gwin coch, un gwyn ac un rosé. Erbyn i ni ddarlledu am un ar ddeg, dyle'r tanceri fod wedi cyrraedd y canolfanne, ac fe ddyle pob un fynd â stên, potel neu biser i gludo'u gwin adre. Roedd 'arbenigwr' 'da ni i esbonio sut roedd y cynllun i weithio, ac roedd y Parchedig Eirian Rees o'r Cyngor Alcohol a Chyffuriau yno i wrthwynebu'r cynigiad hael yma. Roedd e'n ymwybodol mai jôc oedd y cyfan ond fe daranodd â'i holl egni, a rhybuddio Cymru y bydde hyn yn creu cyfnod o fedd'dod rhemp yng Nghymru.

Wele un ar ddeg o'r gloch. O fewn deng munud dyma'r ffôns yn dechre canu. Neb yn becso dim am alcoholiaeth. Cwyno roedd pob un nad oedd yr un tancer wedi cyrraedd eu hardal nhw, a bod hyn unwaith eto yn enghraifft o fiwrocratiaeth wedi mynd yn wallgo.

Mi alla i fod yn dawel fy meddwl ein bod ni wedi dal ar un o'r jôcs Ffŵl Ebrill Cymraeg a Chymreig gore erioed – os nad *yr* ore. A rhag i chi feddwl fy mod i am dderbyn y clod, dwi am ddweud pwy sy'n haeddu'r clod.

Ryw noson ym Mawrth 1985, roedd dau'n cael llymaid haeddiannol mewn tafarn yn Abertawe – Ian Muxworthy, ein periannydd, a Geraint Glyn (sy'n adnabyddus i bawb fel prif leisydd grŵp Ar Log, ac a oedd ar y pryd yn ymchwilydd dros dro yn Abertawe). Yn ystod y sgwrs dyma Ian, mae'n debyg, yn dechre difrïo'r *Stondin* am ein bod yn rhoi gormod o sylw i'r Steddfod Genedlaethol ac yn trafod y sefydliad hwnnw'n rhy fynych, ac mai ei ateb e fydde 'danfon y blydi Steddfod i America mas o'r ffordd'. O hynny y tyfodd y syniad i'r Steddfod ymweld ag America yn 1991.

Drannoeth, dyma Geraint yn dweud wrtho i bod gyda fe syniad am jôc ffŵl Ebrill. Roedd hyn ar ddydd Mawrth, ac Ebrill y cynta'n syrthio ar y dydd Llun canlynol, felly roedd gyda ni beth amser i baratoi. Es i weld Lyn Jones, y pennaeth. Cnoco ar y drws, a mewn â fi 'da golwg ddifrifol iawn arna i, a chyhoeddi fy mod wedi clywed stori alle droi mas i fod yn sgŵp anferth i ni – sef bod Cyngor yr Eisteddfod Genedlaethol am gyhoeddi'r Llun canlynol eu bwriad i lwyfannu'r Steddfod yn Los Angeles yn 1991. 'Fe fydd *uffach* o le,' oedd geirie anfarwol Jones – am wn i wedi credu'r stori ei hun! Gwyddwn o'r funud honno fod gyda ni stori gredadwy – o fath!

Dyma drefnu cael gair 'da'r Parchedig I. D. E. Thomas o Los Angeles, a hynny ar y dydd Iau. Fynte'n anfarwol. Heb gael cyfle i baratoi na sgriptio na chynllunio, roedd I. D. E.'n bwrw iddi yr eiliad y cawsom afael arno. Wrth gwrs bod y stori'n wir. Roedd angen peth *razzmatazz* ar yr hen sefydliad Cymreig. Onid oedd America wedi rhoi lliw arbennig ar y Gêmau Olympaidd y flwyddyn cynt? Roedd angen diwygiad a rhyw ffresni celfyddydol ar yr hen ŵyl. Roedd popeth dan law – General Motors wedi cynnig rhoi'r gadair; Coca Cola am anrhydeddu'r ŵyl fawr â choron. Bu bron i'r cyfan fynd yn ffaliwch pan gyhoeddodd I. D. E. mai Llywydd y Dydd ar y dydd Iau fydde'r Arlywydd Reagan – a hwnnw i draddodi yn Gymraeg! Roedd trefniade arbennig rhag ennyn llid carafanwyr Cymru. Roedd mil o Winnebagos – carafanne mwya moethus y byd – wedi'u llogi ar gyfer y sipsiwn parchus. Roedd 'na fantais amlwg i bobol annwyl Patagonia – llai o gost o lawer i hedfan i

America na'r wyth mil a rhagor o filltiroedd i gyrraedd yr hen wlad bob blwyddyn. Roedd perfformans I. D. E. yn *tour de force* ac yn gwbwl gredadwy.

Ond er cystal ei gyfraniad, roedd 'na deimlad bod rhaid cael cadarnhad swyddogol y Sanhedrin Eisteddfodol. Llywydd y Llys oedd yr Athro Bedwyr Lewis Jones, a'r Cyfarwyddwr oedd Emyr Jenkins – y ddau yn barod i chware'r jôc, chware teg iddyn nhw. Roedd yr AS Dafydd Elis Thomas yn meddwl ei fod yn syniad gwych, er bod y siopwr a'r awdur a'r athrylith o dynnwr coes, Eirug Wyn, yn amheus iawn – roedd pob un o'i ffrindie fe, o ymweld â Los Angeles, wedi dychwelyd yn dioddef o AIDS!

Dwi'n meddwl mai dyna'r unig siaradwyr a drefnwyd ar gyfer y *Stondin* awr a hanner. Doedd dim isie i ni fecso am lenwi'r amser. O'r eiliad y cyhoeddwyd y bwriad roedd pobol ar y ffôn yn mynnu lleisio'u barn, a phawb bron yn gwrthwynebu'n ffyrnig. Dyma fydde'r diwedd ar Gymru, medde un – dim gobaith i'r diwylliant Cymraeg. Colli hunaniaeth, medd un arall – colli parch ac urddas. Roedd cadeirydd Cymdeithas yr Iaith, Karl Davies, wedi llyncu'r stori ac am arwain Cymru i frwydro i'r eitha. Dwedodd un fenyw fach yn grynedig mai fi oedd yr unig un ar ôl nawr alle achub y genedl! Roedd menyw arall yn argyhoeddedig bod hyn yn dangos cymaint yr oedd yr ŵyl wedi ymbellhau oddi wrth y bobol; dyma brawf ei bod yn elitaidd ac yn amherthnasol bellach i'r werin. Beth, gofynnodd, fydde'n digwydd i bobol fel hi fydde'n arfer mynd i'r Eisteddfod am ddiwrnod yn unig bob blwyddyn?

Roeddwn dan y bwrdd hanner yr amser yn chwerthin. Yr unig gamgymeriad wnaethon ni mewn gwirionedd oedd na chafwyd yr Athro Hywel Teifi Edwards i gorddi mwy ar y dyfroedd ac adrodd am ymweliade blaenorol eisteddfodwyr a chantorion o Gymru â'r Amerig. Ond roedden ni wedi taro ar rywbeth pwysig iawn yn yr holl ddwli – cofier be ddigwyddodd pan oedd Elvey Macdonald am fynd â Steddfod yr Urdd i Frwsel, ac yna wedyn yr ymgais i lwyfannu'r Genedlaethol yn Lerpwl. Roedd hi'n jôc hollol Gymreig, jôc na alle unrhyw raglen mewn gwlad arall ei chware ar eu gwrandawyr – a dwi'n cytuno erbyn hyn y dylen ni fod wedi osgoi chwarae unrhyw jôc fyth wedyn am na alle'r un arall gyrraedd safon 1 Ebrill 1985.

Cyrhaeddodd yr ystryw dudalen flaen *Y Cymro* wrth i gannoedd gredu'r stori. A'r diwrnod ar ôl y rhaglen, dyma ni'n ei chael hi'n hallt mewn llythyr dienw at y *Stondin* o Sir Fôn:

Annwyl Sulwyn,

Gwrando ar eich rhaglen bore 'ma, a deall fod Eisteddfod Genedlaethol Cymru i gael 'transfer' i LA. Faint o'r hen wlad fedr dalu y gost enfawr o fyned cyn belled? Eisteddfod i ni y Cymry ydi hon, ddim i rai sydd wedi troi eu cefn ar yr hen wlad. Efallai bod hyn yn agor y drws i'r Eisteddfod fynd i'r Almaen, Awstralia a gwledydd eraill yn y dyfodol. Na, syniad gwrth-Gymreig – dylanwad pobol y pres mawr o'r UD.

Gadewch i LA wneud eu heisteddfod eu hunain . . . Wythnos i ni yn ein gwlad ni yw'r Eisteddfod. Diolch am eich rhaglen, a pheidiwch â chau y drws ar y pwnc yma.

Os na fydd y *Stondin* yn cael ei chofio am ddim byd ond eira mawr 1982 a jôc ffŵl Ebrill 1985, fe fydda i'n ddigon hapus!

14

Flynyddoedd yn ddiweddarach fe ges i gyfle i gwrdd ag
I. D. E. Thomas yn ei gynefin yn Los Angeles. Roeddwn yno
gyda chriw o Gymry – *'groupies* Sulwyn', fel y galwodd
Dafydd Iwan nhw mewn erthygl yn *Y Wawr*! Dyma'r
ffrindie sy wedi ymuno â mi ar nifer o deithie o gwmpas y
byd, yn falch o gael cwmni cyd-Gymry Cymraeg ar wylie
ond hefyd 'da'r sicrwydd bod y trefniade i gyd yn nwylo
rhywun cyfrifol. Ac nid fi yw hwnnw!

Dechreuodd y cyfan 'nôl yn 1990. Roedd Raymond
Gravell wedi profi'i hun yn llwyddiant ysgubol ar ryw daith
rygbi a drefnwyd gan gwmni o Fryste, RCT International.
Gwerthfawrogwyd ei gyfraniad gymaint fel arweinydd
rhadlon a hwyliog fel y trefnwyd cinio iddo yn y BBC yn
Llandaf. Ymhen hir a hwyr dyma drafod syniad oedd ar led
yn Lloegr, sef bod y cwmni'n trefnu teithie i wasanaethe
radio lleol, a chyflwynwyr poblogaidd y gorsafoedd yn cael
arwain teithie, gwneud ambell i ddarllediad byw, a
mwynhau cwmni selogion yr orsaf. A oedd gan benaethiaid
y BBC yng Nghaerdydd ddiddordeb? Na, medde Radio
Wales – ond fe gydiodd Radio Cymru yn y syniad. Pwy gâi
fynd? oedd y cwestiwn nesa. Beth am gyfuno dwy elfen –
yr hwyliog a'r difri – mewn pythefnos o raglenni'n cofnodi'r
daith, cyfarfod â Chymry alltud, a mwynhau ymateb y
teithwyr eu hunen ar daith i ddwyrain Canada. Barnwyd

mai'r *Stondin* alle wneud jobyn ohoni, gan ddanfon Sulwyn mas ar ei ben ei hun gyda chymorth dyn sain, Aled Wood.

Am wythnose fe fu'r tîm diwyd yn chwilio am bobol i'w holi. Roedd angen llenwi awr a hanner – recordio'r cyfan fel pe bai yn fyw, a throsglwyddo'r tâp i Gymru yn hwyr y nos o CBC yn barod i'w ddarlledu drannoeth yng Nghymru. Roedd y cyfan yn dipyn o goflaid. Fe fuon ni'n ddigon ffodus i gael cymorth Hefina Phillips, athrawes Gymraeg ac un o bileri'r achosion Cymreig yn Toronto, i fod yn arweinydd, ac fe fuon ninne'n gwau darne o'i chwmpas hi a'i gwybodaeth am y wlad anferth.

Dydw i nac Aled Wood erioed wedi gweithio mor galed! Codi'n gynnar bob bore i gyfarch y deugen a rhagor oedd yn cyd-deithio 'da ni; recordio popeth fel ffylied, ac yna sesiyne o drosglwyddo a olygai fod 'nôl yn y gwestai tua hanner nos. Ond roedd y cwmni ar y daith gynta honno'n wych, a byddai llawer ohonyn nhw'n teithio'n fynych gyda ni wedyn.

Mae'n rhaid i fi ddweud bod gyda fi ddiddordeb arbennig yng Nghanada. Roedd Anti Margaret a'r teulu wedi byw yn Ottowa ers blynyddoedd, ac ro'n i'n awyddus iawn i'w gweld. Yn drist iawn, y diwrnod y llwyddes i alw yno ar y daith gynta honno roedden nhw wedi cael newyddion drwg o Gymru bod ei brawd wedi marw. Ond dwi a Glenys wedi bod yno oddi ar hynny, ac mae hi a Siân ei merch wedi treulio wythnose gyda ni yma yng Nghymru.

Person arall yr oeddwn yn daer am ei weld oedd Tal Griffiths – fynte a Shirley, ei wraig, a'u dwy ferch hefyd yn byw yn Ottowa. Mae Tal yn frawd i Gerwyn – yr athrylith bach a ddechreuodd Radio Glangwili 'da fi. Fe gawson ni wahoddiad draw, yn griw, a chael bod Tal wedi agor 'tafarn' fach lawr stâr. Yno buon ni'n canu a siarad am orie, a llawer ohono'n ddeunydd parod ar gyfer rhaglen drannoeth.

Mae'n debyg bod llawer o wrandawyr gartre yn dilyn y daith yn selog, 'da'u mapie mas yn pensilio lle roedd y *Stondin* symudol bob dydd. Roedd modd cynnal yr wythnos gynta'n iawn, ond efalle'n bod ni wedi'i gor-wneud hi wrth fentro pythefnos o ddarlledu. Ta beth, fe daniodd y daith yna ddychymyg llawer yng Nghymru i gymaint gradde fel na fu hi'n anodd llenwi'r teithie a ddilynodd.

Ar f'ymweliad cynta â'r wlad, ro'n i wedi cwmpo mewn cariad â Chanada. Dyna'r unig wlad yr hoffwn fyw ynddi ar wahân i Gymru. Ymhen dwy flynedd fe aethon ni â chriw o ryw saith deg draw i orllewin y wlad – i Vancouver a'r Rockies – gan recordio'r tro hwn dan ofal cynhyrchydd, Geraint Rhys Evans, a chyda pheiriannydd, Wyn Jones, yn gwmni. Y tro hwn, penderfynwyd paratoi'r cyfan yn gyfres wedi inni ddychwelyd. Fe wnes i fwynhau Canada unwaith eto, ond doedd dim posib atgynhyrchu gwefr a chyffro'r daith gynta.

Yn 1994 daeth bron i naw deg gyda ni i Seland Newydd. Erbyn hynny Gullivers, cwmni o Tewkesbury, oedd yn gyfrifol am y trefnu. Ar y daith roedd llawer o'r 'crwydriaid' yn ffermwyr yn teithio dramor am y tro cynta ond yn awyddus i weld sut oedd amaethwyr y ddwy ynys yn gweithio. John Morgan, Dorian Davies a Phil Thomas oedd sêr y daith honno. Dwi'n siŵr nad anghofir fyth yr hen Phil ar ei daith gynta mewn côt frethyn a chap stabal yng nghanol gwres llethol Fiji, wrth i ni recordio ar gyfer rhifyn arbennig o *Stondin Sadwrn*. Anfarwol! A chyn iddo ynte, a

Dorian, ein gadael, fe fu'r ddau ar nifer o deithie ac yn llawn hwyl a sbri.

Yr hyn a wnâi fy swydd i fel 'front man' a chyflwynydd yn rhwydd oedd bod digon o ddeunydd i'r rhaglenni yn unig o fewn y ddau fws – y bws coch a'r bws gwyrdd! Roedd Robyn Léwis a Gwenan, er enghraifft, yn medru rhoi ychydig o liw ar lafar, fel nifer o rai erill.

I mi, un o'r teithie mwya diddorol oedd yr un yn 1995. Roedd newidiade mawr ar dro yn Radio Cymru, ac ro'n i'n gwerthfawrogi'r cyfle i gael ffoi i Batagonia a'r eisteddfod flynyddol yn y Wladfa. Dyma'r tro ola i mi gofnodi taith ar gyfer Radio Cymru. Criw bach oedden ni yn mynd draw i Buenos Aires, yna hedfan i Esquel, a draw wedyn am wyth awr ar draws y paith i Drelew ac i'r Eisteddfod – taith sy'n adnabyddus i gannoedd o Gymry erbyn hyn. Ro'n i ar fy mhen fy hun yn recordio y tro hwn, heb beiriannydd na chynhyrchydd. Dewises fynd â recordydd casét gen i a digon o fatris a chasetie, a mentro heb drefnu cwrdd â neb ymlaen llaw. Doedd dim angen i mi boeni rhwng y cwmni ar y bws a phobol ffein Patagonia yn ymddangos o bob twll a chornel – Luned Gonzales (fu'n gymorth mawr); ei chwaer, Tegai Roberts; Luned Wigley (yno am gyfnod dan ryw gynllun neu'i gilydd), a Fali James Iriani. Fues i mor ffodus â chwrdd â'r cewri i gyd, gan gynnwys Fred Green ac Irma Hughes de Jones, golygydd *Y Drafod*.

Fe recordies i naw awr i gyd, yn hollol ddidrafferth. Do'n i ddim wedi codi'r ffôn unwaith – roedd y 'darnau', fel mae cân Dafydd Iwan yn ei ddweud, wedi 'disgyn i'w lle'. Roedd y cwbwl yn bleser pur – yn enwedig gan i mi fynd mas yn llawn siniciaeth am yr holl fusnes 'Patagonia' 'ma. Heb os, unwaith r'ych chi'n cyrraedd yno, mae'r cyfan yn eich goddiweddyd, ac fel Cymro fedrwch chi ddim llai nag edmygu dewrder y carfane cynta a fentrodd groesi'r paith ac ymsefydlu yn y Wladfa, a'r iaith wedi'i chadw'n fyw yno am gyfnod mor sylweddol.

Roedd yr Eisteddfod ym Mhatagonia y flwyddyn honno'n ddwyieithog, a Robyn Léwis yn orchestol yn cyflwyno neges yn y ddwy iaith – Cymraeg a Sbaeneg – ar ran Gorsedd y Beirdd. Yr uchafbwynt i mi oedd clywed 'Ysbryd y Nos' yn cael ei chanu gan dri (os nad pedwar) côr, a hynny wyth mil o filltiroedd i ffwrdd o Gymru. Ces wefr debyg wrth gerdded mewn i'r Dafarn Las. Yno roedd Luned a'i mam, Eleanor, yn gwrando ar Dafydd Iwan yn canu 'Yma o Hyd' ar y jiwc-bocs!

Wedi dychwelyd i Gymru fe ofynnwyd i mi baratoi rhaglen awr ar gyfer dydd Nadolig (y tro cynta imi yn y cyfnod hwnnw beidio â darlledu'n fyw ar ddydd yr ŵyl), ac fe'i dilynwyd gan chwe rhaglen hanner awr am Batagonia.

Dwi'n meddwl fod ffyddloniaid y *Stondin* yn ddigon balch nad oedd raid i mi fod yn gwthio meic o dan eu trwyne ar y gwahanol deithie wedi hynny. Erbyn hyn, r'yn ni wedi ymweld â De Affrig, Awstralia, America (ddwy neu dair gwaith), Prâg, Bwdapest a Fienna, gogledd Sbaen, yr Eidal, gwledydd y Baltig ac Alaska, ac yn 2008 roedd llond bws yn rhyfeddu at atyniade Tsieina.

R'yn ni wedi cael llawer o sbort! All neb o'r criw ddaeth i Awstralia anghofio'r noson olaf pan ddaeth canwr gwerin lleol i'n diddanu, a chanu dim ond un gân – 'Waltzin' Matilda' – dros yr hanner awr nesa! Yr hyn na wydden ni ar y dechre oedd arwyddocâd y cês mawr oedd 'da fe'n llawn o wisgoedd. Heb yn wybod i mi (wir yr!), dyma fe'n gofyn i rai o'r gynulleidfa ddod mas i actio'r gân. Y 'Jolly Swagman' oedd neb llai na seiciatrydd amlyca tre Caerfyrddin – cyfaill agos iawn i mi – sy hyd y dydd heddi, dwi'n siŵr, yn grediniol mai fi oedd wedi dweud wrth y canwr am ei ddewis!

A sut y daeth y teithiwr hwyliog Robyn Léwis yn gystal Archdderwydd? Dwi'n ame mai trwy fwrw'i brentisiaeth fel ein Harchdderwydd ni ar nosweithie dwl, yn coroni a chadeirio beirdd o fri mewn eisteddfodau ffug. Ni oedd y rhai cynta i weld potensial y gŵr!

Roedd y ddwy daith i Batagonia yn gofiadwy iawn iawn. Dwi'n meddwl mai'r sefyllfa fwya bizzare y bues i ynddi erioed oedd y bore pan oeddem ar fin mynd i weld y pengwiniaid yn Punto Tombo. Dyma'r tywysydd yn galw Andy Garside o gwmni Gullivers, ac Eluned Gonzales, ein cysylltydd lleol adnabyddus, a finne ato. Roedd problem fach, ond, erbyn gweld, doedd honno'n ddim o'i chymharu â'r broblem o'n cael ni i weld beth oedd y broblem (os 'ych chi 'da fi)! Nawr, doedd y tywysydd ddim yn siarad Saesneg; doedd Sulwyn ddim yn siarad Sbaeneg, a Saesneg yn unig a siaradai Andy. Dyma'r brawd yn arllwys ei gŵyn wrth Eluned a hithe'n cyfieithu i'r Gymraeg; finne wedyn yn trosi'r Gymraeg i'm Saesneg gore, fel y gallai Andy ddatrys y broblem. Ond yr hyn oedd yn ddoniol oedd, erbyn i'r broses gyfieithu amlieithog gyrraedd pen ei thaith doedd y broblem ddim yn bodoli – roedd wedi mynd ar goll yn rhywle!

Diolch i'r cannoedd sydd wedi mentro cadw cwmni i fi ar y teithie, ac i Andy Garside a John Russell, dau gyfaill agos erbyn hyn, o Gwmni Gullivers sydd wedi ysgwyddo'r beichie o bryd i'w gilydd. Unwaith yn unig y bu'n rhaid i ni fynd â rhywun i ysbyty, a phrin fu'r probleme – diolch byth. Y gofid penna yw colli bagie; mae'r tri ohonom â rhyw obsesiwn am hynny, ac yn mynd mas o'n ffordd i sicrhau bod pob un bag yng nghrombil bws, cwch ac awyren. A dyma ichi frawddeg beryglus: d'yn ni ddim wedi colli'r un bag hyd yn hyn. Gobeithio nad ydw i'n temtio ffawd yn dweud hynna, wrth i ni edrych 'mlaen i'r daith nesa i India yn 2009!

* * *

Roedd y teithie, wrth gwrs, yn ffitio mewn i batrwm y *Stondin Ddyddiol*. O'r dechre roedd dydd Mercher (oherwydd fod *Talwrn y Beirdd* yn hwy na'r rhaglenni erill fydde'n ein dilyn ni) yn gyfle i grwydro. Fe fentrwyd mynd mas i Lesneven, Llydaw, pan oedd maer tre Caerfyrddin, Peter Hughes Griffiths, a'i fintai'n cymryd rhan mewn seremoni gefeillio rhwng y ddwy dre. Recordiwyd y seremoni, wrth reswm, ond hefyd fe gawson ni gyfle i weld Rozen Milin, un oedd wedi dysgu Cymraeg yn wych yn y Bala, yn darlledu'n fyw am ddwyawr ar fore Sadwrn o'r ysgol leol i Radio Breiz Izel. Fan fach lwyd yn cyrraedd ar ras funude cyn y darllediad, taflu weiars mewn drwy'r ffenest, gosod dau feic ar y bwrdd a bant â nhw. Ninne'n rhyfeddu bod popeth mor syml ac mor effeithiol. Recordio sgwrs hanner awr 'da Rozen wedyn ar gyfer y dydd Mercher canlynol, gan ganolbwyntio ar sefyllfa'r iaith a'r mudiad Diwan.

Ac ar sawl ymweliad ag Iwerddon, fe ryfeddodd Lyn a finne droeon fel y bydde'r Gwyddelod hwythe'n gadael y cyfan tan yr eiliad ola (yn llythrennol) cyn cysylltu â Chymru – a ninne'n darlledu'n fyw wedyn am awr a hanner.

Pluen fach yn ein cap oedd cael bod y rhaglen Gymraeg gynta i'w darlledu trwy loeren; digwyddodd hynny pan oedd y *Stondin* ar brom Llandudno adeg *Radio goes to Town*. Ac yn Llundain, roedd hi'n hyfryd gweld Saeson soffistigedig y ddinas yn syllu'n gegrwth arna i yn crwydro Sioe Smithfield neu'r Motor Show neu'r Ideal Home Exhibition, gyda chriw o Gymry Cymraeg yn dilyn wrth fy nghwt a ninne'n creu rhaglen wrth fynd yn ein blaene!

Dyna'r patrwm yn flynyddol yn Llanelwedd – ei mentro hi gan fyw ar ein 'wits' – gobeithio y bydde rhywbeth yn troi'n ffafriol o'n cwmpas ni, ac yn amal iawn yn llwyddo. Roedd wastad rhywun wrth law. Yn Llanelwedd, y gore o bell ffordd oedd Hywel Griffiths, ffarmwr o Drefechan, Caerfyrddin – y person mwya anhunanol gwrddes i ag e erioed. Doedd e byth yn ymyrryd ond roedd ganddo bob amser gyfraniad amserol os oedd angen 'llenwi' wrth fynd o un stondin i'r llall. Partner go iawn. Fe achubodd e ni droeon – a Rhian Parry hefyd, chware teg iddi. Dyna'r ddau y bu'n rhaid iddyn nhw gyflwyno ar eu penne'u hunain ddiwrnod angladd Gari Williams, a doedd neb yn falchach na fi iddyn nhw lwyddo'n anrhydeddus.

Yn Smithfield, Selwyn Evans, Coed Hirion, Llanddarog, fydde wrth fy mhenelin – ynte wastad yn hwyliog a gwybodus. Ifor Lloyd a Huw Thomas fydde'r partneriaid yn y sioe foduron, ac er cystal yr hwyl yng nghwmni pawb enwes i uchod, doedd dim alle gymharu â'r flwyddyn honno pan aed â chriw o wragedd o Landyrnog i'r 'Ideal

Home'. Dwi ddim yn meddwl i ni stopio chwerthin am dros awr a hanner yng nghwmni Buddug Jones a'i ffrindie!

Pan weithiai'r cyfan, roedd yn wefreiddiol; pan fydde pethe ddim yn cyd-daro, roedd yn rhaid anghofio'n syth a symud ymlaen at y diwrnod nesa. Dyna beth yw bywyd i bwt o ddarlledwr.

Yr un oedd y sialens pan gawson ni fynd i'r Steddfode Cenedlaethol o 1992 ymlaen, a chynnal ambell i fforwm. Dwi'n cofio'n dda Elwyn Jones, y Tori mawr, yn wynebu dwsenni o bobol feirniadol un pnawn, a bron iawn â chario'r dydd. A beth am y sesiyne tanllyd yn Eisteddfod Llandeilo yn 1996 pan drafodwyd helbulon Radio Cymru? Barn un gwyliwr ar y maes oedd nad oedd y sesiwn honno wedi gwneud dim i ymestyn gyrfa rhai ohonon ni yn y byd darlledu!

Ar ôl dwy flynedd o 'Stondina' a gohebu i'r adran newyddion, fe es at Lyn un pnawn gan awgrymu y dylen ni wneud cyfres ar hanes y glowyr, a hynny drwy sicrhau cyfraniade llafar gan y glowyr eu hunen, yn ogystal â chan haneswyr. Roedd angen gwneud hynny ar fyrder, cyn colli mwy o gewri'r maes glo. Roedd dau ohonyn nhw, Dai Francis a Dai Dan Evans, eisoes wedi'n gadael ni, ond roedd 'na nifer ar ôl. Y pennaf wrth gwrs oedd yr anhygoel John Ifans Llewitha, oedd yn 107 oed.

Roedd Lyn yn dod o gefndir glofaol ei hun a doedd dim angen dadle 'da fe am y syniad, ac wrth lwc roedd Meirion Edwards yn cydsynio hefyd. Aed ati yn ddiymdroi i holi cynifer o lowyr ag y gallen ni. Cael sesiwn hir hir gyda John Ifans, a phawb wedi ymlâdd ond John ei hun! Hywel Francis, Dr John Davies ac erill oedd yn rhoi'r cyfan yn ei bersbectif hanesyddol, a'r bwriad oedd creu chwe rhaglen hanner awr. Daeth yn amlwg yn fuan na fydde hynny'n ddigon. Un pnawn dyma gydio mewn darn o bapur a sgriblo teitle i benode posibl y gyfres, a gweld bod angen chwech ar hugen o raglenni yn seiliedig ar y deunydd oedd 'da ni'n barod, neu ar fin ei gael. Hanner blwyddyn o gyfres – pwy fydde'n derbyn hynny? Er ychydig bach yn betrus, fe dderbyniodd Meirion a Lyn y drafft. Un rhaglen yn unig fu'n rhaid ei newid o'r drafft hwnnw.

Braint oedd cael cofnodi hanes mor arwrol ac, fel mae'n digwydd, roedd y gyfres yn cyd-daro â streic fawr 1984/85. Er mwyn deall pa fath o amgylchiade yr oedd y glowyr yn gweithio danynt es lawr i Bwll y Betws, ac yna wedyn i un o bylle preifat Dyffryn Aman – a sylweddoli pa mor galed yr oedd hi arnyn nhw. Rhaid diolch i Lyn am ei waith mawr yn golygu'r holl ddeunydd yr o'n i a'r ymchwilydd, Jon Gower, wedi'i gasglu. Bob wythnos roedd darne'n cael eu darlledu eto ar *Wythnos i'w Chofio*. Cyfraniade'r glowyr oedd yn pefrio drwy'r cyfan. Heb os, dyna un o'r pethe gore wnaethon ni yn ystod fy nyddie i yn Abertawe.

Fe'i dilynwyd gan gyfres am y gweithwyr tun (roedd fy nhad fy hun, fel y sonies, wedi bod yn un o'r rheiny), yna mwynwyr Ceredigion a hanes rhyfeddol gweithwyr plwm Esgair Mwyn a gweithfeydd erill.

Yna, cyn Eisteddfod Genedlaethol Abergwaun, fe gasgles i bentwr o sgyrsie a straeon am D. J. Williams, a llunio portread o'r gantores Ruth Barker. A phan oedd Gwynfor yn bedwar ugen oed, fe fues i'n ei holi'n faith er mwyn trosglwyddo *Bywyd Cymro* (y bedwaredd gyfrol yng Nghyfres y Cewri) i dâp, a chreu chwe rhaglen hanner awr.

Bryd hynny hefyd roeddwn wrth fy modd yn holi pobol

ar eu haelwydydd yn *Wrth y Pentan*, a phobol yn cael siarad yn hamddenol am eu bywyde. Cafwyd tair cyfres i gyd, a'r un i serennu uwchlaw pawb arall oedd Norah Isaac. Yna cyfres hwyliog – *Hiwmor Mewn Du* – yn dilyn casglu straeon gan weinidogion a chlerigwyr yn nodi eu troeon trwstan.

Wedyn, yn wrthgyferbyniad hollol, aed ati i wneud cyfres ddirdynnol iawn – *Fy Ngharchar I*. D. Islwyn Edwards gysylltodd â fi am y posibilrwydd o wneud cyfres am bobol oedd yn gaeth i ryw arferiad neu wendid – cyffurie, nicotîn, alcohol, bulimia ac ati. Roedd hi'n gyfres ysgytwol wrth i'r dioddefwyr siarad yn onest am eu probleme, a ffrind i mi, y seiciatrydd Dr Huw Edwards, ac erill yn dadansoddi salwch amlwg y bobol hynny. Ac fel pe bai clywed am salwch pobol ddim yn ddigon, dyma Paul Evans yn awgrymu cyfres o'r enw *Bygones* – eto am brobleme a chamwri. Enillodd un o'r rhaglenni hynny wobr arbennig mewn cystadleuaeth i ganfod rhaglen feddygol ddogfennol ore'r flwyddyn.

Fe wnes i hefyd fwynhau cyflwyno cyfres fer i Radio Wales dan y teitl *Sulwyn Thomas*. Sioe sgwrsio oedd hi, ond bod aelode o'r gynulleidfa'n holi'r gwestai. Bu Ron Davies ac Elinor Jones yn wych fel gwesteion, ond efalle mai'r seren oedd Glyn Jones, cyn-arweinydd Côr Pendyrus – un llym ei dafod yn amal, ond un a gafodd deimlo gwres ei draed gan aelode o Gôr Meibion Dyfnant, Abertawe. Fu dim cyfle i mi wneud mwy na nodi lleoliad y recordiad a chyflwyno'r gwestai. Perl anfarwol.

* * *

Erbyn hyn (1988) ro'n i'n fòs ar griw Abertawe, wedi i Lyn gael ei benodi'n Bennaeth Radio Cymru. Er ei barodrwydd cynhenid i fentro, doedd e ddim wedi bod yn siŵr a ddyle fe daflu'i het i'r cylch ai peidio, ond fe wnaeth gyda chydig o berswâd! Roedd ei lwyddiant yn annisgwyl i lawer yn Radio Cymru, ac yn creu problem bellach yn Abertawe – doedd neb, rywsut, yn berffaith i lenwi'i le.

Un pnawn awgrymes i Lyn, 'Pam na wnewch chi benodi rhywun dros dro, i roi cyfle i ambell un aeddfedu i swydd barhaol?' Y sioc nesa oedd bod Gareth Price, Rheolwr BBC Cymru ar y pryd, Meirion Edwards, y Pennaeth Radio, a Lyn Jones wedi 'ngalw i mewn a dweud y gallwn i gyflawni'r swydd. Nawr, doedd hynny ddim yn fy meddwl i o gwbwl pan gynigies i'r syniad o 'rywun dros dro' i Lyn – wir i chi! Do'n i erioed wedi 'ngweld fy hun yn dod yn bennaeth ar unrhyw sefydliad.

Fel arfer, Glenys ddwedodd y dylwn i roi cynnig arni. Fe dderbynies y cynnig gan wbod na fydde'r penodiad yn un poblogaidd gyda phawb yn 32 Heol Alexandra, Abertawe. Er tegwch i'r gweddill, dim ond un ddangosodd ei anfodlonrwydd o'm blaen i – er, dwi'n siŵr bod un neu ddau arall yn amheus a allwn wneud cyfiawnder â bod yn rheolwr, cyflwynydd a chynhyrchydd.

Roedd Emrys Evans (Manod) hefyd yn ame hynny, yn ôl yr hyn a ymddangosodd yn 'Radi(o)lwg' yn *Y Faner* ar 7 Hydref 1988:

Llongyfarchiadau i Sulwyn Thomas ar ei benodi'n rheolwr y BBC yn Abertawe. Tybed am ba hyd y bydd yn parhau i gyflwyno'i *Stondin*? Mae'r *Stondin* yn rhaglen arbennig iawn, a byddai ei cholli'n gadael bwlch na fyddai'n rhy hawdd i'w lenwi.

15

Allwn i fyth fod wedi cael gwell dechreuad yn y swydd. Roedd y BBC wedi gwario hanner miliwn o bunne ar addasu, adnewyddu a gwella stiwdios Abertawe – gwaith yr oedd Lyn wedi rhoi orie i'w sicrhau. Pan ddaeth Marmaduke Hussey, Cadeirydd y Llywodraethwyr, a phenaethiaid o Lundain a Chaerdydd lawr i'r agoriad swyddogol, y fi oedd yn eu croesawu.

Gyda llaw, roedd yr un a alwen ni yn 'bennaeth answyddogol' Abertawe, Thelma Jones, wedi ymddeol ar ddiwedd 1986, a pharatowyd *Stondin* arbennig i ffarwelio â hi. Roedd Thelma wedi rhoi ei hoes i'r BBC, ac ar ôl cael ei gadael ar ei phen ei hun am flynyddoedd yn Abertawe, wedi llwyddo i gadw'r lle i fynd, yn ogystal â chadw'r freuddwyd yn fyw y dôi bywyd newydd i'r hen le cyn iddi adael. Doedd neb balchach na Thelma pan ddigwyddodd hynny dan oruchwyliaeth Lyn.

Yr hyn oedd yn ofynnol i mi ei wneud, bellach, oedd cadw'r sioe i fynd ac ehangu. Daeth gwaredigaeth ar blât o gyfeiriad annisgwyl – o Radio Wales. Roedd Bob Atkins a Gaynor Vaughan Jones yn awyddus i gynyddu'r orie darlledu o Abertawe. O ganlyniad cafwyd cyfraniade disglair gan rai fel y canwr a'r cyfansoddwr Mal Pope, Brian Harries, Lionel Kellway, Anita Morgan, Gerry Monte ac Owen Money. Ond y mwya ohonyn nhw i gyd oedd y dyn o Aberdâr – Roy Noble. Cyndyn iawn oedd e i adael y tŵr ifori yng Nghaerdydd, gan ofni y byddai'n colli'i statws a'i boblogrwydd. Fe ges i waith ei berswadio nad oedd Abertawe yn bellach na Chaerdydd o Aberdâr! Treuliodd Roy flynyddoedd yn gosod ei farc arbennig ar ddarlledu o ail ddinas Cymru ar y pryd.

Hefyd, fe ddychwelodd Richard Rees i Abertawe – y tro yma fel cynhyrchydd teledu, gyda Sian Davies yn ei gynorthwyo – ac am gyfnod bu Wyn Gruffydd yno fel gohebydd amaeth. Roedd pob twll a chornel o'r adeilad yn llawn.

Roedd y stiwdio ore yng ngwledydd Prydain o ran acwstigs – Stiwdio 1 – yn awr ar agor yn swyddogol. Roedd Lyn a finne wedi defnyddio'r stiwdio hardd honno heb ganiatâd adeg marathone 'Plant mewn Angen'. Am flynyddoedd fe fydden ni'n darlledu am orie ym mis Tachwedd i godi arian, a chydlynu'r cyfan ar y noson gyda Bangor a Chaerdydd. Pan ddechreuodd Radio Wales a'r teledu hefyd ddarlledu o Abertawe, fe gododd ein symie ni i'r entrychion. Dwi'n cofio, a ninne newydd ddechre yn 1981, inni godi rhyw £70 a theimlo ein bod wedi gwneud strocen! Erbyn i mi adael, roedd y ffigwr ar y noson yn debycach i £70,000.

Bydde pawb yn mwynhau'r holl hwyl fydde 'na ar ddyddie 'Plant mewn Angen', ond roedd 'na hefyd ambell wefr arbennig i'w gael. Teithiai core fel Côr Meibion Llanelli a chore erill draw atom i ganu. Anghofia i fyth, un nos Wener, Helen Gibbon yn dod â phlant a phobol ifanc Côr Ysgol Gyfun Ystalyfera draw, a chanu 'O Sanctaidd Nos'. Mae'r cyfan yn hollol fyw nawr yn fy ngho', a diolch byth fe gadwes gopi casét o'u perfformiad gwefreiddiol.

Mrs Dianne Thomas, un a oedd wedi gweithio i'r BBC yn

Abertawe ers cyn chwalfa'r chwedege, a ddaliai fy nwylo'n dynn fel ysgrifenyddes am y chwe blynedd y bûm i'n dipyn o bennaeth. Hebddi hi, fedrwn i fyth â bod wedi gwneud dim o werth. Pan oedd angen drafftio llythyr, dyna i gyd oedd yn rhaid i mi ei wneud oedd cau'r drws ac arddweud fy neges. Galle hi gywiro fy Nghymraeg a'm Saesneg wrth deipio i deipiadur o'r hen deip, ac o fewn dim amser bydde'r gorchwyl wedi'i gwblhau a dim ar ôl i mi ei wneud ond arwyddo'r llythyr. Ysgrifenyddes a hanner – yn driw i'r hen werthoedd ac yn gaffaeliad gwirioneddol. Un o'r cyfnode anodda un oedd pan glywodd hi bod ei gŵr, Teifion, yn wael 'da'r clefyd ofnadwy hwnnw, cancr. Diolch bod 'da ni ferched fel Delyth Lewis ac Awen Phillips fedre godi gwên, i liniaru ychydig ar boen meddwl Dianne dros y cyfnod.

Do'n i ddim yn hoff o'r holl waith papur a'r trafodaethe diddiwedd. Gadawes i Radio Wales i fynd eu ffordd eu hunen – gyda'u bod nhw ddim yn mynd dros ben llestri! Roedd Geraint Davies, yr uwch gynhyrchydd, yn gefn mawr, ac ynte'n cael llawer mwy o raff 'da fi er mwyn rhoi profiad iddo.

Roedd y cyfnod yn llawn o'r cynllunie gwallgo hynny a becynnid dan deitl 'Producer's Choice' – syniad, yn syml, a olygai fod yn rhaid i ni i gyd fod yn wŷr a gwragedd busnes ac nid yn greaduriaid creadigol syml fel cynt. Doedd y syniade ddim yn dderbyniol i lawer; cafwyd mwy nag un cyfnod o weithredu diwydiannol, a minne fel pennaeth yn gorfod cadw'r siop ar agor. Fu dim rhaid i mi gyflwyno ar fy mhen fy hun na thorri'r streic ond roedd y diwrnode hynny gyda'r diflasa yn fy mywyd. Fi yn fy swyddfa tra oedd fy ffrindie tu fas ar y llinell biced. Diawch, un bore dyma fi'n estyn te iddyn nhw drwy'r ffenest – gweithred dosturiol ar y pryd ond un a riportiwyd i rywun yng Nghaerdydd, ac fe ges i gerydd bychan am fy ngharedigrwydd.

Ond wedyn, bob hyn a hyn, fel y bu dros y blynyddoedd y bûm yn darlledu, bydde'n hyfryd cael cyfle i anghofio'n probleme ac ymlacio mewn rhyw ddathliad neu'i gilydd – dathlu deng mlynedd o fodolaeth y *Stondin*, neu hanner can mlynedd o ddarlledu o Abertawe, ac yn y blaen.

Ac, wrth gwrs, byddwn wrth fy modd yn cael unrhyw esgus i fynd 'ar daith'. Bu sawl cyfle felly gyda Hywel a Nia, a'r hyn sy'n sefyll mas yw'r croeso ymhobman – yn enwedig Caernarfon a Llangefni.

Taith arbennig oedd honno i godi arian i'r Urdd yn 1986 – Hywel, Gari ('Wilias'), Prys Jones a finne'n cerdded o Gaerfyrddin i Fethesda yn Nyffryn Ogwen. Roedden ni ryw wyth milltir o dre Caerfyrddin ac yn dringo rhiw hir Alltwalis, pan ddwedodd Wilias wrth Gwynfryn: 'Wyt ti'n gwbod pam y galwyd hon yn Alltwalis? Dim ond "walis" fel ni fydde'n ei cherdded hi fel hyn!' Rhaid oedd cynnal cyngherdde a chymanfa ar y daith, a chyrraedd Bethesda cyn y Steddfod wedi codi dros £20,000.

A dyna beth od – rhyw ffigwr tebyg a godwyd mewn ymdrechion erill y bues i'n ymwneud â nhw. Yn 1985 roedd Michael Burke wedi ysgwyd y byd gyda'i adroddiade am y newyn yn Ethiopia, a chynhyrfwyd Bob Geldof ac erill gan y llunie truenus, a chawsom Band Aid. Fe wahoddwyd fi un noson i dynnu raffl fawr mewn tafarn yn Llanybydder. Yng nghanol y cyfan fe agores i 'ngheg fawr, a chrybwyll y posibilrwydd o gynnal cyngerdd ym mhafiliwn anferth Pontrhydfendigaid. Gwyddwn fod Osian Wyn yn trefnu cyngerdd arbennig at yr achos yn y Steddfod Genedlaethol, ond beth am rywbeth ym mis Medi? Sonies wrth Rhiannon Lewis, athrawes gerdd Ysgol Tregaron, am hyn ar y noson honno yn Llanybydder, ond wedi dychwelyd i Gaerfyrddin, ces draed oer. Roedd e siŵr o fod yn ormod i rywun fel fi i'w drefnu.

Ffoniodd Rhiannon ganol yr wythnos ganlynol gan ofyn beth o'n i wedi'i wneud am y syniad. Roedd gormod o gywilydd gen i i ddweud 'Dim', felly dyma ffonio fy nghyfaill gore, a'r marchnatwr o fri, Wynne Melville Jones. Galwyd panel; aethpwyd i weld pobol ffantastig y Bont; ffoniwyd artistiaid o bob rhan o Gymru, ac fe ddaeth 'Byd Bont' i fod.

Ym mis Medi, fe gafon ni ddiwrnod anhygoel yn y Bont – y tywydd yn garedig, a miloedd yno i wrando ar Dafydd Iwan, Hogiau'r Wyddfa, Côr Meibion Llanelli, Côr Telyn Teilo, digrifwyr ac ati. Roedd 'na gast anfarwol, a phawb yn rhoi eu gwasanaeth am ddim. Cynhyrchwyd cardie Nadolig gyda wyneb plentyn amddifad ar y clawr; cynhyrchwyd casét o'r noson a gwerthwyd mil ohonyn nhw. Un artist wnaeth argraff arbennig arna i oedd Tecwyn Ifan. Roedd e'n weinidog yn y Bont ar y pryd, ac fe gyfansoddodd e gân arbennig at yr achlysur, 'Welaist ti'r llunie?' I mi, mae hi'n glasur o bregeth ar gân:

> Welaist ti'r llunie o'r newyn a'i wae?
> Cnawd y baban heb guddio'i esgyrn brau;
> Rhy gryf i farw, rhy wan i fyw
> Yw'r bychan eiddil gwyw.
> Mae llygaid Crist yn ei lygaid ef
> Ac mae'n edrych arnom ni.

Gwych iawn. Ac fe brofodd y cyfan yn llwyddiant ymarferol hefyd: rhannwyd dros ugen mil o bunne rhwng Arian Byw a Chymorth Cristnogol. Roedd poblogrwydd y *Stondin* ar lawr gwlad wedi'i brofi unwaith eto – er nad dyna'i swyddogaeth swyddogol hi, fel petai.

A doedd penaethiaid Caerdydd ddim yn gwbwl hapus pan addaswyd ein swyddogaeth adeg ymgyrch yn 1991 i gael tegwch i rai yn dioddef o glefyd y llwch. Y Parchedig Gareth Alban ddefnyddiodd y *Stondin* i wthio'r neges, a ninne'n barod i hybu'r ymgyrch a chasglu miloedd o enwe ar ddeiseb. Tybiai un neu ddau inni fynd yn rhy bell yn uniaethu ag ymgyrch fel'na, hyd yn oed.

Ar ddamwain y daeth y cyfle ola i godi arian fel cyflwynydd y *Stondin*. Roedd Glenys a minne wedi mynd mas i Goedhirion, Llanddarog, am swper wythnos neu ddwy cyn Nadolig 1993, ar wahoddiad Selwyn a Daphne Evans. Ar ôl swper, dyma Daphne, a oedd ar y pryd yn gweithio i Gymdeithas y Plant, yn crybwyll ei bod yn warthus nad oedd yr un Cymro Cymraeg yn cymryd rhan yn 'Le Walk' – taith gerdded hanesyddol trwy dwnnel y sianel rhwng Folkestone a Calais. Cymdeithas y Plant oedd wedi cael y syniad – cael cant o bobol i gerdded, a hanner yr arian a godent yn mynd dros y gymdeithas a'r gweddill dros achosion da erill. Roedd yn gyfle am gyhoeddusrwydd mawr ac enwogion fel Daley Thompson ac Ulrika Johnson i fod ymhlith y cerddwyr.

Roedd hyn i ddigwydd ym mis Chwefror – ar yr union benwythnos cyn ein tair milfed *Stondin* y Llun canlynol. Dyma'r hen 'gogs' yn troi yn fy mhen, ac es ar y ffôn ben bore trannoeth a chael gair gyda Terry Warburton, cyfarwyddwr prosiect 'Le Walk' (un â chysylltiade â Chymru, gyda llaw). Roedd e'n amlwg â diddordeb. Ond roedd angen i mi addo codi £10,000 cyn dechre, ac fe fydde siawns wedyn iddo gael lle i fi – ond alle fe ddim rhoi sicrwydd ar y pryd y cawn gymryd rhan.

Ddiwrnod cyn y Nadolig ces wbod fod rhywun wedi tynnu mas, ac mai fi fydde'r Cymro Cymraeg cynta a'r ola i gerdded drwy'r twnnel tri deg un o filltiroedd o hyd. Roedd hyn yn dipyn o sialens, ac es mas i ymarfer yn syth ar ôl fy nghinio Dolig! Roedd rhaid wedyn ehangu'r cylch cerdded o gwmpas Caerfyrddin am wythnose nes llwyddo o'r diwedd i gerdded deg milltir ar hugen mewn diwrnod.

Roedd gwrandawyr y *Stondin* wedi cael sialens hefyd ac fel arfer fe ymatebon nhw'n benigamp. Ysgrifennes at gant o bobol allweddol yn eu bröydd yn gofyn iddyn nhw godi canpunt yr un. Erbyn y diwedd, codwyd dwywaith yr hyn y gofynnwyd amdano'n wreiddiol. Cerddes drwy'r twnnel gyda ffrindie newydd sbon am ddeuddeg awr ar ddydd Sadwrn y daith, gan chwifio'r Ddraig Goch yn frwdfrydig (a thrwy hynny ddenu mwy o sylw ar y teledu), a chael medal gan Richard Branson ar y diwedd. Erbyn y bore Llun roedd Geraint Rhys Evans wedi creu rhaglen am y cyfan i ddathlu tair mil o raglenni'r *Stondin*.

Ymysg y tair mil yna rhaid sôn am un raglen gofiadwy iawn – rhaglen am Helen House yn Rhydychen, lle roedd Owain bach, mab Enfys a Cen Llwyd o Dalgarreg, yn treulio'i ddyddie olaf yno yn yr hospis. Cafon ninne ymweld â'r lle dyrchafol hwnnw ym mis Rhagfyr 1985.

Ces flas ar baratoi cyfresi gyda chyflwynwyr erill hefyd. Yn eu plith, dwi'n cofio'n arbennig am raglenni gyda fy hen ffrind, Arwyn Davies – *Dilyn y Cledrau*, am hen reilffyrdd gorllewin Cymru; plastai Ceredigion gyda Goronwy Evans; a *Helô, helô, helô*, pan roddwyd siawns i Arwyn, John

Meredith a Merfyn Davies gyflwyno rhaglenni am yn ail. Cyfresi dros dro oedd y rheina, ond un syniad ges i oedd *Galwad Cynnar* – rhaglen fore Sadwrn i apelio at bobol oedd, fel fi, wrth eu bodde'n cerdded a mwynhau cefen gwlad ar benwythnos. Richard Rees a gyflwynai'r rhaglen ar y dechre; erbyn hyn, wrth gwrs, Gerallt Pennant yw ceidwad y rhaglen.

Roedd 'na ddisgwyl i ni i gyd gael syniade newydd fel'na drwy'r amser, a pharatoi rhaglenni hen a newydd – a finne ar ben hynny i fod i ofalu am y lle! Ond yn ogystal â hynny hefyd, roedd Abertawe wedi tyfu'n ganolfan newyddion o bwys. Gosodwyd camera otomatig mewn un stiwdio fel y gallai Garry Owen a Gilbert John a gohebwyr erill ddarlledu'n fyw oddi yno. Roedd y stiwdio i'w defnyddio ar gyfer cyfweliade ar raglenni newyddion hefyd. Erbyn hyn roedd y cyfrifiadur yn dechre cymryd drosodd ac roedd modd cysylltu â'r gwahanol ganolfanne newyddion erill a bwydo straeon yn ddidrafferth ac yn gyflym. Cyn pen dim roedd Garry'n cydgyflwyno prif fwletin newyddion S4C – fe, Garry, yn Abertawe a Dewi Llwyd ym Mangor. Dyna un o syniade mwya herfeiddiol a newydd Gwilym Owen fel Pennaeth Newyddion a Materion Cyfoes BBC Cymru.

* * *

Er yr holl brysurdeb a'r cyffro, ro'n i ers sbel yn anghyfforddus yn y swydd. Erbyn diwedd 1993 ro'n i wedi cael llond bol, ac am ddychwelyd i gyflwyno a chynhyrchu. Roedd y *régime* wedi newid yn y BBC a'r pwyslais fwyfwy ar reoli arian ac 'asesu' ac ati – y cyfan yn bethe y dymunwn weld rhywun arall heblaw fi yn eu gwneud.

174

Penderfynes hysbysu Lyn o 'mwriad, ac yn dawel fach fe benderfynwyd y byddwn yn rhoi'r gore iddi y gwanwyn canlynol ond gyda dwy flynedd o gytundeb, o ddechre Mawrth 1994, i barhau i gyflwyno'r *Stondin* a chynhyrchu rhaglenni erill.

Ysgrifennes lythyr at Reolwr newydd BBC Cymru, Geraint Talfan Davies. Er imi gael gair caredig iawn o ddiolch gan y Pennaeth Rhaglenni Cymraeg, Gwynn Pritchard, ni chlywais air oddi wrth y Rheolwr, er imi gwpla fy llythyr fel hyn: 'Gobeithiaf y cytunwch bod BBC Abertawe yn gryfach nawr nag a fu ar unrhyw gyfnod er i'ch tad [Aneurin Talfan Davies] arwain yma. Rhoddaf gyfle i rywun arall i'w godi eto'n uwch.'

Y tristwch mawr yw na wireddwyd hynny.

16

Mae'r hen ystrydebe mor berthnasol ym maes darlledu ag y maen nhw ym mhob maes arall, a does 'na 'run sy'n gweddu'n well i'r proffesiwn y bues i mor ffodus â chael fy hun ynddo am nifer dda o flynyddoedd na'r hen ddywediad Saesneg hwnnw, 'New brooms sweep clean'.

Roedd 'na newidiade go fawr ar droed yn Radio Cymru. Er 'mod i'n argyhoeddedig na fyddwn wedi para'n hir yn fy swydd fel pennaeth Abertawe hyd yn oed 'tawn i ddim wedi rhoi'r gore iddi pan wnes i, ro'n i'n weddol ffyddiog fod poblogrwydd y *Stondin* yn dal yn ddigon cadarn. O leia, doedd dim negeseuon i'r gwrthwyneb yn dod o unlle.

Roedd Lyn Jones ar ei ffordd 'nôl i Gymru o Seland Newydd (lle bu'n gwneud astudiaeth yn ymwneud â darlledu ar ran y Commonwealth Relations Trust). Ni allwn ei weld e'n lladd rhaglen yr oedd wedi bod yn gyfrifol am ei chreu yn y lle cynta, a honno – yn ôl pob golwg – yn dal i fod mor boblogaidd ag erioed. Ond roedd hen ystrydeb arall ar fin cael ei gwireddu. Peidiwch byth â gadael swydd am gyfnod rhag ofn i rywun arall gamu i mewn i'ch cadair yn barhaol! Neu o leia, rhag rhoi cyfle i rywun uwch na chi hel meddylie.

O fewn ychydig wedi i Lyn ddychwelyd, roedd 'na sôn ei fod am gael 'dyrchafiad' – i'r Adran Ddrama. Wn i ddim ai 'gwthiad ar draws' fydde'r cyfieithiad gore o 'sideways move' ai peidio, ond dyna fel yr ymddangosai hyn i lawer ohonon ni (er yn cydnabod mai cariad cynta fy ffrind oedd y ddrama).

Roedd 'na gred bod angen ysgytwad ar Radio Cymru – angen rhywun ifancach wrth y llyw; angen syniade newydd i ddenu pobol ifanc i wrando, ac angen mwy o raglenni herfeiddiol a dewr.

Roedd hi wedi bod yn bwrw eira ar y trydydd o Fawrth 1995, ac roedden ni wedi cael rhaglen brysur arall. Y diwrnod hwnnw chwythodd gwynt oer drwy'r BBC yn Abertawe hefyd, gyda'r cyhoeddiad mai olynydd Lyn Jones fydde Aled Glynne Davies, mab fy nghyn-gydweithiwr T. Glynne Davies. Roedd Aled hefyd wedi bod yn ymchwilydd ar *Heddiw* pan o'n i 'da'r rhaglen honno, cyn iddo fynd yn Bennaeth Newyddion Radio Cymru. Yn fy nyddiadur bach, yr hyn a sgrifennes i ar y diwrnod hwnnw o Fawrth oedd, 'Diwedd ar y *Stondin*?'

Mae'n rhaid i fòs newydd osod ei stamp a symud pethe yn eu blaen – creu enw iddo fe, neu hi, ei hun. Mae'n siŵr bod Aled (fel Lyn o'i flaen, a fu mor fentrus â symud Hywel Gwynfryn i'r prynhawne a chreu'r rhaglen radio drom ac amhoblogaidd honno, *Heddiw*, yn y boreue) wedi cynnig syniade cyffrous cyn iddo gael ei benodi, a bod y penaethiaid wedi'u cyffroi wrth weld rhywun yn barod i weddnewid y gwasanaeth.

Roedd ambell adolygiad llai ffafriol i'r *Stondin* wedi dechre ymddangos yn y papure hefyd. Un enghraifft oedd sylwade Mari Llewelyn yn *Y Faner* ar 2 Awst 1991, yn sôn am raglen *Wrth y Pentan* a'r rhifyn cyn Sioe Llanelwedd gydag Islwyn a Pam Morgan, Pant y Gwyddyl, Sir Benfro:

Y mae Sulwyn ar ei orau mewn sefyllfa ar yr aelwyd neu ar Faes y Sioe, yn sgwrsio'n braf ac yn dangos ei ddiddordeb ysol mewn pobol . . . Mwy o'r un peth sydd ei angen oherwydd ofnaf bod y *Stondin* wedi chwythu'i phlwc. Cafwyd syrffed yn ddiweddar o'r un hen leisiau yn paldaruo, y pynciau diflas a'r llythyrau hirwyntog, amleiriog, heb eu golygu'n ddigon celfydd. Credaf bod gwir angen edrych ar fformat y *Stondin* gan ddysgu ambell wers oddi wrth raglen amser cinio Vincent Kane sydd yn fwy amrywiol: trafodaeth heddiw, trin llyfrau fory, sgwrs o gwmpas y bwrdd drennydd, galwadau ffôn dradwy. Dywed fy ngreddf wrthyf bod y *Stondin* wedi colli llawer o wrandawyr.

Sylwade rhagweledol? O'u darllen nawr, gallech dyngu eu bod wedi eu hysgrifennu gan rywun a weithiai i'r BBC neu yn perthyn i rywun a gyflogwyd gan y Gorfforaeth. Nid felly roedd hi wrth gwrs, ond dwi'n siŵr bod yna rai yn Llandaf wedi darllen yr adolygiad yna gyda diddordeb mawr.

Gwrthod eu derbyn wnes i. Onid barn un person oedd hyn? Doedd dim angen arolwg arnon ni i wbod a oedden ni'n cyrraedd y manne cyfrin hynny yng nghalonne'r bobol. Roedd eu hymateb mewn steddfod a sioe ac ar y stryd yn ddigon i'n hargyhoeddi nad oedd yr hen raglen ar fin darfod. Yr unig beth y galla i fod yn siŵr ohono oedd na ddwedodd neb mewn awdurdod wrtho i fod angen i'r *Stondin* newid a 'siapo'i stwmps'.

Hawdd iawn edrych 'nôl nawr yn 2008 a synhwyro bod y byd yn newid fel roedd yr hen ganrif yn tynnu at ei therfyn. Roedd cymdeithas yng Nghymru fach yn mynd yn fwy soffistigedig, a doedd rhaglen oedd yn rhoi'r flaenoriaeth i bobol gyffredin a naturiol ddim yn debygol o bara'n hir.

* * *

Ar 16 Mai 1994 (yn ôl y dyddiadur bach, eto!) galwyd fi i Gaerdydd i gael cinio gydag Aled. Fydde'r hyn a drafodwyd

178

y diwrnod hwnnw wedi digwydd pe bawn i'n dal yn Bennaeth Abertawe? Pwy a ŵyr. Ond yn gwbwl ddirybudd, heb i mi gael unrhyw awgrym o gwbwl gan neb o fewn y cyfrynge hyd y funud honno nad oedd y *Stondin* yn plesio neu y dylid gwneud newidiade iddi, dyma Aled yn bwrw iddi gyda'i syniade am drefn newydd i'r rhaglen.

Addawodd y bydde *Stondin Sulwyn* yn parhau mewn enw, ond wedi'i rhannu'n *bedair* rhan, gyda chyfanswm y munude'n ddim llai na hanner can munud. Bydde elfen o gydweithio clòs gyda bas data a chompiwtar – a chyda'r adran newyddion, yn bendant. Bydde'r patrwm yn rhan annatod o'r bore ac nid cael gwared â'r *Stondin* oedd y bwriad o gwbwl.

Mewn sgwrs ffôn 'da fi wedyn, fe ddwedodd nad oedd yn hapus 'da'r rhaglen fel ag yr oedd. Y syniad roedd e am ei gael drosodd oedd mai ar beder coes y *Stondin* yr adeiledid y bore – peder slot, peder rhaglen. Bydde popeth yn gweithio o gwmpas hynna, ac unwaith eto (ac mae hyn yn allweddol), fe ddwedodd y bydde newyddion yn dod mewn iddi hefyd. Gwelwn fod 'na bosibiliade i'r syniad hwnnw: Roedd Radio 5 wedi dechre ac yn tyfu mewn poblogrwydd, a 'rolling news' yn dechre dod yn rhywbeth oedd yn cydio yn y dychymyg. Ni allwn chwaith ddweud fy mod yn erbyn arbrofi.

Y tu ôl i hyn i gyd hefyd, fe dybiwn ar y pryd, yr oedd adroddiad am ffigure gwrando Radio Ceredigion. Ro'n i'n adnabod ambell un a oedd ynghlwm â'r radio lleol poblogaidd hwnnw. Roedd y ffigure'n dangos bod yr orsaf fach yn curo Radio Cymru'n rhacs yng Ngheredigion, ac eithrio ar ddau gyfnod – cyfnod *Ocsiwnïa* a *Stondin Sulwyn*! Dyna a ddywedwyd wrthyf, yn onest. Felly doedd hi ddim yn syndod clywed mai'r ddwy raglen yna fydde'n cael eu hollti, er mwyn eu gwasgaru ar draws y bore i gadw cynulleidfa. Digon teg. Dyna, mae'n debyg, briod waith pennaeth gorsaf ddarlledu – chwilio am y gynulleidfa fwya posib!

Credwn o'r dechre ei fod yn ofni'r adwaith i'w gynllunie. Dwi hefyd yn siŵr ei fod wedi credu mai fi oedd wedi trefnu'r ymgyrch a ddilynodd yn sgil y penderfyniad, ond gallaf ddweud â llaw ar fy nghalon na wnes i hynny o gwbwl. Fuodd dim angen i mi wneud. Llifodd y llythyron a dechreuodd yr ymgyrch i 'achub' y *Stondin*.

Robyn Léwis, chware teg iddo, roddodd gychwyn arni, mewn llythyr dan y pennawd 'Galw 999' yn *Golwg* ddechre Mehefin:

> Wele Radio Cymru am newid patrwm darlledu sain unwaith yn rhagor, o'r bôn i'r brig. A hynny, hyd y gwelaf, heb ymgynghori â'r gwrandawyr. Meddai gohebydd adnabyddus yn un o bapurau Gwynedd: 'Tasa Radio Cymru wedi eistedd i lawr i feddwl sut y gallent bechu fwyaf yn erbyn y gwrandawyr, allan nhw ddim bod wedi gwneud mwy o ddifrod na poetsio y rhaglen *Stondin Sulwyn* . . .'
>
> Galwodd y colofnydd hwnnw o Wynedd ar i fil o wrandawyr Sulwyn i fynegi eu barn yn gyhoeddus, ac wrth y BBC . . . A ddaw naw cant naw deg naw o wrandawyr eraill i'r adwy i ymuno â mi i geisio achub *Stondin Sulwyn* yn ei ffurf bresennol?

Yn arwyddocaol, ymddangosodd ymateb damniol i'r holl newidiade yn rhifyn Chwefror 1996 o'r *Gambo* (papur bro de-orllewin Ceredigion) dan y pennawd, 'Gwrandawyr yn troi cefn ar Radio Cymru – ac yn troi at Radio Ceredigion'.

Wrth sôn yn benodol am y *Stondin*, cyfeiriai 'A.F.' (pwy bynnag oedd hwnnw) at y diffyg dilyniant i ddadleuon wedi i'r rhaglen gael ei thorri'n ddarne. Fel hyn y gorffennodd ei feirniadaeth: 'Rwy'n credu bod y trefnydd yn treial pwsho Sulwyn lan lofft'!

Y camgymeriad mawr oedd na ddaeth yr adran newyddion yn rhan o'r trefniant o gwbwl. Bydde hynny *wedi* rhoi gwedd newydd ar bethe. Gadawyd Dylan Morris a'r ymchwilwyr a minne i gynhyrchu rhaglen 'newyddion' heb rym a dyfnder yr adran honno.

Ro'n i mas am ddau ddiwrnod yr wythnos ac yn y stiwdio bryd arall. Ar un adeg roedd yn rhaid cael *vox pop* ym mhob un o'r rhaglenni cynnar. Arwydd o wendid yw hynna bron bob amser.

Unwaith y daeth y newidiade i rym, newidiodd cymeriad y rhaglen. Nid *Stondin Sulwyn* oedd hi o hynny ymlaen. Dwi'n siŵr i ni golli cannoedd ar gannoedd o wrandawyr am eu bod ar goll gyda'r symud o gwmpas, y diffyg swmp a'r blerwch technegol fydde'n digwydd yn amal pan fydden ni ar ein teithie, gan golli munude lawer.

Roedd pethe'n poethi. Gwylltiodd Hafina Clwyd, cynolygydd *Y Faner*, benaethiaid y BBC yn ei cholofn radio yn *Y Cymro* wrth ddyrnu 'mlaen am y newidiade oedd yn annerbyniol yn ei golwg hi. Un frawddeg gofiadwy o ymateb gan Geraint Talfan Davies, Rheolwr BBC Cymru, oedd 'Dydw i ddim eisiau plesio Hafina!' Meddai ymhellach: 'Mae Radio Cymru wedi ymateb i realiti – mae Cymru'n newid ac, yn wahanol i'r *Faner*, mae Radio Cymru yn newid gyda hi – edrychwch beth ddigwyddodd i'r *Faner*'.

Doedd y BBC ddim am ildio modfedd. Gwrthodwyd

arolwg Cylch yr Iaith a honnai mai Saesneg oedd 68 y cant o gynnwys un rhaglen ar Radio Cymru – 'cwbl anhygoel a chwbl annerbyniol' yn eu tyb nhw. Roedd 'ffactor Jonsi' wedi dechre cynhyrfu rhai; roedd 'Streic y Beirdd' yn erbyn Seisnigeiddio Radio Cymru yn codi stêm, ac yng nghanol popeth roedd llythyron casach nag arfer yn ymddangos am y *Stondin* a'r stondinwr – er y methwyd cael gafael ar un o'r ddau lythyrwr!

Daeth Dewi Pritchard, Porthmadog, â'i lythyr i'r *Cymro* i ben fel hyn: 'Ofn newid ac ofn newid yn unig sydd y tu ôl i'r hysteria yma, tyfwch lan Gymru. Pan fo rhywbeth wedi cyrraedd diwedd naturiol, peidiwch â dileu [*sic*] ei farwolaeth. Hedd i lwch *Stondin Sulwyn*'. Doedd Charles Mainwaring o Bont-henri ddim yn rhy garedig â'i gyngor i mi yn *Golwg*: 'Am unwaith, Sulwyn, gwrandewch ar eich cynulleidfa, yn hytrach na cheisio twyllo eich hun a phawb arall fod y *Stondin* – fel y mae hi ar hyn o bryd – yn werth ei hachub.'

Rhydd i bawb ei farn, wrth gwrs, a gwahanol oedd barn rhai erill. Roedd hynny'n rhywfaint o gysur! Daeth hwb yn Ffair Aeaf Llanelwedd y flwyddyn honno wrth i bawb wneud ymdrech arbennig i ddod at y meic i ddweud eu pwt i'n cefnogi – fel pe baen nhw'n tosturio wrthon ni fel rhaglen.

Roedd y fformat newydd bytiog yn gweddu'n eitha yn rhywle fel y Ffair Aeaf, ond yn dipyn o drychineb yn fy marn i y rhan fwya o'r amser. Mewn nodyn ar ddiwedd 1995, ysgrifennes yn y dyddiadur bach: 'Y rhifyn ola'n dangos pa mor amhosib yw cynnal rhywbeth teidi 'da'r drefn newydd.' A dyna'r farn yn y llythyron a dderbyniem;

un llythyrwr yn danfon gair 'i raglen *soundbite* Sulwyn'. Dyna a glywem ym mhobman ar lawr gwlad.

Ta beth, fe glatshon ni 'mlaen! Do'n i ddim yn ddyn hapus, ond roedd Dylan Morris, y dyn galluog ag oedd e, wedi cymryd y newidiade'n bersonol – yn sen ar ei ddonie cynhyrchu – a dwi'n argyhoeddedig i hyn oll effeithio ar ei iechyd.

* * *

Dyma *bombshell* arall ar y nawfed o Chwefror, 1996! Derbynies alwad ffôn gan Aled i ddweud y bydde'r *Stondin*, o fis Ebrill ymlaen, yn mynd yn rhaglen *hanner* awr o hyd, i'w darlledu am hanner awr wedi hanner dydd. Yr adran newyddion fydde'n ei chynhyrchu. Fe fyddwn i yng Nghaerfyrddin; doedd dim sôn am fewnbwn o Abertawe. Golygai hynny ergyd farwol arall i'r lle oedd yn dadfeilio fel canolfan Radio Cymru ta beth erbyn hynny.

Ond pan wnaed y cyhoeddiad swyddogol, roedd pethe wedi newid unwaith eto. Fe fydde'r *Stondin* ddarniog yn cael ei hail-wau – yn un darn, ie – ond yn *dri chwarter* awr o hyd, gyda bwletin newyddion am un o'r gloch cyn y traean ola. Yr adran newyddion fydde'n gyfrifol, a minne â dau gyfrifiadur o 'mlaen i yn y stiwdio wrthi yn dilyn y newyddion, yr ymateb a chyfarwyddiade cynhyrchwyr. Er nad oedd 'da fi lawer o glem am gyfrifiaduron, fe ddysges gymaint ag roedd ei angen i gadw i fynd o ddydd i ddydd.

Y rhaglen gynta dan y drefn newydd oedd rhaglen fyw o Aberteifi – un o'r goreuon erioed. Protest gan ddau gant o ferched (aelode o Undeb Amaethwyr Cymru) yn erbyn arch-farchnad Tesco oedd wedi agor yno. 'Grêt!' oedd f'ymateb i, a meddwl hefyd sut gallen ni gael rhywbeth cystal drannoeth. Roedd fel pe bai pobol gyffredin am ddangos eu gwerthfawrogiad bod y rhaglen yn ôl yn un darn – ei bod yn bwysig bod neges y brotest yn cael ei chlywed, ac mai ar y *Stondin* yr oedd rhai o'r bobol hynny am i'r neges honno gael ei chlywed. Fe allwn i fod wedi cusanu pob un o'r merched a aeth i'r drafferth o ddod lawr yn unswydd i ganol tre brysur Aberteifi ar Lun y Pasg i greu rhaglen gynhyrfus! Roedd hunlle a ffwlbri'r misoedd blaenorol wedi'u hanghofio mewn tri chwarter awr, a phennod newydd eto yn hanes y *Stondin* wedi'i hysgrifennu.

Yn *Y Cymro* ddiwedd y mis Ebrill hwnnw, roedd un golofnwraig wrth ei bodd. Nododd Hafina Clwyd fod 'dwn-i-ddim-faint' o bobl wedi dweud wrthi hi eu bod wedi'u plesio o weld 'y *Stondin* yn ôl . . . ac nid oes ddadl nad yw Sulwyn yntau wedi sionci drwyddo!'

Er cystal blas oedd ar y fuddugoliaeth, ro'n i hefyd yn gwbod yn rhy dda nad oedd neb lawer wedi gorchfygu'r 'Bîb' ac y bydden i'n siŵr o ddioddef rywsut yn y pen draw. Mae'n ffaith mai dim ond un o'r penaethiaid ar y pryd gyfaddefodd iddyn nhw wneud y penderfyniad anghywir yn mela â'r *Stondin*, a chaniatáu iddi gael ei rhacsu'n dair – a phennaeth rhaglenni Cymraeg y Gorfforaeth ar y pryd, Gwynn Pritchard, oedd hwnnw. Ie, yr union un (a'r unig un) oedd wedi diolch i mi am fy ngwaith fel Pennaeth yn Abertawe am chwe blynedd!

Ynghanol melyster y 'fuddugoliaeth' roedd 'na chwerwder. Ar y nawfed ar hugen o Fedi daeth y newyddion fod Dylan Morris wedi marw – wedi cyfnod o geisio dygymod â'r clefyd erchyll hwnnw, y cancr. Roedd yr athrylith yn llonydd a mud, a finne'n teimlo min y golled i'r byw. Gwyddwn cystal â neb gymaint oedd ei allu mewn amrywiol feysydd; roedd e'n gwbwl anghonfensiynol ei ffordd, ond ei 'sbarc' e fydde'n ein hachub yn fynych ar y *Stondin* dros y ddau gyfnod y bu'n gweithio ar y rhaglen. Fel cymeriad roedd e'n un sensitif ac emosiynol, a'r drasiedi fwya oedd iddo ganfod hapusrwydd gyda Catrin ac yna colli'r frwydr mor fuan wedi hynny, ac mor ifanc hefyd.

17

Mae'r blynyddoedd o gwmpas troad y ganrif yn hanes y *Stondin* a minne'n destun rhyfeddod i mi erbyn hyn.

Un funud roedd adran newyddion Caerdydd yn gyfrifol am y rhaglen, a finne yn fy nghwtsh bach yng Nghaerfyrddin yn cadw mewn cysylltiad drwy negeseuon e-bost a ffôn, yna wedyn adran Bangor yn dod i ofalu amdani. Ar un adeg roedd yr ymchwilydd yng Nghaerdydd a'r tîm cynhyrchu ym Mangor a finne yng Nghaerfyrddin! Rhaid dweud mai prin oedd y diwrnode y ceid trafferthion mawr – dim ond pan fydden i'n mynd i ambell stiwdio fel un Aberystwyth, am ryw reswm.

Er yr anawstere fydde'n codi'u penne weithie, roedd y blynyddoedd hyn yn rhai digon cynhyrchiol, a Garffild Lloyd Lewis ym Mangor yn gefn parhaus. Ro'n i hefyd yn gwerthfawrogi gwaith cynhyrchwyr ac ymchwilwyr ac ati, er mor anodd oedd dangos hynny a ninne gymaint ar wahân. Roedd adnodde digymar y Gorfforaeth inni ar blât, a ninne'n medru galw ar arbenigwyr a gohebwyr nodedig. Ac, wrth gwrs, roedd 'na newidiade mawr a chynhyrfus yn digwydd yng Nghymru yn y cyfnod hwn.

Roedd y Cynulliad yng Nghaerdydd wedi dod bellach yn un o'n 'manne cyfarfod' ni, a phyncie mawr y dydd – yn cynnwys yr holl ddatblygiade gwleidyddol yn genedlaethol – yn rhan o'r arlwy ddyddiol. Serch hynny, er bod 'da ni'n harbenigwyr gwleidyddol ein hunen, fel John Stevenson, daeth hi'n amlwg na phlesion ni bawb yn y Cynulliad newydd a agorwyd yn swyddogol ar 26 Mai 1999, na phenaethiaid y Bîb – fel y cewch chi weld yn y funud.

Roedd John yn ein gadael ymhen ychydig dros fis wedyn, a bu ei gyfraniad fel gohebydd seneddol y BBC yn Llundain am flynyddoedd wedyn yn destun balchder anhygoel. Dridie wedi i John adael, dyma Aled Eurig yn fy ffonio gan ddweud mai am bedwar diwrnod yn unig y bydde'r *Stondin* yn cael ei darlledu o fis Medi'r flwyddyn honno 'mlaen. Bydde 'na raglen arbennig bob dydd Mercher i groniclo gweithgaredde'r Cynulliad.

Segur fuon ni, felly, bob dydd Mercher tan Orffennaf 2000. Roedd hi'n anochel 'mod i'n dechre meddwl unwaith eto bod yr ysgrifen ar y mur i'r hen *Stondin*.

Ar ddechre'r mileniwm newydd, codwyd ein calonne unwaith eto! Cawsom sgŵp go iawn gyda helynt penodi Cyfarwyddwr Addysg i Gyngor Sir Gâr. Unwaith yn rhagor roedd yr ymateb yn llifo, a'r siaradwyr yn gignoeth yn eu cyfraniade – a Phlaid Cymru yn ei chanol hi. 'Grassroots revolt' oedd un disgrifiad, a'r *Stondin* ar y blaen gyda'r stori am ddyddie lawer. Alla i ddim enwi'r person roddodd y *tip-off* ond dwi wedi diolch iddo ddwsenni o weithie am ein rhoi ni 'nôl ar y map fel rhaglen alle gynhyrfu pobol mewn llywodraeth leol. Doedd tri chwarter awr ddim yn ddigon! Yn amal wedi hynny fe gaem estyniad – fel gyda helynt smonach y pleidleisio yn ystod *Cân i Gymru*, a'n gorfododd i fynd 'mlaen tan ddeng munud i ddau y pnawn, y tro cynta i hynny ddigwydd dan 'y drefn newydd' ddiweddara.

Yn Eisteddfod Llanelli 2000, roedd protest Cymdeithas yr

Iaith yn erbyn Cyngor Sir Gâr yn digwydd o flaen ein llygaid, a ninne'n medru cynnal y cyfan gyda'r holl ddadle ffyrnig. Chware teg i'r cynghorydd Huw John am gadw ochr y Cyngor drwy gydol y brotest! Cracyr o raglen oedd honno.

Heb os, cyfnod gore'r *Stondin* ar ddechre'r ganrif oedd cyfnod helbulus clwy'r traed a'r gene; unwaith eto, anffawd a thrychineb i erill yn ddeunydd gwych i ni'r darlledwyr.

Roedd helynt y clwy'n llenwi rhaglenni cyfan, a ninne'n gorfod dal i ddarlledu bron yn ddyddiol tan ddau o'r gloch y pnawn. Yn gymysg â'r galwade ffôn digymell, roedd cynghorion buddiol milfeddyg y Cynulliad, Dave Thomas, neu'r Gweinidog Amaeth, Carwyn Jones – ffrind da i'r rhaglen ers iddo gael ei gyfle mawr cynta ar y cyfrynge ar y *Stondin* yn y cyfnod cyn y Refferendwm. Caem hefyd y newyddion diweddara ar y clwy gan ohebydd amaeth y BBC, Nia Thomas, ond yn fwy dirdynnol na dim, ymateb gonest ac emosiynol ffermwyr oedd yn colli'r cyfan wrth i'r clwy afael mewn rhai ardaloedd. Fel gyda streic y glowyr bymtheng mlynedd ynghynt, roedd dyn yn closio at y ffermwyr yn eu trybini.

Yn wahanol i gyfnod helynt 'clefyd y gwartheg gwallgo', pan dorrodd y clwy mas nid yn unig roedd Cymry Cymraeg mewn swyddi uchel yn y Cynulliad, ond hefyd roedd Hugh Richards a Bob Parry yn siaradwyr llithrig a pharod ar ran yr undebe amaethyddol ar y pryd. Gallem ddibynnu bod awdurdod a dealltwriaeth y tu ôl i'r geirie – nid rhyw siarad ail law o San Steffan. Llawn cyn bwysiced i mi oedd bod y *Stondin* unwaith eto'n cynnig 'gwasanaeth' yn hytrach na rhaffu pyncie a straeon. Pan feddyliech ei bod hi'n bryd troi at rywbeth arall, roedd 'na dro newydd i'r stori, ac aeth hyn yn ei flaen am wythnose lawer.

Yn gynnar yn 2002 cawsom achlust bod 'na newidiade mawr ar droed yn atomfa Trawsfynydd. Cafodd Garffild Lloyd Lewis (oedd ei hun yn fachgen o'r Traws) y syniad y dylwn fynd i Dungeness, ar arfordir deheuol Caint, i siarad â Chymry oedd wedi gorfod symud yno i weithio ar ôl colli swyddi yng Nghymru. Wedi rasio lawr yno, dyma gyfarfod â rhai ohonyn nhw mewn tafarn y noson cyn inni wneud ein rhaglen, a synnu clywed un neu ddau yn canmol neu'n dwrdio rhai o'r siaradwyr ar y *Stondin* orie cyn hynny! Ro'n i'n methu'n deg â deall sut roedden nhw'n medru clywed y rhaglen ym mhen pella Lloegr, a chlywed mai derbyn Radio Cymru ar Sky yr oedden nhw. Dyna brawf bod cynulleidfa aruthrol fwy yn bosib bellach.

* * *

Roedd y dystiolaeth yna a ges i yn Dungeness ddechre 2002 yn beth calonogol dros ben ar gyfer y dyfodol – nid i mi'n bersonol, gan 'mod i wedi penderfynu y buaswn yn cwpla darlledu'n ddyddiol ar fy mhen-blwydd yn drigen oed ym Mehefin 2003.

Roedd 'da fi gytundeb i gadarnhau hynny, diolch i Aled Eurig. Wedi fy ffonio i roedd e ym mis Mai 2001, pan oedd y cytundeb blwyddyn oedd 'da fi ar y pryd ar fin dod i ben, i ofyn â'i dafod yn ei foch a oedd gyda fi awydd parhau am flwyddyn arall?! Do'n i erioed wedi cymryd estyniad o'r fath yn ganiataol, felly fe ddiolches i iddo. Dwi'n cofio dweud rhywbeth fel, 'Gan dy fod ti wedi bod mor garedig, dwi am i ti wbod yr hoffwn roi'r gore iddi yn 2003 pan fydda i yn

189

drigen oed – hynny yw, os wyt ti am i fi fynd 'mlaen tan hynny.' Chwerthin wnaeth e, gan ame a oeddwn ar fin cyrraedd yr oedran yna, a dyna i gyd fuodd rhyngon ni ar y pryd.

Drannoeth ces alwad gan Carol Davies o'r Adran Cytundebe, rhywun yr o'n i wedi'i hedmygu am fod mor deg â fi ar hyd y blynyddoedd. 'Ffonio ynglŷn â'r cytundeb,' medde hi. 'O ie, dwi'n gwbod,' meddwn inne, 'dwi'n cael blwyddyn arall. 'Na,' medde Carol, 'r'ych chi'n cael *dwy* flynedd a phedwar mis o gytundeb – mae Aled wedi dweud.'

Nawr, roedd hynny'n golygu y byddwn yn cwpla dri mis ar *ôl* fy mhen-blwydd yn drigen. Heb fanylu, tybiwn y bydde hynny'n unol â rhyw hen drefn gyda newidiade yn y BBC. Ta beth, yfwyd glasied bach o win y noson honno, ac arwyddwyd y cytundeb yn llawen iawn gan wbod y gallwn bellach fwynhau fy hun a pheidio gofidio am y *Stondin* tan ddiwedd Medi 2003.

Fe ddylwn fod wedi gwybod yn well. Does neb yn ei chael hi mor rhwydd â hynna yn yr hen fyd 'ma!

Nawr, mae 'conspiracy theorist' penna Cymru, Gwilym Owen, yn meddwl i'r penderfyniad nesa yn hanes rhaglen y *Stondin* gael ei wneud 'nôl tua Hydref 2001, pan oedd y rhaglen ar fin dathlu ei hugen oed. Cafwyd parti yng Nghaerfyrddin ddechre Tachwedd, a Garffild Lloyd Lewis yn cyflwyno print hyfryd o un o lunie Kyffin Williams i mi. Er bod digon o hwyl yn y parti hwnnw, doedd neb i weld yn siŵr pwy oedd am siarad ar ôl Lyn Jones a Garffild. Aled Eurig wnaeth hynny yn y diwedd.

Dyna esbonio, o bosib, pam i ddarn *mor* ganmoliaethus

â'r canlynol ymddangos yn *Golwg* y Tachwedd hwnnw – gan Gwilym Owen!

> Mae gan Sulwyn Thomas dalent arbennig fel darlledwr radio. Y ddawn brin honno i wneud i bobol o bob haen o gymdeithas deimlo'n hapus yn ei gwmni . . .
>
> Bellach, fe ddaeth y *Stondin* yn sefydliad ynddo ei hun. Nid bod hynny yn golygu ei bod yn rhaglen sefydliadol – yn wir, i'r gwrthwyneb – ond yn hytrach, dyma brif fforwm trafodaeth ddyddiol yn Gymraeg ar faterion cyfoes. Ac mae Sulwyn Thomas yn llwyddo yn amlach na pheidio i gynnal y drafodaeth honno yn fywiog a diddorol, ac o fewn cyrraedd deall trwch y boblogaeth.
>
> Cyfrinach hynny ydi ei fod o'n defnyddio arddull a ieithwedd naturiol ei ardal ei hun, ac yn dangos cydymdeimlad â phob un sy'n cyfrannu i'w raglen.
>
> Dyna ddawn y gwir ddarlledwr proffesiynol ac effeithiol. Pen-blwydd hapus i'r *Stondin*, a llongyfarchiadau i Sulwyn.

* * *

Aeth misoedd heibio cyn i unrhyw beth ddigwydd. Yna, ar 11 Gorffennaf 2002, daeth Aled Eurig lawr i Gaerfyrddin gan ddatgan fod y Bwrdd Rheoli am ailwampio Radio Cymru ddechre Rhagfyr 2002. Bydde'r *Stondin* yn dod i ben, a rhaglen awr o hyd yn cymryd ei lle o un o'r gloch y pnawn tan ddau. Roedd gofyn i mi baratoi cyfres uchelgeisiol yn ystod y misoedd oedd ar ôl o 'nghytundeb – dwsin o raglenni i gyd, ar y Gymru oedd ohoni – rhyw fath o 'State of the Nation'.

Un cwestiwn amlwg oedd 'da fi i'w ofyn – 'Beth am y cytundeb?' Dywedwyd wrthyf nad oedd angen i mi boeni am hynny, a chadarnhawyd hynny gan Bennaeth Rhaglenni Cymraeg BBC Cymru, Keith Jones, ddiwrnod neu ddau yn ddiweddarach. Felly roedd y BBC am fy nhalu i'n llawn am tua deg mis o ddechre Rhagfyr 2002 tan ddiwedd Medi 2003, a gofyn am *ddwsin* o raglenni yn unig oddi wrtho i?

Ar y pryd roedd y cyfan yn siom i mi – yn sarhad, yn wir. Digwyddes ddod i wbod wedyn fod uwch-gynhyrchwyr Radio Cymru'n rhanedig ar y mater. Roedd yn galondid deall bod rhai am i'r hen ddyn gael cwpla'i gytundeb, os oedd erill am weld y drefn newydd yn dechre'n glinigol gyda rhaglen newydd amser cinio. Mae'n ffaith i Aled Eurig, yn Eisteddfod Genedlaethol Sir y Fflint a'r Cyffiniau, 2007, ymddiheuro'n bersonol i mi am yr hyn a ddigwyddodd, gan ychwanegu i'r penderfyniad ddod 'o'r top'.

Ddiwedd Gorffennaf, dair wythnos ar ôl i Aled Eurig dorri'r newydd i mi am benderfyniad y Bwrdd Rheoli, fe ddaeth Aled Glynne lawr i Gaerfyrddin. Honnodd fod ffigure gwrando'r pnawnie'n wael – ac yn gostwng wedi un o'r gloch. Roedd y *Stondin* fel petai'n cael y bai, ac fe wnes inne ddatgan fy siom. Doedd e ddim yn hapus pan grybwylles nad oedd rhaglenni erill yn cael eu cyffwrdd.

Wedi ugen mlynedd o ddarlledu dyddiol, ro'n i'n gwbod bod y ffigure gwrando'n dilyn patrwm go solet. Mae'r nifer ucha o wrandawyr rhwng wyth a naw o'r gloch y bore – ac mae hynny'n wir am bob gorsaf radio drwy'r byd! Yna mae pobol sy ddim mas yn gweithio drwy'r dydd am gael hoe fach, neu fynd mas i siopa ac ati, a dod 'nôl erbyn tua un ar ddeg o'r gloch am baned o goffi. Dyna pryd roedd y *Stondin* ar ei mwya poblogaidd – a pha ryfedd iddyn nhw osod Hywel a Nia yn y slot yna wedyn? Yna mae newyddion un o'r gloch yn bwysig i lawer, ond y ffigure wedyn yn disgyn yn ddramatig yn y prynhawn.

Heb swnio'n gas nac yn sur, gofynnaf un cwestiwn – a

yw'r patrwm yna wedi newid yn ystod y pum mlynedd ers i mi adael? Dim ffiars o beryg. Yn ôl ffrindie imi sy'n dal i weithio i'r Gorfforaeth, mae'r ffigure'n gyffredinol wedi gostwng, ac fel y mae *Pobol y Cwm* ar S4C wedi colli rhai miloedd o wylwyr, mae ffigure gwrando Radio Cymru – medden nhw – yn affwysol o isel erbyn hyn. Neu a gawn ni ei roi e fel hyn? Fe gawson ni'n harwain i gredu yn yr hen ddyddie fod chwarter miliwn o wrandawyr gan *Helô Bobol*, a rhyw 175,000 yn gwrando'n gyson ar y *Stondin*. Ni chredes erioed mo hynny fy hun, ond os *oedd* 'na gynifer yn gwrando, mae ffigure rhwng ugen mil a deugen mil y dyddie hyn yn swnio'n drychinebus i mi.

Ychwanegodd Aled y bydde'r gyfres a gynigid i mi yn lle'r *Stondin* yn gyfres 'fawr', a soniodd y galle hi fod yn sail i lyfr swmpus ac yn brif brosiect y sianel yn 2003.

Mae'n ddigon posib bod y tîm ym Mangor wedi cael llond bol ar 'y cynhyrchu ar wasgar'. Fedrwn i mo'u beio yn hynny o beth. Yr unig beth a'm siomodd i oedd na ddwedodd neb wrtho i 'mlaen llaw fod y ffigure gwrando mor wael nes peri i hynny gael ei grybwyll fel rheswm dros ddod â'r cyfan i ben yn gynt na phryd.

O roi digon o rybudd am fy ymddeoliad, ro'n i am roi cyfle i'r BBC ganfod rhywun i gyflwyno'r *Stondin* yn fy lle i. Roedd 'na fwy nag un yn cynnig ei hun yn syth. Heb os, fel un o ohebwyr gore'r BBC, roedd Dylan Jones yn sicr o gael ei ystyried; roedd Alun Rhys yn un arall, ynte'n ohebydd ac yn gyflwynydd profiadol. Ond doeddwn i ddim am ymyrryd o gwbwl mewn pethe o'r fath.

Roedd y *Stondin* wedi dod yn gymaint rhan o batrwm gwrando dyddiol rhai miloedd o Gymry Cymraeg – a dysgwyr hefyd, o ran hynny. O dynnu'r rhaglen chwe mis cyn pryd fe ruthrwyd i ganfod fformiwla newydd, a chwmpo 'nôl ar hen un i bob pwrpas. Dyna pryd y dechreues i ame ai rhywbeth personol oedd tu cefn i weld y mat yn cael ei dynnu oddi tanaf ychydig fisoedd cyn bod angen. Ches i ddim un achos i brofi syniade dwl felly, ond wedi blynyddoedd hapus iawn ar y cyfan gyda'r BBC, does dim dwywaith i'r cyfan suro'r berthynas ar derfyn gyrfa.

Mae'r ddwy raglen ola'n glynu yn y cof. Ro'n i'n awyddus i fynd i dre'r Cofi, ac oddi yno y darlledwyd ar 28 Tachwedd. Roedd pobol Caernarfon wedi cynnal y *Stondin* ar ddyddie llwm a blin, a phrin oedd y troeon i mi ymweld â'r dre heb gael rhaglen dda. Y diwrnod hwnnw bu Dafydd Iwan a Moi (Richard Morris Jones) yn garedig iawn â'u geirie.

Er taw yn Abertawe y dechreuodd y *Stondin Ddyddiol*, roedd yn rhaid dod â'r cyfan i ben yng Nghaerfyrddin. Cafwyd ymateb rhyfeddol wrth inni drafod dyfodol y farchnad yng Nghaerfyrddin – a syrpréis arbennig wrth i griw o'r rhaglen deledu *Heno* gyflwyno potel o siampên i ddymuno'n dda imi!

Bu'r criw tu cefn i'r *Stondin* yn hael hefyd. Cafwyd cinio yng Nghaernarfon, a charden wedi'i harwyddo gan y tîm i gyd – Garffild, Alun Rhys, Sion, Dafydd Mei, Dylan Jones, Elen, Shian, Rhodri, Gethin, Mia a 'Bazza'. Anrhegwyd fi hefyd â rhif 70 mas o 250 printiad arbennig o Ddeddf Llywodraeth Cymru 1998!

Roedd pytie yn y papure, wrth gwrs, a'r eisin ar y gacen i mi oedd geirie gor-hael Gwilym Owen yn *Golwg*:

> Y peth i'w gofio yfory ydi fod y *Stondin* a Sulwyn Thomas wedi bod yn rhan o wead patrwm darlledu Cymraeg am dros ddau ddegawd. Roedd gan y rhaglen ei hawyrgylch a'i steil

benodol oedd yn gwbwl ddibynnol ar alluoedd ac anwyldeb unigryw Sulwyn fel cyflwynydd . . . Oedd, roedd o'n euog weithiau o fod wedi peidio â gwneud ei waith cartre, ond gyda'i arddull dawel roedd o'n cymryd ei gywiro, yn llyncu ei boeri ac yn symud ymlaen . . . Mewn cyfnod arbennig yn hanes darlledu Cymraeg, fe wnaeth gyfraniad gwiw, ond trol sy'n gorfod symud ymlaen ydi'r cyfrwng hwn . . . Diolch, Sulwyn!

A diolch i Gwilym hefyd am ei gefnogaeth onest ar hyd y daith, ac i Peter Hughes Griffiths am ysgrifennu geirie caredig mewn mwy nag un cylchgrawn yn ystod y cyfnod hwnnw.

Derbynies nifer o lythyron a chardie'n dymuno'n dda gan ffyddloniaid y rhaglen, ac un gan Gyfundeb Gorllewin Sir Gaerfyrddin o Undeb Annibynwyr Cymru! O'r holl aelode seneddol ac aelode'r Cynulliad i mi eu holi ar hyd y blynyddoedd, dim ond un anfonodd air – Elin Jones, AC Ceredigion.

Bu'r beirdd wrthi hefyd! Bobi Morus Roberts, Aberhonddu, anfonodd y limrig hwn:

> Jiw, jiw, bydd yn od heb y *Stondin*,
> A'r farchnad yn wag heb 'run Sulwyn,
>> Ond diolch i ti
>> Am gyfoeth di-ri
> A roist i ni'r Cymry bob blwyddyn.

Ac anfonodd T. Gwynn Jones a Mairwen (o Gaerfyrddin, gynt, ond bellach yn byw yn Abergwaun) englyn i gofio'r cyfan:

> Melys fu'r gwin 'da'r cinio – a melys
>> Y moli a'r dwrdio;
>> I un taer, daeth riteirio –
>> Llais y cawr sy'n llys y co'.

Ond, wrth gwrs, roedd misoedd eto i fynd cyn y byddwn yn riteirio'n llwyr o waith radio. O fewn ychydig wythnose, ro'n i'n dechre gweithio ar *Cymru Heddiw*.

Yn gwbwl annisgwyl i mi, fe fwynhees i'r gyfres. Geraint Lewis Jones oedd yn gyfrifol am un rhan ohoni, gyda Sian Sutton yn cynhyrchu'r rhaglenni byw o flaen cynulleidfa, a Rhisiart Arwel yn cynhyrchu'r rhaglenni dogfen a ddilynodd. Bu'r cyfan yn weddol lwyddiannus, a thipyn o sbarc yn un neu ddwy o blith y chwe rhaglen yn y gyfres. Ond 'State of the Nation'? Sgersli bilîf!

Yn sydyn un bore, a finne gartre, dyma gnoc ar y drws. Yno roedd 'na rywun a ofynnodd a oeddwn yn gweithio i S4C? Wel, ro'n i'n gwneud ambell i beth . . . Roedd ganddo lun mewn ffrâm imi, medde fe. Tybies taw llun i rywun yng nghwmni Telescop oedd e, a dwedes y baswn yn ei drosglwyddo iddo'r diwrnod hwnnw. Pan sylwes ar y cyfeiriad, roedd hi'n amlwg taw rhywbeth i fi oedd hwn. Agores y parsel a chael llun arbennig o waith Aneurin Jones ynddo, a nodyn gan Aled Glynne yn gwerthfawrogi fy nghyfraniad i Radio Cymru, ac yn dymuno'n dda imi ar fy ymddeoliad. Diflannodd siom y misoedd olaf mewn chwinciad, ac mae'r llun yn hawlio lle parchus yn ein tŷ ni. Mae'n well i ddyn gofio'r pethe gore yn hytrach na'r pethe gwaetha mewn bywyd bob amser.

Ar y trydydd o Ragfyr, ro'n i'n darlledu o'r Ffair Aeaf yn Llanelwedd – ac am y tro cynta erioed ar y teledu yn unig.

18

Dwi erioed wedi deall pam i mi gael fy nghyflogi gymaint ar y teledu. Mae fy nhrwyn tro (o ganlyniad i gwymp yn fachgen bach ar fferm Maes y Ddafen, Llanelli, a finne newydd weld mochyn mewn twlc!) yn sicr wedi cyfrannu at y ffaith nad wyf yn ffotojenig.

Ceisiodd Deryk Williams fy hudo 'nôl i faes teledu yn weddol fuan ar ôl imi adael *Heddiw*, gydag addewid y buaswn yn cael cyflwyno a gohebu dramor. Ond doedd dim troi 'nôl i fod i mi bryd hynny. Serch hynny, fe ofynnwyd imi o dro i dro yn ddiweddarach gyflwyno ambell gyfres fach 'ar y bocs', ac fe wnes.

Pan oedd Ruth Price wrth y llyw yn Adran Adloniant y BBC, ces siawns i fod yn rhan o'r tîm cyflwyno o faes y Brifwyl yn Abertawe, ac yna yn 1983 daeth cyfle i wneud rhywbeth cwbl newydd i mi – cyflwyno rhaglen gwis, *Pawb yn ei fro*.

Dwi'n meddwl mai dilyn Emlyn Davies wnes i, a'r hyn a dawelodd fy meddwl wrth gael y cynnig oedd taw Eleanor Mathias, cyn-olygydd *Y Dydd*, oedd yn gosod y cwestiyne. Gwyddwn na alle unrhyw un, felly, ame'r atebion: roedd hi mor drylwyr ag erioed a'r cyfan roedd ei angen i mi wneud oedd cadw pethe i fynd. Roedd Owain, fy mab, yn weddol ifanc bryd hynny, ac mae'n dal i ddweud mai dyna'r peth gore dwi wedi'i wneud erioed!

Yna cafodd Lyn Jones a finne fynd draw i Ddulyn i weld un o'm harwyr i, Gay Byrne. Roedd y rhaglen deledu *Late, Late Show* yn sefydliad yn Iwerddon a'i sioe nos Sadwrn yn fwy poblogaidd na dim byd arall ar RTE. Roedd Gay Byrne yn berfformiwr arbennig iawn a chanddo'r ddawn i wneud pawb yn gartrefol, yn ogystal â bod yn ddigon miniog i gorddi sgwrs go gynhyrfus.

Doedd 'da fe ddim rhyw lawer i'w ddweud wrthym yn y derbyniad wedi'r sioe pan ddwedon ni ein bod am ddechre cyfres debyg yn Gymraeg. Pam na fydden ni'n darlledu i'r mwyafrif di-Gymraeg? gofynnodd. Roedd hynny siŵr o fod yn crisialu agwedd llawer o'r Gwyddelod at eu hiaith frodorol eu hunen, ar y pryd o leia.

Ta beth, fe fwynhaon ni'r profiad o weld gwir feistr wrth ei grefft. Yr hyn a'n synnodd ni ar y dechre oedd nad oedd unrhyw berson i mewn yn yr ystafell reoli tan yr eiliad ola cyn darllediad byw – ond roedd y tîm wedi bod wrthi am ugen mlynedd a mwy, ac yn gwbod nad oedd dim i bryderu yn ei gylch. Roedd nodiade ar bapur o flaen Gay Byrne, ond roeddech yn cael yr argraff y gwyddai ar ei go' bob sill oedd ar y papure. Roedd yn gwbwl hunanfeddiannol a 'chŵl'.

Nid felly roedd hi yn fy hanes i pan recordiwyd y rhaglen gynta mewn cyfres deledu o'r enw *Nos Sul 'da Sulwyn* ar nos Iau ym mis Chwefror 1985. 'Gweddol nerfus' yw'r nodyn yn fy nyddiadur. A dweud y gwir, ro'n i'n rhacs – yn methu codi stêm o gwbwl. Gwrthodwyd i mi gael nodiade, a finne'n gorfod dibynnu ar fy ngho' diffygiol. Roedd 'na dipyn o feirniadu ar y gyfres – eich bod yn gweld mwy o fy mhen-ôl nag o'm hwyneb, ac yn bwysicach fyth, nag o wynebe'r siaradwyr. Roedden ni hefyd wedi bwriadu lleoli gwahanol raglenni'r gyfres mewn canolfanne a gwestye ac yn ffreutur un ysbyty. Heddi fe fydde hyn wedi bod yn ddigon derbyniol, gyda chamerâu bychain yn gwibio i bob man, ond bryd hynny roedd hi'n amhosib cadw lan 'da'r cyflwynydd ac roedd y cyfan yn flêr.

Hefyd, yng nghanol recordio'r rhaglenni teledu yna yn 1985, ro'n i'n darlledu'n fyw o'r 'Ideal Home'; recordio rhaglenni yn Llundain, Nant Gwrtheyrn a Bangor – yn ogystal â pharatoi *Stondin* Ffŵl Ebrill y Steddfod. Gormod! Roedd 'na gynhyrchwyr yn y BBC yn paratoi dim mwy nag un gyfres deledu'r flwyddyn, ac yn cysegru'u hamser yn llwyr i'r gyfres honno er mwyn cael y cyfan yn berffaith, a ninne'n parhau i wneud popeth arall yr un pryd gan feddwl y gallem lwyddo.

Roedden ni un ai'n gwbwl ddibrofiad mewn cynyrchiade teledu, neu o flaen ein hamser! P'un bynnag, ni chomisiynwyd ail gyfres ac fe golles inne'r siawns i wneud yr unig beth ro'n i'n dymuno'i wneud ar deledu, sef cyflwyno rhaglen sgwrsio. Wedi deugen mlynedd gyda'r cyfrynge, mae'r profiad yn dal i bigo – am taw dyna'r unig dro i mi gael fy meirniadu'n hallt, a gwbod fy hun fod pob gair yn haeddiannol. Mawr yw f'edmygedd o'r darlledwyr hynny sy wedi llwyddo gyda rhaglenni o'r fath, er nad oes 'na'r un wedi curo 'rhen Gwynfryn yn y *genre* yna.

Feddylies i ddim y baswn yn cael unrhyw gyfle arall ar deledu wedi hynna. Ond yna dyma Teleri Bevan ar y ffôn, a honni mai fi oedd jyst y boi i gyflwyno cyfres ar ymrysonfeydd cŵn defaid!

Onllwyn Brace, Pennaeth Chwaraeon BBC Cymru, a oedd wedi ffoli ar y gamp, fydde'n cynhyrchu, ac un o bencampwyr enwoca Cymru yn y maes, Wyn Edwards,

Rhuthun, fydde'n sylwebu gyda fi. Es i i grynu i gyd. Doedd 'da fi ddim syniad am gŵn defaid ond, fel mae'r hysbyseb yn dweud, fe wyddwn am rywun alle fy helpu! Bachgen ifanc iawn oedd hwnnw – Meirion Owen, Llanarthne, newydd gael ei wneud yn bencampwr ifanc y rhaglen deledu *One Man and his Dog*. Fe gwrddes i â Meirion a dod yn ffrindie pennaf, ac yn dal felly – yn wir, fe fues i'n cydweithio ag e eleni wrth baratoi Treialon y Byd a gynhaliwyd yn Llandeilo, achlysur a fu'n gymaint o lwyddiant.

Nawr, roedd tad Meirion yn hyfforddwr o fri. Roedd e'n rhy nerfus wrth gystadlu ond fe wydde'n iawn beth oedd ei angen – shwd ddyle'r cŵn fihafio, beth i chwilio amdano wrth drin y defaid ac yn y blaen. Roedd Ifor Owen yn un o halen y ddaear, a braint anghyffredin i mi fu cael talu teyrnged iddo ar ddydd ei angladd. I feddwl bod 'crwt o'r dre' fel fi wedi cael ei dderbyn gan un nad oedd yn barod i dderbyn ffylied.

Ym mis Mai 1985 fe ffilmiwyd cyfres fechan yn Sunny Hill, Tregaron, gyda gwŷr y De yn cystadlu yn erbyn gwŷr y Gogledd. Fe fu'r gyfres yn un ddigon derbyniol inni gael ail gynnig y flwyddyn ganlynol, a hynny'n rhoi cyfle i mi gyflwyno hanes treialon Meifod, Llangollen, oedd yn dathlu'r cant oed yn Awst 1985, ac Idris Morgan, Ceredigion, yn ennill.

Ro'n i wrth fy modd yng nghwmni dynion ffraeth y cŵn defaid, a rhyw hwyl afieithus i'w gael bob amser yn eu cwmni. Dyna pam dwi wedi ceisio rhoi rhywbeth 'nôl i'r gamp wrth gadeirio pwyllgore dwy ymrysonfa bwysig gyda Meirion – y Treialon Rhyngwladol yng Ngelli Aur yn 2004 a Threialon y Byd eleni. Ces hefyd sylwebu mewn rhai treialon – yn y Bala ac yn Llandeilo. Mae treialon cŵn defaid yn fy nghyfareddu – does dim modd esbonio'r wefr a gaf o weld rhediad perffaith.

Ar wahân i ambell ymddangosiad ar raglenni pobol erill, gan gynnwys rhaglenni Hywel Gwynfryn a Vaughan Hughes, ac ymddangosiad neu ddau gyda Gari Williams ac Ifan Gruffydd, prin fu'r gwahoddiade hynny am flynyddoedd. Mae'n beryg imi bechu wrth wrthod mynd gyda Max Boyce i Katmandu. Y cais oedd i mi fod yn 'stooge' i Max a gofalu am ei Gymraeg! Gwrthodes – a dyna ddiwedd arni.

Wn i ddim ai poblogrwydd y *Stondin* ynteu'r ffaith mai fy nghyn-weinidog, T. James Jones, oedd yn gyfrifol am olygu sgriptie *Pobol y Cwm* olygodd imi ymddangos beder gwaith yn westai ar y gyfres boblogaidd honno! Un tro fi oedd yn agor Ffair Haf Cwmderi; dro arall gohebydd radio o'n i yn chwilio am stori. Roedd cymdeithas glòs y gyfres yn ymddangos yn rhywbeth amheuthun iawn i mi. Bron nad oeddech yn teimlo'ch bod chi'n tresmasu ac yn amharu ar eu preifatrwydd. Wedi dweud hynny, fe fu pawb yn garedig ac yn groesawgar iawn i'r hen Stondinwr.

Cyfres gartrefol – hen ffasiwn, bron – ond un boblogaidd ar y pryd oedd 'Mond fel ddoe. Syniad Emyr Evans oedd cydio mewn llun a chael hel atgofion am y llun hwnnw; ymestynnwyd hynny i ddangos hen ffilmie a dilyn trywydd ambell hen stori a chanfod agwedde newydd arni wedi cyfnod o amser. Fe ges i gyflwyno dwy gyfres, gan fwynhau yn fawr iawn. Cwmni Cambrensis oedd yn gyfrifol; Arwel Ellis Owen oedd yn cynhyrchu, a braf oedd cael cydweithio gyda fe a Ruth Morgan o hen dîm *Heddiw*.

Ond roedd 'na chwilio am gyfres deledu fwy modern, fwy 'quirky' – ac nid y fi oedd y dyn i gyflwyno cyfres *felly*, doedd bosib?!

Fe ddaeth yn dipyn o sioc i mi, felly, pan ffoniodd Ann Fôn fi. Roedd hi wedi gwerthu'r syniad i Cenwyn Edwards yn S4C am gyfres yn ymwneud â phobol anghonfensiynol, neu bobol yn dilyn hobïe od ac anghyffredin.

Roedd hi eisoes wedi trefnu bod rhywun i fynd i weld dyn go ddiddorol ym Mhont-henri – gwyddonydd o'r enw Geraint Rees, athrylith egsentrig oedd wedi dyfeisio papur i'r bag te na chynhwysai'r un cemegyn, ac arbenigwr ar *ligroin* (y toddydd sy mewn dillad ac yn y blaen). Roedd yr eitem i'w gosod ochr yn ochr â dwy arall ar gyfer rhyw brosiect gan nifer o gwmnïe teledu drwy'r byd i gyd ar ddyfeiswyr, a Catrin Beard ac Arfon Haines Davies wedi ffilmio'r eiteme erill. Gobaith Ann Fôn oedd ehangu'r cyfan yn gyfres Gymraeg, a dyna ddigwyddodd.

Jiw Jiw oedd teitl y gyfres, a dwi erioed wedi cyfarfod â phobol mor ddiddorol ag a wnes i wrth weithio ar y gyfres hon. Fe ges i deithio i Belffast i gonfensiwn tatŵs; i Walsall a Macclesfield a Rhydychen i weld cymeriade rhyfeddol, ac i Lanrhaeadr-ym-Mochnant i gyfarfod â Huw a Tudor Morgan, yr efeilliaid Dai Twp 1 a Dai Twp 2 yn y ffilm *The Englishman Who Went Up a Hill But Came Down a Mountain*. A beth am Annie o Ddolwyddelan – 'Annie dau dŷ' – un yn y pentre a'r llall yn Llandudno, gan fyw rhan o bob dydd yn y ddau dŷ! Fe allech chi ddweud bod rhywbeth bach yn 'wahanol' ym mhob un ohonyn nhw.

Ar ambell i gyfres deledu fe gewch eich dilladu i weddu i steil y rhaglen. Wel, ar gyfer y gyfres hon, fe ges i a Glenys fynd i Lundain a gwario cannoedd ar ddwy siwt, trwseri, cote a sgidie. Roedd siawns i'w prynu am bris gostyngol ar ddiwedd y gyfres – dyna'r fargen ore ges i erioed!

Efalle nad rhaglenni teledu oedd fy *forte* i, ond dwi'n ddiolchgar i Ann am roi imi'r cyfle i ffilmio cyfres mor ddifyr.

Ces gyfle wedyn i ffilmio rhaglen gyfan, lawer mwy seriws, gyda Tom Parry-Jones – dyfeisydd y 'swigen lysh'. Roedd cael ei holi fe'n fanwl yn fwy at fy nant i, mewn gwirionedd: sgwrs hamddenol braf, er mor ddifrifol y pwnc.

* * *

Roedd y bachgen ifanc a ddechreuodd yn Radio Glangwili 'nôl yn y saithdege, Richard Rees, a'i wraig Elin, wedi dechre cwmni Telescop yn Llandeilo. Roedd arnyn nhw angen rhywun i gyflwyno rhaglen o'r Sioe Fawr, ac fe ofynnwyd i mi a fyddwn i'n fodlon – er fy mod, fel y sonies yn barod, yn cyflwyno'r *Stondin* oddi yno hefyd. Wrth gwrs fy mod i'n fodlon! Dyma rywbeth oedd yn wirioneddol at fy nant.

1995 oedd hi, a thri ohonom yn cyflwyno o Lanelwedd – Siân Thomas, Sioned Mair a minne. A dyna fu'r patrwm am rai blynyddoedd cyn i Sioned orfod gadael dan bwyse gwaith arall. Ymunodd Amanda Protheroe Thomas, Iolo ap Dafydd ac erill â'r tîm cyflwyno. Roedd ffilmio o'r Sioe yn hwyl – yr unig anfantais oedd gorfod codi mor gynnar bob bore i gael y 'lincs' ar dâp!

Ar 25 Mai 1996 cynhaliwyd Sioe Pontargothi – sioe amaethyddol gynta'r tymor yng ngorllewin Cymru. Penderfynwyd ffilmio 'peilot' yno, a dyna ddechre'r *Sioe Fach*. Fis yn ddiweddarach ro'n i'n cyflwyno o Sioe Sanclêr

– y gynta mewn cyfres, a phum cyfres yn ei dilyn. Y cyflwynwyr ar y dechre oedd Alwyn Siôn, Shân Cothi, Nia Lloyd Jones a finne. Nia Elen ddaeth yn lle Shân ar gyfer y ddwy gyfres ddwetha.

Dyna i chi hwyl! Dwi erioed wedi chwerthin cymaint wrth weithio. Doedd y gwaith ddim yn dreth ar neb – ysgafnder oedd y nod, a chyfleu awyrgylch hamddenol, hwyliog y sioee bychain sy'n gymaint rhan o gefen gwlad Cymru. 'Diwrnod mas' a joio oedd hi, ac roedd y cyfuniad o ddau gall (Nia a finne!) a dau 'gymêr' (Shân ac Alwyn) yn berffaith; roedd 'na'r peth hwnnw maen nhw'n ei alw yn yr hen fusnes darlledu 'ma'n 'chemistry' rhyngon ni, a dwi'n meddwl iddo ddod drosodd ar y sgrin. I mi, roedd gweithio yn y Sioe Fawr yn fwy ffrenetig a difrifol rywsut – yn un rhuthr mawr, ac felly dim amser i gyfleu llawer o ysgafnder. Roedd y Sioe Fach yn gwbwl wahanol, a'r bobol hwythe wrth fod yn eu cynefin yn medru ymlacio a mwynhau cael criw teledu yn eu plith, ac yn gwerthfawrogi cael cyhoeddusrwydd mor dda i'w sioe fach leol.

Mae'n amlwg fod comisiynwyr S4C hefyd wedi mwynhau'r darlledu o'r sioee, ac yn gweld bod potensial i adfer neu atgyfodi rhaglen amaethyddol ar y sianel. Fe fu cystadlu brwd am yr hawl i baratoi rhaglenni felly, ac yng Norffennaf 1996 daeth y newydd taw Telescop oedd wedi ennill yr hawl. Roedd Richard Rees wedi trafod y cynnig 'da fi cyn hynny, ac i mi roedd 'na ddigon o addewid yn y syniade, ac ro'n i'n falch o gael cynnig bod yn gyflwynydd *Ffermio*.

Gwelwn y rhaglen fel cyfle i boblogeiddio amaethyddiaeth – i ddangos, yn un peth, nad oedd ffermwyr yn cwyno *drwy*'r amser! Odych chi wedi clywed y chwerthin mewn ambell i gantîn mewn mart? Y sialens oedd cymysgu ychydig o'r difri a'r ysgafn mewn rhaglen boblogaidd fydde'n adlewyrchu'r llon a'r lleddf ym myd amaeth – roedd 'na fwy i amaeth na hyd yn oed *Cefn Gwlad* Dai Jones!

Dechreuodd y gyfres gynta ar 8 Ionawr 1997. Rachel Garside a Gerallt Pennant a'i bartner, Haf, oedd fy nghyd-gyflwynwyr. Barn bersonol yw hyn, wrth gwrs, ond dwi ddim yn meddwl i'r cywair iawn gael ei daro o'r rhaglen gynta. Roedd Rachel druan wedi gorfod mynd i Gynhadledd Ffermio Rhydychen, a'r trafodaethe yno'n ddigon sych yn ôl yr arfer. Penderfynwyd mai hon fydde'r eitem gynta ar y rhaglen. Ro'n i wedi bod yn holi am ddyfodol y marts, gan fod sôn am ddatblygiade yng Nghaerfyrddin. Holwyd yr arwerthwr a'r cymeriad Brychan Prytherch, a chael rhyw ychydig o hwyl yng nghanol y difrifwch am ddyfodol ansicr y marchnadoedd. Yn anffodus fe gafodd yr hwyl ei hepgor, gan adael yr eitem yn gyffredin o ddi-liw. Collwyd cyfle o'r dechre'n deg.

Ar ddiwedd y tymor cynta, er bod y ffigure gwylio'n dda (ond fe *fydden* nhw, gan fod ffermwyr yn amharod i feirniadu rhag colli'r rhaglen yn gyfan gwbwl), fe ysgrifennes at Richard yn mynegi f'amheuon ond hefyd yn awgrymu gwellianne fel y gwelwn i bethe – fel ymateb i straeon munud ola, bod yn fwy 'pigog' wrth gyf-weld, cael cyfweliade mwy adeiladol, ac ati.

Ar y pryd roedd angen i rywun ei 'dweud hi' yn blaen. Y fi, fel henwr y sioe, oedd yn cael clywed y gwirionedd ar lawr gwlad. Rhy ddi-gic oedd y rhaglen i mi: roedd angen mwy o dân, a llai o'r 'sound-bites' bondigrybwyll sy'n britho cynifer o raglenni erbyn hyn. Odi pobol wedi colli'r ddawn o wrando ar rywun yn siarad yn hwy nag am ugen eiliad?

Roedd y rhaglen yn golygu llawer i mi, ac ro'n i'n awyddus iddi lwyddo. O gofio llwyddiant y rhaglen heddiw, mae'n siŵr fod fy meirniadu ar y dechre'n ymddangos yn hallt, ond dwi'n sicr 'mod i'n iawn.

I mi, mae 'na dri chyfweliad cofiadwy o'r rhaglenni cynnar. Y cynta oedd un arwyddocaol gyda Carwyn Jones, Gweinidog Amaeth y Cynulliad ar y pryd, yn addo symud buan ar fater moch daear, ac un arall tanllyd yng nghwmni Gareth Vaughan, Llywydd cymharol newydd Undeb Amaethwyr Cymru – cyfweliad a gododd statws y gŵr bonheddig hyfryd hwnnw ymhlith aelode'r Undeb, er iddo fe'i hun feddwl ei fod e wedi gwneud strach ohoni. Y trydydd oedd pan etholwyd Peredur Hughes yn Llywydd yr NFU yng Nghymru. A do'n i ddim yn rhy hapus i'r cyfweliad ardderchog hwnnw gael ei gwtogi chwaith!

Adeg y clwy traed a'r gene roedd angen cyflwyno ddwywaith yr wythnos am gyfnod, a dyna pryd tyfes i fel perfformiwr teledu byw, a theimlo'n llawer mwy cartrefol o'r diwedd o flaen camera.

Rhoddwyd cyfle inni fynd i wahanol ardaloedd i ffilmio ar gyfer *Ffermio*. Anghofia i fyth mo un rhaglen o Lanymddyfri. Carwyn Jones yn cael sioc ei fywyd o weld dwsenni o brotestwyr o'r Epynt yno, a ninne'n gorfod cyflwyno rhaglen awr mewn cwta ddwy funud ar hugen. Roedd y cyfan yn drydan i gyd. Cafwyd rhaglen fywiog hefyd yn y Bala ynglŷn â'r hawl i grwydro.

Roedd Cymdeithas y Sioe Fawr yn dathlu ei chanfed pen-blwydd yn 2004. Penderfynes taw doeth fydde i mi roi'r gore bryd hynny i gyflwyno oddi yno, a rhoi cyfle i bobol ifancach i chwysu yng ngwres Llanelwedd!

Am wythnose cyn y Sioe bwysig honno roedd Dyfrig Davies a minne wedi bod yn paratoi cyfres i groniclo hanes y Gymdeithas, a braint yn wir oedd cael y cyfle i gyflwyno'r rhaglenni hynny.

Yn ystod fy rhaglen deledu ola o Lanelwedd, cyflwynodd y Prifardd Tudur Dylan englyn ffarwél imi:

> Dy Sioe olaf di, Sulwyn – ydyw hon
> Wedi oes o berthyn;
> Rwy'n siŵr bydd 'rhen Sioe ei hun
> Ychydig tlotach wedyn.

Flwyddyn ynghynt, yn Sioe 2003, a minne eisoes wedi ymddeol o waith radio dyddiol, digwyddes fod yn siarad 'da Cenwyn Edwards ac fe grybwylles fy awydd i roi'r gore i *Ffermio*, yn ogystal â chyflwyno o Lanelwedd, ar ddiwedd 2004. Ame doethineb fy mhenderfyniad wnaeth e ar y pryd, ond fe ddaeth yn amlwg yn lled fuan fod S4C yn teimlo fel finne bod angen chwistrelliad newydd ar y rhaglen ar ôl wyth mlynedd. Yr unig ofid oedd 'da fi oedd y bydde penaethiaid y sianel am weld cwmni newydd yn cael y cytundeb. Diolch byth, ddigwyddodd hynny ddim.

Ond nid felly gyda'r *Sioe Fawr*, gyda chwmni o gwmnïe (yn ôl pob golwg) yn addo newidiade anferth ac yn ceisio perswadio S4C y gallen nhw wneud lawer yn well na chwmni Telescop. Mae'n amheus gen i a oes 'na unrhyw un a all bwyntio at y newidiade anferth hyn. Yn fy marn i, cafodd Telescop gam ac, er cymaint fy nyled i Elin a Richard, dwi ddim yn dweud hynna er mwyn eu plesio nhw! Mae 'na lawer yn teimlo 'run fath â fi, gan gynnwys rhai o benaethiaid y Sioe Fawr ei hun.

Yn eironig, Sioe Smithfield oedd lleoliad fy rhaglen ola fel cyflwynydd *Ffermio* – fel mae'n digwydd, roedd Sioe Smithfield ei hun hefyd yn dod i ben yn Llundain. Ond ces hwyl anghyffredin yno, yn enwedig 'da'r cymeriad hwnnw o Fachynlleth, Wil Williams. Ces hefyd weld y pris ucha erioed yn cael ei dalu am anifail.

Roedd y rhaglen wedi datblygu, aeddfedu a phrifio, ac wedi dod yn rhan bwysig o fywyd ffermwyr Cymru. Roedd hi'n amser perffaith i minne godi pac, gan obeithio cael segura yn fy annwyl sir.

Segura, ddwedoch chi?! Sir Gâr fydde'n 'sir nawdd' y Sioe y flwyddyn ganlynol. Ond ro'n i'n falch o'r cyfle i roi rhywbeth 'nôl i'r diwydiant a roddodd gymaint i mi ar hyd y blynyddoedd, a chael cyfle annisgwyl i adrodd hanes sefydlu undeb amaethyddol go arbennig fydde'n dathlu'i pen-blwydd yn hanner cant oed yn 2005.

Yn naturiol ro'n i am fwynhau Sioe Fawr 2005 fel ymwelydd, ond doedd hi ddim i fod! Rai misoedd cyn hynny roedd Vaughan Hughes wedi dweud wrtho i fod S4C am i mi gyflwyno rhaglen ar hanes Undeb Amaethwyr Cymru a hithe'n dathlu'r hanner cant. Roedd Vaughan wedi dechre ar y gwaith o gasglu cyfweliade. Roedd 'na dipyn o waith i'w wneud, ac roedd angen sgript i osod ffrâm o gwmpas y cyfweliade hynny, ac awgrymiade am erill a ddyle fod yn rhan o'r darlun cyflawn.

Yn anffodus roedd Vaughan eisioes wedi holi rhai o'r 'hoelion wyth', fel Myrddin Evans, H. R. M. Hughes, Meurig Voyle a Dewi Thomas – y gŵr a eiliodd y cynnig i sefydlu'r undeb newydd mewn cyfarfod tyngedfennol yng

Nghaerfyrddin. Colles y siawns i'w gwylltio nhw! Ie, gwylltio yw'r gair priodol. Ro'n i wedi treulio deugen mlynedd yng nghanol y ffraeo rhwng aelodau'r ddau undeb amaethyddol, ac wedi'u herio droeon i uno. Doedd dim wedi digwydd ar hyd y cyfnod o hanner canrif. Ro'n i'n gwbod yn iawn i rai arweinwyr ddod yn go agos at gytundeb, ond doedd Undeb Amaethwyr Cymru ddim am ildio'r elfen fwyaf sylfaenol – ei hannibyniaeth. Dwi'n gwbod bod 'na ragor o drafodaethe wedi'u cynnal yn gymharol ddiweddar, a bod pob un o arweinwyr UAC wedi gadael eu swyddi'n dra siomedig na chafwyd y maen i'r wal.

Yr hyn sy wedi cymhlethu'r sefyllfa yw bod yr NFU yng Nghymru wedi Cymreigio gymaint yn ystod y blynyddoedd dwetha – ond dyw'r aelode ddim yn awyddus i ymdoddi i'r undeb arall (UAC). Yr unig ateb, wrth gwrs, yw claddu'r ddwy a dechre un newydd. Mae hynna am roi pen tost i bwy bynnag fydde am wynebu staff ac uwch swyddogion cyflogedig y ddwy undeb bresennol. Mae'n amheus 'da fi a wela i unrhyw symud yn fy amser i – ond mae 'na wyrthie'n digwydd.

O'r dechre un, dwi wedi ceisio bod yn deg 'da'r ddwy undeb. Ond er na chewch chi'r argraff bod UAC mor Gymreig heddi ag oedd yr undeb wreiddiol, gyda mwy o'r aelode heddi'n pwyso am gydnabod yr aelode di-Gymraeg, dwi'n bersonol yn dal yn agosach at Undeb Amaethwyr Cymru ac yn fwy cartrefol ymysg eu haelode.

A dyna pam ro'n i mor eithriadol o falch pan drefnodd Peter Davies, trefnydd brwd UAC yn Sir Gâr ar y pryd, ginio i'm hanrhydeddu toc ar ôl i mi ymddeol o *Ffermio*. Llywyddwyd y cinio gan Dai Lewis, cadeirydd Bwrdd y Sioe

Fawr, gyda Dai Jones yn siaradwr gwadd a David Walters, Prif Weithredwr y Sioe, yn dweud gair. Roedd hi'n noson i'w chofio i mi gan i'r NFU hefyd bresenoli eu hunen, a chyflwyno anrheg imi, fel y gwnaeth UAC. Cyflwynodd David Walters fodel imi o'r cerflun godidog sy o flaen y Pafiliwn Rhyngwladol ar faes Llanelwedd – cerflun a gomisiynwyd yn unswydd i gofnodi canmlwyddiant y Gymdeithas. Trysor arall yn ein tŷ ni! Ar ben hyn i gyd, llwyddwyd hefyd i godi rhai miloedd o bunnoedd i gronfa Sir Gâr y noson honno.

Yng nghyfarfod blynyddol yr Undeb, eto yn 2005, cyflwynwyd gwobr arall i mi. Plât arian oedd hwn, i gydnabod fy nghyfraniad i'r byd amaeth ar draws y blynyddoedd. Roedd yn gysur mawr nad oedd yr holl holi a phrocio wedi suro'r berthynas rhwng yr arweinwyr amaethyddol a minne.

19

Dwi'n digwydd bod yn credu bod pawb sy'n cael ei dalu'n weddol – ac fe fu hynny'n wir am y rhan fwya o 'ngyrfa i – wedi eu hanrhydeddu'n ariannol, a does dim angen anrhydedd pellach.

Mae 'na erill, mae'n amlwg, yn anghytuno! Ddwywaith neu dair fe geisiwyd fy mherswadio i fynd yn aelod o'r Orsedd. Gwrthodes bob tro, gan siomi pobol fel W. Rhys Nicholas. Ond sut gallwn i fod yn aelod o'r Orsedd a ninne'n dadle cymaint ar y *Stondin* yn ei chylch? Gadawyd y mater am flynyddoedd. Pan rois i'r gore i gyflwyno'r *Stondin*, dyma'r cynigion yn dechre eto. Fe'm daliwyd ar awr wan gan un a fu'n hynod a garedig wrtho i ac yn gyddeithiwr i nifer o wledydd y byd – Robyn Léwis, a oedd erbyn hynny'n Archdderwydd. Byddai gwrthod wedi bod yn weithred bechadurus yng ngolwg Robyn.

Ac felly, yng Nghylch yr Orsedd yn y Trallwng yn Awst 2003, fe ges fy nerbyn i'r Wisg Wen gan neb llai na Robyn Léwis ei hun. Roedd yn ddiwrnod arbennig i mi. Golygai hyn hefyd y byddwn yn cael cydgerdded 'da Wncwl John (yr Athro John Heywood Thomas) ar y pnawn Gwener – anrhydedd dwbwl, felly.

Braidd yn gyndyn o'n i hefyd i dderbyn yr anrhydedd o ddod yn Gymrawd Coleg y Drindod, Caerfyrddin. (Un petrus fel'na ydw i, fel y gwyddoch chi bellach!) Ar sail ychydig o waith o fewn y gymdeithas leol y ces i'r anrhydedd hon – nid ar sail unrhyw gymhwyster academaidd, gallaf eich sicrhau. Fedrwn i ddim â gwrthod yn y diwedd, gan fod y Prifathro, Medwin Hughes, wedi gweithio'n ddyfal i ddod â'r coleg a thre Caerfyrddin yn agosach at ei gilydd, a gofalu bod yr ochr gymdeithasol yn ystyriaeth ganolog yng nghynllunie'r coleg.

Fe wnes i'n wironeddol fwynhau y diwrnod hwnnw, a chael gwisgo'r cap a'r gown. Fy hen ffrind, Rhian Evans, gyflwynodd fi yn y seremoni. Mae Rhian yn un o ryfeddode Cymru – yn ddall ers blynyddoedd bellach, ond heb golli'i hysbryd na'i hegni am fywyd. Mae wedi sefydlu Papur Llafar y Deillion a recordio cannoedd o lyfre gyda'r Cynllun Casetiau Cymraeg, ac yn byw bywyd llawnach na'r cyffredin. Ac fe ddwedodd hi bethe neis amdana i wrth fy nghyflwyno! Soniodd am Radio Glangwili, wrth gwrs; Papur Llafar y Deillion; y flwyddyn a hanner brysur a dreuliwyd yn helpu i sicrhau llwyddiant ysgubol Steddfod Genedlaethol yr Urdd yng Nghaerfyrddin yn 2007, yn cynnwys yr wythnose o ymweld â bron bob un ysgol yn Sir Gâr i werthu nwydde a chodi ymwybyddiaeth am y Steddfod (a diolch i David Gravell, Cydweli, am gael benthyg 'fy fan fach i' am yr holl wythnose!). Soniodd Rhian hefyd am fy rhan gydag erill o bwyllgor 'Calon+' – pwyllgor o bobol sy (neu a fu) â rhyw gysylltiad â phrobleme cardiac, ac sy wedi codi dros £300,000 at uned adsefydlu bwrpasol a gafodd ei hagor yn Ionawr 2008 yn Ysbyty Glangwili. Yn ogystal, cyfeiriodd at y ffaith imi fod yn Llywydd Côr Meibion Caerfyrddin am ddeng mlynedd – er y gŵyr Rhian cystal â neb na fedraf ganu, ar ôl sefyll wrth f'ochor fel cyd-flaenor yn y Priordy. (Fe fues i hefyd, gyda llaw, yn is-lywydd Côr y Rhyd!)

A blaenor arall yn y Priordy, Arwyn Davies, a enwebodd fi i dderbyn bowlen wydr ar raglen S4C, *Diolch o Galon* . . .

Anrhydedde, anrhydedde, i rywun sy ddim yn eu chwennych!

Profiad trawmatig fu derbyn un 'anrhydedd'. Bob blwyddyn bellach, fe ddaw rhyw bymtheg o bobol ifanc draw i Gaerfyrddin o Belarus – plant sy'n diodde o effeithie trychineb ofnadwy Chernobyl. Cyfle sy 'ma i'r bobol ifanc gael mwynhau rhyw dair wythnos yng Nghymru mewn awyrgylch a hinsawdd wahanol, ond gyda bechgyn a merched o'r un oedran â hwy. Mae'n debyg bod y teithie hyn yn ymestyn eu bywyde o ryw chwe mis i flwyddyn.

Hen ysgol uwchradd y Cambria, gyda chymorth arbennig Jean Voyle Williams a'r prifathro, Dr Alan Evans, osododd y seilie i'r ymweliade hyn, ac mae rhieni, athrawon ac erill yn cynorthwyo. Wedi i Gôr Meibion Caerfyrddin berfformio mewn cyngerdd a barbaciw un flwyddyn, fe ofynnwyd i mi a fyddwn yn fodlon bod yn llywydd yr ymarferiad gwerthfawr hwn, ac fe gytunes yn llawen. Does 'na ddim sy'n rhoi mwy o foddhad a llawenydd i mi na gweld y bobol ifanc hyn – pobol ifanc pert a hawddgar – yn gwenu a mwynhau eu hunen. Yna mae'r ergyd yn taro – fydd y rhai annwyl hynny ddim byw, falle, i weld diwedd blwyddyn. Teimlade cymysg sy 'da rhywun wrth eu cyfarfod, ond y profiade'n fendithiol – os gallaf fentro defnyddio'r gair hwnnw.

Pam y cloffes i nawr, wrth grybwyll 'profiade bendithiol'? Wel, waeth imi gyfadde ddim, dwi ddim yn gyfforddus yn sôn am bethe crefyddol. Efalle bod hynny'n arwydd mai sigledig yw fy ffydd i. Dwi'n ddiacon yng Nghapel y Priordy ac yn gwneud cymaint ag y galla i i helpu'r achos. Dwi'n siŵr mai Iesu Grist yw'r esiampl ore i'w dilyn, a bod 'na ryw rym uwchlaw ein dirnadaeth ni sy'n gyfrifol amdanon ni. Dwi'n siŵr hefyd bod 'na elfenne neu ffactore sy'n effeithio arna i a 'nghydwybod i. Os taw Duw a'r Ysbryd Glân yw hynna, wel, dyna fe – does gen i ddim problem.

Er yn cydnabod hynna i gyd, dwi'n llawer mwy cyfforddus 'da'r syniad o weithio gyda Chymdeithas Plant Dewi dan Esgobaeth Tŷ Ddewi (y gymdeithas gymrodd drosodd oddi wrth Gymdeithas y Plant yng ngorllewin Cymru), a dwi'n hynod o hapus i fod yn Llywydd cangen Cefnogwyr Caerfyrddin o'r prosiect pwysig yna, lle mae 'na blant a rhieni yn cael help 'da'u probleme.

Dwi'n bersonol ddim wedi gorfod wynebu probleme dwys felly. Am flynyddoedd, fel y sonies i'n gynharach, roedd mam Glenys yn byw 'da ni; roedd hynny'n straen ar brydie, ond ddim yn broblem fawr. Ac ers inni briodi yn 1969, ychydig iawn iawn o gwmpo mas sy wedi bod rhwng Glenys a finne – ac os oes 'na ffrae fach yn digwydd, fe fydd wedi'i hanghofio mewn amrantiad. Dwi'n credu'n bod ni'n deall ein gilydd i'r dim.

Dwi'n cofio Gwyn Llewelyn yn sôn wrtho i unwaith am un o'n cyd-weithwyr ni'n dau: y wraig oedd y bòs yn nhŷ'r person hwnnw, medde Gwyn, ac roedd ganddi hi fwy o ben na'i gŵr, ta beth. Galle Gwyn fod wedi bod yn sôn amdana i! Heb os, mae mwy ym mhen Glenys na fi, ac fe ddangosodd hynny yn ystod ei thymor fel Llywydd Merched y Wawr – er iddi ofyn yn amal i fi fynd gyda hi i rannu baich y siarad mewn ciniawe. Na, dau fòs sy yn y tŷ yma, a'r ddau ar yr un lefel. Mae'r ddau ohonon ni wedi helpu'n gilydd dros y deugen mlynedd (bron), a byth yn blino ar gwmni'n gilydd chwaith.

Fe fyddwn i'n dweud mai fel'na roedd hi gyda fy rhieni hefyd. Gallaf fod yn ddiolchgar eu bod wedi byw i weld eu pedwar ugen. Fuodd Dat yn gwbwl iach tan iddo gyrraedd ei saithdege a chael trafferthion gyda'r coluddion, a Mam ond wedi bod yn diodde o bwyse gwaed uchel.

Profiad ysgytwol oedd hwnnw pan dderbyniwyd Dat i Ysbyty Glangwili am brofion. Un noson yn Ebrill 1987 dyma fynd â Mam i'w weld. 'Rwyt ti'n gwbod be sy'n bod ar Dat, on'd wyt ti?' medde hi, a minne'n ceisio sgubo heibio'r anochel trwy ddweud, 'Dewch nawr, Mam – peidiwch â phoeni.' Dyna'r geirie ola fu rhyngom. O fewn eiliade, a minne ond yn cerdded dau gam o'i blaen, clywes ocheniad ddwfwn, frawychus fel pe bai'r ddaear yn crynu. Trois yn ôl a gweld iddi gwmpo'n farw yn y fan a'r lle.

Y cam nesa oedd gorfod dweud wrth Dat am y golled. Gwnaed hynny gyda chymorth ein gweinidog, y Parchedig Alun Page. Druan o Dat. Gwyddai fod rhywbeth mawr yn bod arno ynte, a dyma fe'n cael y newydd bod ei bartner penna am dros ddeugen mlynedd wedi marw mor ddisymwth. Fe'i cadwyd yn yr ysbyty ac felly fe fethodd ddod i'r angladd. Angladd tawel, preifat gafodd Mam (a Nhad hefyd, o ran hynny, pan ddaeth hynny i'w ran ynte). Gwasanaeth syml yn y Capel Gorffwys ac yna yn Amlosgfa Arberth.

Roedd hynny'n synnu pobol y Priordy, gan i'r ddau fod mor selog yno ar hyd y blynyddoedd. Ond roedd rhesyme dros beidio cael sylw cyhoeddus. Pobol breifat, ddirodres, ddi-stwr oedd y ddau yn y bôn, er iddyn nhw ymfalchio cymaint yn breifat ym mywyd cyhoeddus un o'u meibion. Ni fynnent fod yn faich ar neb – hyd yn oed ar ôl marw. Doedden nhw ddim am fod yn 'niwsans' i ni trwy inni orfod glanhau a thrwsio'u bedde. Dau gwbwl anhunanol i'r diwedd.

Ac fe ddaeth y diwedd i Dat yn Ionawr 1988. Wedi llawdriniaeth yn Glangwili, a chyfnod i gryfhau yng nghanol y menywod yng Nghartref y Grange (a diolch am garedigrwydd Mrs Arnallt Owen), aeth adre i 41 Heol y Gwyddau. Ond erbyn Nadolig 1987 roedd yn drueni'i weld e. Ar ddydd Nadolig cofiaf iddo fethu â bwyta ond rhyw dameidie bychain, lle gynt yr arferai fwyta pryde anferth. Dirywio yn gyflym wnaeth e ar ddechre 1988, gan farw'n dawel ar y pedwerydd ar hugen o Ionawr.

Wrth ffarwelio â'i ffrind yn Amlosgfa Arberth roedd Alun Page yn ddethol, fel arfer, ei eirie, gan sôn am Tom Thomas fel 'cwmnïwr, cymwynaswr, capelwr a chyfaill'. Roedd englyn R. Williams Parry, 'Hen Gyfaill', yn gweddu i'r dim iddo, medde Alun:

> Ar ei faen na sgrifennwch – un llinell
> O weniaith, ond cerfiwch
> 'I'r neb a gâr ddyngarwch
> Annwyl iawn yw hyn o lwch.'

Ni alle neb fod wedi'i roi yn well.

Mae mam Glenys hefyd wedi'n gadael ni. Er blynyddoedd o iechyd bregus, cafodd hi fyw i weld ei phen-blwydd yn 89 oed.

Cawsoch eisoes dipyn o hanes Owain a Branwen – a byddaf yn siŵr o gael stŵr 'da'r ddau am hynny! Ond rhaid imi gael dweud mor falch ydw i i'r ddau ohonyn nhw hefyd, hyd y gallwn weld, fod wedi canfod partneriaid delfrydol. Mae Branwen yn byw 'da Eurig – mab i fy ffrind ysgol, Mansel Thomas, a'i wraig, Dianne. Fe briododd Owain â Lucy – merch hyfryd o Gastell Newydd Emlyn – yn 2006, ac erbyn hyn mae Glenys a finne'n fam-gu a thad-cu.

O gofio bod ei thad-cu arall yn ffarmwr, doedd amseru Beca Haf ddim gyda'r gore! Fe ddaeth i'r byd ar y nos Sul cyn Sioe Fawr 2007. Bu'n rhaid i'r ddau ddat-cu golli diwrnod cynta'r Sioe er mwyn rhuthro i Gaerdydd i weld yr etifeddes fach! Ond does dim angen gofyn pwy sy'n mynd â'n bryd ni erbyn hyn.

Daeth prawf pendant o hynny o fewn diwrnod i'w genedigaeth. Aeth Glenys a minne i ganol mwd Llanelwedd ar y dydd Mawrth, ac yno roedd Trebor Edwards, Llywydd Sioe 2008, yn gwerthu llyfre raffl. Roedd yn rhaid prynu 'da'r hen Trebs, wrth gwrs, a dyma fynd ati i lenwi'r bonion – Glenys, yna finne . . . ond roedd 'na dri bonyn ar ôl. Wel, doedd dim cwestiwn pa enw i'w roi ar y tri bonyn arall, oedd 'na? Beca Haf fach, wrth gwrs. Dyna oedd newid bywyd ar ei symlaf.

Hedfanodd y pum mlynedd dwetha i rywle, ac mae'n rhaid i ni arafu! Ond rydyn ni'n dau yn benderfynol o wneud un peth, sef cerdded llawer iawn mwy i gadw'n iach. Ac mae fy hoffter o win a bwyd – yn enwedig cigoedd – yn golygu nad wyf yn colli pwyse o gwbl. Mae'r barbaciws yn ffordd ry rwydd o goginio, ac yn ffordd mor hyfryd o gymdeithasu.

Mae Glenys a finne eisoes wedi llwyddo i gwblhau'r dasg

217

o gerdded pob modfedd o lwybr hudolus Sir Benfro (yr eildro i mi fy hun wneud hynny). Fe ddechreuon ni un bore yn Chwefror eleni, a cherdded yr ola o'r 186 milltir ar ddiwrnod Calan Gaea – cyfanswm o ddau ddiwrnod ar hugen o gerdded. Pan gerddes i'r union lwybr yna bymtheng mlynedd yn ôl, fe wnes i e yn hanner yr amser. Arwydd o henaint yw peth fel'na, yn siŵr i chi! Rhaid cadw hefyd at yr arferiad o ddringo i ben Bryn Myrddin o leia unwaith y flwyddyn, i gael clodfori gogonianne Dyffryn Tywi islaw. Gyda'r cerdded, daw cyfle i wrando ar gerddoriaeth a thynnu ambell i lun.

Ond pobol sy'n mynd â 'mryd penna i, yn enwedig bellach Beca Haf, a gweld sut mae'r bwndel o ddiniweidrwydd yn prifio bob wythnos. Gobeithio na ddaw dim i ddifetha'i bywyd hi, na gweddill y teulu o ran hynny. Gallwn fod yn ddiolchgar ein bod ni – Glenys, Owain, Branwen a minne – wedi mwynhau iechyd arbennig. Dim ond teirgwaith yn unig y bues i mewn ysbyty am driniaeth – ar fy nhrwyn (oherwydd y mochyn!), tynnu 'nhonsiliau, a'r codwm ges i pan syrthies oddi ar y sgwtar a thorri fy mhigwrn.

Yn ogystal â mynd ar y teithie blynyddol yng nghwmni'r criwie mawr, bydd Glenys a finne'n mwynhau mynd ar wylie'n hunen, yn arbennig i'r Eidal a Ffrainc.

Mae'r Calan hefyd yn golygu mwy i ni ers peder blynedd. Yng nghwmni Wynne Mel a Linda, rydyn ni wedi croesawu'r Flwyddyn Newydd mewn peder dinas Ewropeaidd – Paris, Fenis, Rhufain a Barcelona. Dyna ddihangfa berffaith yw honno cyn prysurdeb blwyddyn newydd arall.

20

Mae traethu am fy nhipyn bywyd bob amser yn codi nifer o gwestiyne – rhai'n haws i'w hateb na'i gilydd.

A faswn i'n dewis unrhyw yrfa arall pe cawn fy mywyd drosodd eto? 'Na' pendant. Pe bai *raid* dewis maes amgen, efalle mai ocsiwnïar neu siopwr fydde 'newis i (fe gofiwch efalle am fy nhymor ar stondin ym marchnad Caerfyrddin!).

Odw i'n colli bod ar y teledu a'r radio? 'Na' pendant iawn! Dwi'n gredwr mawr mewn gollwng yr awene a gadael i erill gario 'mlaen. Does dim troi 'nôl i fod fel arfer, oni bai bod amgylchiade'n eich gorfodi i ystyried hynny fel yr unig opsiwn i gynnal eich teulu, fel sy'n digwydd i ormod o bobol y dyddie hyn.

Odw i wedi difaru na bawn i wedi mynd i Lundain i ehangu 'ngorwelion proffesiynol? 'Na' pendant unwaith eto. Fel yr annwyl D. J., 'Shirgar anobeithiol' ydw inne hefyd. Y wyrth yw 'mod i wedi medru cyflawni yr hyn wnes i heb orfod gadael fy milltir sgwâr. Dwi wedi cael gweld y byd heb symud i fyw o Gaerfyrddin; prin yw'r bobol sy wedi bod mor ffodus â fi yn hynny o beth.

Dwi'n arbennig o ddiolchgar hefyd am yr holl gefnogaeth a ges i yng nghyfnod cyffrous y *Stondin*, a'r croeso ar gannoedd o aelwydydd yng Nghymru wrth i mi drampo'r wlad yn hel straeon i'r gwahanol gwmnïe teledu. Dyma sut y down i'n ymwybodol o farn pobol am raglenni radio a theledu, a dyna pam y teimlwn yn ddigon hyderus i fynegi'r farn honno'n onest – yn rhy onest ar brydie, er fy lles fy hun!

Mae pobol yn meddwl bod gan berson cyhoeddus gannoedd os nad miloedd o ffrindie. Yn y bôn ychydig o wir ffrindie sy gan bawb, sef y bobol hynny y gallwch bwyso arnyn nhw mewn argyfwng. Mae'r gwir ffrindie'n gwbod 'mod i'n gwerthfawrogi'n ddiffuant eu cyfeillgarwch.

* * *

Ond sut un *yw* Sulwyn Thomas?

Yn *Golwg* ar yr wythfed o Fawrth 1990, fe ofynnwyd i David Talfryn, gŵr o Gaerfyrddin yn wreiddiol, i ddehongli llawysgrifen pedwar o Gymry, a finne'n un ohonyn nhw. Doedd ganddo ddim syniad pwy oedd y pedwar ohonon ni – dim ond edrych ar sgrap o bapur 'da'n llawysgrifen arno. A dyma'r hyn a gofnodwyd am Sulwyn Thomas!

> Mae gan y person yma feddwl blaengar a bywiog sy'n symud yn gyflym. Mae arno angen llawer o weithgaredd yn ei fywyd. Mae'n berson sy'n cwestiynu popeth. Mae ganddo rywfaint o dymer ddrwg o dan yr wyneb, ond mae'n gallu ei reoli'n llwyddiannus.

Un tro hefyd fe ganfyddes i'r canlynol ar wefan y Kabalarians (o America, wrth gwrs!) a'u 'Kabalarian Philosophy', dan bennawd enwe pobol:

> The name of Sulwyn creates a happy, versatile, and expressive nature with good business judgment and a fine sense of responsibility, which should enable you to establish congenial relationships in positions of trust where you are dealing with the public.

Odych chi damed callach eto?

Dwi ddim yn deall y busnes 'sêr' 'ma, ond mae rhai'n dweud fy mod i'r Gemini perffaith. Fe ddwedwn i 'mod i'n fyrlymus ond yn ddihyder; yn swnllyd ond yn fyfyrgar; yn ddoeth ond yn annoeth iawn hefyd ar brydie; yn llawn consýrn am arall ond yn ddi-hid yn rhy amal. Ie, rhyw gymysgwch rhyfedd ydw i yn y bôn.

Yn y ffilm *Rio Bravo* mae Angie Dickinson yn dweud, 'I guess I talk too much'. Fe alla i, y geg fawr ei hun, ddweud hynny amdanaf fy hun, yn siŵr i chi. Ond cofiwch chi hefyd, ro'n i'n cael fy nhalu am siarad. Nid y fi yw'r holwr caleta na'r newyddiadurwr praffa na'r cyflwynydd llyfna fu erioed, ond fe wnes i bara rywsut, er gwaetha pawb a phopeth!

A dwi'n gobeithio hefyd 'mod i'n un sy wedi *gwneud* yn ogystal â dweud. 'Wrth eu gweithredoedd yr adnabyddwch hwynt' yw un o adnode pwysica'r Beibl i mi.

* * *

Mae un stori sy'n dweud y cyfan amdana i.

Canodd y ffôn ryw bnawn ym mis Tachwedd 1995. Roedd y galwr wedi cael comisiwn gan Swyddfa'r Post yng Nghymru: roedden nhw'n awyddus i weithredu gofynion dwyieithrwydd yng Nghymru. Roedden nhw am arbrofi yn ardal Wrecsam gyda chyhoeddiade gan staff cownteri'r swyddfa. Yn lle bod tâp Saesneg yn galw rhywun at gownter, roedd angen un dwyieithog. A fydde'n bosib i mi drefnu i ryw ferch recordio ar gyfer y merched wrth y cownteri, a finne ar gyfer y dynion? Cytunes, gan weld hynny fel arbrawf defnyddiol i hybu'r defnydd o'r Gymraeg.

Derbynies dâp o'r 'prompts' Saesneg, a threfnwyd gyda Wyn Jones, ein *supremo* sain yn Radio Glangwili, i recordio un pnawn. Eleri Twynog (sy nawr gydag S4C) a ddewises i i gydgyflwyno'r deuddeg 'prompt' yn y ddwy iaith. Fuon ni ddim chwinciad yn darllen 'Rhif un, os gwelwch yn dda' / 'Number one, please' – ac yn y blaen.

Danfonwyd y tâp. Roedd y cyfan yn dderbyniol a phawb yn hapus, ac fe dderbynion ni ffî bychan am ein gwaith.

Ymhen rhai misoedd ro'n i yn swyddfa bost Caerfyrddin. Pan welodd rhai cwsmeriaid fi, fe ddechreuon nhw wenu. Feddylies i ddim am y peth nes i'r nesa yn y ciw gael ei alw 'mlaen at gownter lle roedd dyn yn barod i weini. 'Rhif chwech, os gwelwch yn dda' – a dyma sylweddoli mai fy llais i oedd e!

O bryd i'w gilydd fe ddaw pobol ata i gan ddweud, 'Dwi'n siŵr mai ti yw'r llais yn Asda / Boots / TK Maxx . . .' Mae'n debyg bod y siope mawr wedi prynu'r tâp – oddi wrth Swyddfa'r Post, am wn i. Mae 'na rywun wedi gwneud ceiniog fach reit dda mas o'r cyfan. On'd oeddwn i'n dwp i beidio â chrybwyll rhyw ffî ychwanegol pe bai'r arbrawf yn cael ei ymestyn i swyddfeydd a chwmnïe erill?

Dyna fi eto – ddim yn gweld yn bellach na fy nhrwyn tro! Ond mae'n rhyw fath o gysur i mi bod 'na fwy wedi clywed fy llais mewn swyddfa bost ac mewn siope mawr nag a wrandawodd erioed ar Radio Cymru – a mwy o gysur fyth yw bod 'na ryw chydig ar ôl o hyd sy'n nabod y llais!

A sôn am y llais hwnnw wnaeth Geraint Roberts wrth fy nghyfarch yng Nghlwb Cinio Caerfyrddin, ar ôl i mi gael fy nerbyn i'r Orsedd yn Eisteddfod Maldwyn a'r Gororau 2003:

> Yn ei lais mae iaith y wlad,
> A'r hen Sir yn ei siarad.

NEATH PORT TALBOT LIBRARY
AND INFORMATION SERVICES

1		25		49		73	
2		26		50		74	
3		27		51		75	
4		28		52		76	
5		29		53		77	
6		30		54		78	
7		31		55		79	
8		32		56		80	
9		33		57		81	
10		34		58		82	
11		35		59		83	
12		36		60		84	
13		37		61		85	
14		38		62		86	
15		39		63		87	
16		40		64		88	
17		41		65		89	
18		42		66		90	
19		43		67		91	
20		44		68		92	
21		45		69		COMMUNITY SERVICES	
22		46		70			
23		47		71		NPT/111	
24		48		72			